Rosmarie Zeller

Spiel und Konversation im Barock

Quellen und Forschungen
zur Sprach- und Kulturgeschichte
der germanischen Völker

Begründet von

Bernhard Ten Brink und
Wilhelm Scherer

Neue Folge
Herausgegeben von

Stefan Sonderegger
58 (177)

Walter de Gruyter · Berlin · New York
1974

Spiel und Konversation im Barock

Untersuchungen zu Harsdörffers „Gesprächspielen"

von

Rosmarie Zeller

Walter de Gruyter · Berlin · New York
1974

Diese Arbeit wurde im August 1971 abgeschlossen.

c C

ISBN 3 11 004245 2
Library of Congress Catalog Card Number 73—75496

Satz und Druck: Walter Pieper, Würzburg
Printed in Germany

G. Ph. Harsdörffer: Fünffacher Denckring der Teutschen Sprache (vgl. S. 166).
Aus: Harsdörffer: Mathematische Erquickstunden. Nürnberg 1651 (L 36), S. 517.
(Exemplar der Universitätsbibliothek Basel.)

Inhalt

A. DIE GESPRÄCHSPIELE

IHRE STRUKTUR. IHRE TRADITION. IHR FORTLEBEN

Einleitung

Der Spielbegriff in der Literatur des 17. Jahrhunderts hat immer wieder die Aufmerksamkeit der Literaturwissenschafter auf sich gezogen. Man hat dabei „Spiel" vor allem in der Bedeutung von „Welttheater", von „Schauspiel" untersucht. Daneben hat man eine Gruppe von Dichtern, die Nürnberger, öfters mit Begriffen wie „Spiel", „Spielerei", „Tändelei" charakterisiert, ohne dieses Spiel jemals einer genaueren Betrachtung zu unterziehen. Im Gegenteil, man sah bis vor wenigen Jahren im Spiel der Nürnberger etwas Negatives, das eigentlich der Betrachtung nicht würdig war.

So schrieb etwa schon Mönnich (1844): „Worin aber die weltliche und geistliche Tendenz der ersten Pegnitzschäfer ihren Einigungspunkt fand, das war das Halbdichterische, das kalte Fieber der Allegorie, der s. g. ‚klugen Erfindungen', der Witzeleien, und das bis zur Albernheit und Geschmacklosigkeit getriebene Spiel mit lautnachahmenden Worten, seltsamen Reimen und figurirten Strophen." [1] Goedeke schreibt in seiner Einleitung zu den Pegnitzschäfern: „Der p e g n e s i s c h e B l u m e n o r d e n oder die Gesellschaft der Schäfer an der Pegnitz ... war dem Charakter ihres Haupturhebers (Harsdörffer) entsprechend in Grundlage und Ausbildung kindische Spielerei" [2].

In neuerer Zeit haben wir, geschult durch die Sprachexperimente moderner Dichter, wieder ein Sensorium für sprachliche Spielereien erhalten [3]. So hat Beißner die Nürnberger positiv gewertet: „Sie erscheinen dennoch liebenswürdig, ... wenn sie mit ihrer zierlichen Kunst nicht mehr wollen, als sie geben können: nämlich Ohrenschmaus — zuweilen auch, in übermütiger Laune und heiterem Stolz auf die gelungenen Sprachspiele, das Gegenteil" [4]. Auch Mannak [5] erkannte, daß den Pegnitzschäfern „ein spielerisches Experimentieren mit Worten und Formen schon Gewinn und Lust genug" schien.

[1] Festgabe zur 200-jährigen Stiftungsfeier des Pegnesischen Blumenordens, 1844, L 83, S. XII f. Die Angabe L mit arabischer Zahl ist ein Hinweis auf die Bibliographie am Ende dieser Arbeit, wo die im Text und in den Anmerkungen abgekürzt zitierten Titel vollständig verzeichnet sind.

[2] Goedeke, K.: Grundriß zur Geschichte der deutschen Dichtung, Bd. 3, ²1887, § 177, S. 5.

[3] Vgl. die Überlegungen S. 183 ff. dieser Arbeit

[4] Deutsche Barocklyrik, 1963, L 72, S. 37.

[5] Im Nachwort zu Die Pegnitzschäfer hrsg. v. E. Mannack, 1968, L 3, S. 279.

Während alle diese Zitate das Spiel nur in der kombinatorischen Sprachbehandlung sehen, sieht Wehrli noch einen anderen Aspekt des Spiels: „Es (das Schäfergedicht) ist der Versuch, dem Drang der Geschichte zu entfliehen und ein Leben des reinen, gelösten Spiels aufzubauen."[6] Diese Zitate sollen den Rahmen abstecken, in dem ich mich mit der nachfolgenden Untersuchung bewegen will. Es geht mir nicht darum, den Reflexionen, die von Philosophen, Kulturhistorikern und Pädagogen über das Spiel gemacht wurden, eine weitere anzufügen. Es geht mir vielmehr darum, zu zeigen, was eine ganz bestimmte Richtung in der Literatur des 17. Jahrhunderts unter Spiel verstanden hat und wie man spielte. Als Ausgangspunkt für diese Untersuchungen eignen sich die *Gesprächspiele*[7] Harsdörffers besonders gut. Er hat für diese Spiele den Namen des Spielenden in der Fruchtbringenden Gesellschaft und des Kunstspielenden in Zesens Teutsch gesinnter Genossenschaft erhalten.

G. Weydt bemerkt in seinem Artikel „Gesprächsspiele" im Reallexikon (L 124, S. 577 ff.), daß die „Gesprächsspiele" noch keine gültige Darstellung gefunden haben. Es gibt drei Dissertationen zu Harsdörffers *Gesprächspielen*, von denen die älteste, diejenige von G. A. Narciss: Studien zu den Frauenzimmergesprächspielen G. P. Harsdörfers (1928), dieses Werk unter einem völlig ahistorischen Gesichtspunkt betrachtet, wovon etwa folgendes Zitat zeugen möge: „Er (Harsdörffer) redet über die Dinge, nicht von ihnen. Einfühlung ist etwas, das er nicht kennt." (S. 70) Wer bei der Betrachtung der Literatur des 17. Jahrhunderts mit Begriffen wie „Einfühlung" und „Erlebnis" operiert, mit diesen an der hundert Jahre später kommenden Literatur der Goethezeit gewonnenen Begriffen, ist zum Scheitern verurteilt. So darf Narciss' Dissertation als unbrauchbar gelten, was ihren interpretierenden Teil betrifft, dagegen ist der bibliographische Teil noch sehr nützlich. Überholt nach den Untersuchungen von Schöne zur

---

6 Im Nachwort zu Deutsche Barocklyrik hrsg. v. M. Wehrli [4]1967, L 2, S. 223.

7 G. P. Harsdörffer: *Frawen- Zimmer Gespräch-Spiel. So bey Ehrliebenden Gesellschaften ... belieben mögen. Erster Theil ... 1641.*
Anderer Theil 1642. Diese beiden Teile wurden 1644 u. 1647 neu aufgelegt. Der erste Teil wurde dabei auf sechs Personen erweitert und ist daher verschieden von der ersten Auflage. Der zweite Teil wurde, so weit ich gesehen habe, in der zweiten Auflage unverändert abgedruckt. Goedeke und Faber du Faur (German Baroque Literature 1958, Nr. 502) verzeichnen den 2. Teil der 1. Auflage falsch. Dieser Teil ist 1642 und nicht 1641 erschienen. Bei Faber du Faur finden sich zudem noch zwei Fehler: im 2. Teil gibt es bereits sechs Spieler und nicht nur vier, wie Faber du Faur schreibt, dieser Teil ist auch mit einer Zugabe und nicht ohne erschienen. Die erste Auflage ist in einem Hochformat, die zweite Auflage in einem Querformat erschienen. Teil III—VIII sind nur in einer Auflage in diesem Querformat erschienen. Ab Teil III lautet der Titel: *Gespechspiele / so bey ...* Ich werde im folgenden das Werk mit dem Titel *Gesprächspiele* zitieren. Die Zitate beziehen sich auf die vollständige Ausg. der *Gesprächspiele,* die uns jetzt im Neudruck vorliegen. Hier sind Teil I und II der zweiten Auflage abgedruckt. Vgl. L 33 und 34.

Emblematik ist die Dissertation von E. Kühne: Emblematik und Allegorie in G. Ph. Harsdörfers „Gesprächspielen" (1932). Die Dissertation von R. Hasselbrink: Gestalt und Entwicklung des Gesprächspiels im 17. Jahrhundert (1957) ist zum Teil noch Narciss verpflichtet [8], zum großen Teil aber auch Crane [8a], und bietet neben Inhaltsangaben kaum neue Gesichtspunkte.

Die umfassende Untersuchung zur Gattung der Gesprächspiele, die Weydt wünscht, kann wohl nur geleistet werden, wenn Einzeluntersuchungen zu bestimmten Aspekten vorliegen. Diese Arbeit will denn auch nicht mehr als die zwei miteinander verknüpften Aspekte des Spiels und der Konversation in den Gesprächspielen betrachten. Hinter dieser Arbeit, in der oft von kleinen, vergessenen Werken, die bisher am Rande der literaturwissenschaftlichen Betrachtungen standen, zu reden sein wird, stand das historische Interesse, von dem mein Lehrer Max Wehrli sagt: „Wenn wirklich das h i s t o r i s c h e I n t e r e s s e zu einem vollen Menschendasein gehört, so mag es zunächst ganz elementar sein, ein vorwissenschaftlicher Umgang mit dem Vergangenen, ohne methodische Skrupel, ohne besondere Zwecke und ohne die sture Angst, irrelevant zu sein. Auch die Historia litteraria war und ist zuerst Neugier und Vergnügen an der abenteuerlichen Begegnung mit Fremden und zugleich Eigenem, ist die tiefe Befriedigung, aus dem Dunkel heraus plötzlich lebendige Stimmen zu vernehmen und sich mit ihnen zu besprechen." [9]

[8] Vgl. die Nachweise S. 41, S. 44 dieser Arbeit.
[8a] Crane, T. F.: Italian social Customs of the Sixteenth Century and their influence on the Literatures of Europe. 1920, L 80.
[9] M. Wehrli: Literatur als Geschichte. 1970, L 122, S. 49.

I. Analyse der „Gesprächspiele", 1641—1649

1. Das methodische Problem

Um Harsdörffers *Gesprächspiele* zu analysieren, will ich untersuchen, wie gespielt wird. Dabei taucht sogleich ein methodisches Problem auf: Wie soll man diese riesige Menge Spiele, die acht Bände füllen, in den Griff bekommen? Narciss hat eine Reihe von Themen herausgegriffen und hat diese so behandelt, wie wenn sie in einer Abhandlung ständen. Das Wichtige an Harsdörffers Spielen ist aber nicht der Stoff, der ausgebreitet wird, sondern die Art des Spielens [10]. Die Gedanken, die Harsdörffer seine Personen [10a] aussprechen läßt, sind zum größten Teil Gedanken, die sich auch bei andern Autoren finden. In bezug auf den Inhalt sind die *Gesprächspiele* eine Kompilation von Allgemeingut, das jedem Gebildeten der Zeit bekannt war. Was neu ist, das ist die Form. Im 17. Jahrhundert liegt denn auch die Originalität eines Dichters nicht so sehr im Inhalt, den er behandelt, als vielmehr in der Form, die er verwendet. So schreibt Conrady bei der Besprechung eines Gedichtes: „Sie (die Dichter) benennen keine Dinge, die unvertauschbar einmalig sind und an dieser Stelle durch die Kraft des Dichterwortes eigenes Leben entfalten. Das Benannte und Beschriebene ist auswechselbar, es steht für ähnliche Situationen beliebig oft zur Verfügung... Die einzelnen Versatzstücke sind vielgebrauchte Teile, doch im Zusammenfügen zur Gesamtstaffage kommt das Können des jeweiligen Poeten zur Geltung." [11]

Nach diesen Überlegungen muß die Form der *Gesprächspiele,* und nicht ihr Inhalt betrachtet werden. Um die große Menge von Formen des Spiels zu gliedern, habe ich eine Einteilung vorgenommen, die ich nur aus Gründen der Dar-

---

10 Schon Hasselbrink hat das erkannt, wenn er zu einem Spiel schreibt: „doch auch hier bestimmt die formale Seite des Spiels die Antworten ganz, so daß den Spieler (sic!) eine freie Meinungsäußerung ... nicht erlaubt ist." (L 88, S. 16) Er zieht aber daraus, weil er Harsdörffer mit ungeeigneten Maßstäben mißt, falsche Schlüsse.

10a Sechs Personen spielen die Gesprächspiele. Sie bilden drei Paare. *Vespasian / Julia, Reimund / Angelica, Degenwert / Cassandra.* Harsdörffer kürzt die Namen mit den Initialen ab. Weiteres zu den Personen siehe unten S. 41 ff.

11 K. O. Conrady: Lateinische Dichtungstradition und deutsche Lyrik des 17. Jahrhunderts. 1962, L 78, S. 132 f.
Es wäre auch zu bedenken, ob Harsdörffer unter diesem Gesichtspunkt betrachtet nicht zu Unrecht als Kompilator gesehen wird.

stellung gewählt habe und die nicht endgültig ist. Harsdörffer selbst hat seine Spiele immer wieder anders eingeteilt, sei es nach dem Prinzip schwer-leicht, sei es nach dem Prinzip verbunden-unverbunden, so daß nicht anzunehmen ist, daß in dem Werk irgendeine verborgene Struktur zu entdecken sei [12].

Allen zu besprechenden Spielen ist gemeinsam, daß in ihnen Regeln aufgestellt werden, die befolgt werden müssen.

2. Buchstaben- und Silbenspiele

Diese Spiele sind dadurch gekennzeichnet, daß in ihnen größere oder kleinere Teile nach bestimmten Regeln kombiniert werden.

Die einfacheren unter diesen Spielen erinnern an grammatische Übungen, wie sie in unsern Schulbüchern stehen. So, wenn es darum geht, Wörter mit derselben Vorsilbe zusammenzustellen. Die Aufzählung kann noch dadurch betont werden. daß sie wie im Wörterbuch alphabetisch vor sich geht, z. B. *V. Anbilden / anblasen / anbräunen ... R. Andrehen / andrukken* (VIII, 56).

Um die gleiche Sprachübung handelt es sich, obgleich jetzt die Bedingungen ein wenig erschwert sind, wenn man verschiedene Partikeln vor verschiedene Wörter setzen muß: *R: Nachreu. C: überhöhen. D: Nebenweg. J: Gegenmitte.* (CXLII).

Ich habe nicht von ungefähr vorhin das Wort „Sprachübung" verwendet, denn Sprachübungen zu machen, ist die Absicht der Spieler. *Unser Absehen aber ist sonderlich / die Teutsche Sprache / deren Wissenschaft jedermänniglich wol anständig ist / außzuüben / als welche der einige Werkzeug ist / unsere Gedanken zu eröffnen / unsern Verstand außzuschmuken / und anderen mit Raht und That Beystand zu leisten.* (III, 288) Doch sind diese Spiele mehr als nur Sprachübungen, wenn sie auch dafür ausgegeben werden. Das sieht man schon daran, daß die Personen, die die Spiele vorspielen, die Sprache meisterhaft beherrschen, und es zeigt sich auch im Fehlen jeder Erklärung zu den Übungen. Diese Spiele sind zum großen Teil einfach der Ausdruck einer Freude an der Kombination. Die Personen suchen ja nicht mühsam nach den Zusammensetzungen, sondern sie bereiten sie mit einer gewissen Freude in ihrem ganzen Reichtum vor uns aus. Wenn man die Sprache beherrscht, kann man über ihre ganze Vielfalt mit Leichtigkeit verfügen. Man kann ihre Bestandteile zusammensetzen,

---

[12] Vgl. zu Harsdörffers Einteilung das Inhaltsverzeichnis des 8. Teils. Ich werde später (S. 52 f.) zu zeigen versuchen, daß der größte Teil der Spiele durch Assoziation auseinander hervorgeht. Wenn die Assoziation wirklich die einzige Verbindung zwischen den Spielen bildet, kann man keine übergreifende Struktur finden. Hasselbrink teilt Harsdörffer folgend die Spiele nach ihrem Inhalt ein: Buchstabenspiele, Silbenspiele, Wortspiele, Fragen, Erzählspiele, Gleichnisspiele, Sinnspiele, Lobreden, Freudenspiele.

wie man Zahlen zusammenfügen kann und dabei immer wieder ein neues Ergebnis erhält [13].

Statt mit gewissen Teilen unendlich viele Kombinationen hervorzubringen wie in den vorhergehenden Spielen, kann man auch aus dem zur Verfügung stehenden Sprachschatz nach bestimmten Bedingungen etwas auswählen [14].

Als Beispiel diene das Spiel CL, in dem das folgende Wort immer mit dem Schlußbuchstaben des vorangegangenen beginnen muß, was so aussieht: *Pastet /* *... Tauben / Nuss / Saltz / Zuker.* Dies kann dann auch im Bereich der Silben *gemacht werden: D: Laster wird billich also von dem Laster genennet / weil die Menschen dardurch überlastet / und gleichsam in die Hölle gedrukket werden. — C: Wer den undankbaren wolthut / thut ihm selbsten übel* (VIII, 54).

Die Aufgabe des Spieles besteht im ersten Spiel offensichtlich darin, aus all den mit *t* beginnenden Wörtern dasjenige auszuwählen, das in den mit *Pastet* angeschlagenen Kontext des Essens paßt. Dieselbe Aufgabe haben die Spieler im zweiten Spiel, nur auf der Ebene der Silben. Der Leser oder Zuschauer fragt sich, welches Wort der Spieler wählen wird, resp. wie er einen Satz mit *werden* beginnen wird. In den meisten Fällen wird sich der Leser über die Wahl des Wortes verwundern, weil sie nicht vorauszusehen war, sondern überraschend kam. Je schwieriger die Bedingungen sind, desto größer ist das Vergnügen der Mitspieler und Leser.

So kann zum Vergnügen des Lesers ein ganzes Gespräch entstehen aus der einfachen Bedingung, Wörter auf ‚-heit‘ resp. ‚-keit‘ zu finden.

C. Nun sage ich es seye nichts über die F r ö l i c h k e i t.
D. Nach G e l e g e n h e i t und B e g e b e n h e i t.
J. Wann selbe nicht herrühret von T r u n k e n h e i t /
V. sondern von der Geselschaft H ö f l i c h k e i t.
A. und B e r e d s a m k e i t.
R. samt allerley Schertz E r g ö t z l i c h k e i t / etc. (CXLIII).

Das Spiel ist nicht ohne Reiz, da das Thema der Fröhlichkeit ein Grundthema der *Gesprächspiele* ist und so in diesem Spiel zugleich mit den Endsilben die Elemente geliefert werden, die zu einer solchen Gesellschaft gehören. Die Spiele bewegen sich keineswegs im luftleeren Raum. So wie die Wortkombinationen, die keinen Sinn ergeben, zum voraus wegfallen, so gibt es keine Gespräche ohne Sinn, ohne Thema.

---

[13] vgl. unten C. Ars Combinatoria.
[14] R. Barthes weist in einem ähnlichen Zusammenhang darauf hin, daß das Auswählen und Kombinieren zwei Grundaspekten der Sprache entspricht: „Jakobson distingue dans le langage un aspect sélectif (choisir un signe dans une réserve virtuelle de signes similaires) et un aspect combinatoire (enchaîner les signes ainsi choisis selon un discours)". (La Bruyère L 70, S. 233)

3. Poetische Spiele

Statt aus dem Sprachschatz etwas auswählen, kann man auch willentlich etwas auslassen. Gelingt es jemandem, eine Geschichte zu erzählen, in der ein Buchstabe nicht vorkommt, so ist das ein Zeugnis einerseits für den Reichtum der Sprache, andererseits für den beweglichen Geist des Erzählers [15]. Gerade dieses Spiel weist uns in einen neuen Bereich, der nichts mehr mit Sprachübungen zu tun hat. Wenn man, wie die Spieler an der oben zitierten Stelle sagen, die Sprache üben muß, um damit seine Gedanken auszudrücken oder gar jemandem zu helfen, so kann man nicht behaupten, daß es von irgendeinem praktischen Nutzen sei, eine Geschichte erzählen zu können, in der ein Buchstabe nicht vorkommt. Solche Spielereien sind uns aus der Literaturgeschichte bekannt, sie werden schon seit dem Altertum immer wieder von gewissen Dichtern gepflegt [16]. Harsdörffers Spiele sind denn auch eher Spiele zur Poetik als Sprachübungen. Der Dichter muß auf diese Art mit der Sprache umgehen können. Darum kann Harsdörffer auf den Einwand, daß man ja schon Deutsch könne, erwidern: *Ein anders ist Reden / ein anders Wolreden* [17]. Die nun folgenden Spiele können als Übungen zum *Wolreden* aufgefaßt werden.

REIME. Es gibt Spiele, in denen Reime gefunden werden müssen. Von allem Anfang an kann gesagt werden, daß man Reime zunächst auf dieselbe mechanische Art finden kann wie die Wörter der deutschen Sprache [18], d. h. indem man die Reimsilben an immer wieder andere Wörter auf mechanische Weise anhängt. Viele Poetiken zählen ja auch Reimwörter auf.

Die Anforderungen in unserem Spiel werden erschwert, weil nicht nur ein Reim, sondern ein ganzer Vers gefunden werden muß.

(*Lernen:*)
[*A*]. *Das Lernen ohne Lust / ist eine läre Last /*
R. Dann Lehre wird durch Geist und Lieb ein lieber Gast.
C. Doch wird die List und Lust / nicht ohne Last gefasst.

---

[15] G-Sp. VIII, 50; vgl. G-Sp. II, 167 ff.
Ähnlich verhält es sich, wenn statt der Buchstaben Silben bedingt werden, d. h. wenn auf eine bestimmte Frage mit einem ein-, zwei- bzw. dreisilbigen Wort geantwortet werden muß. *J. Was ist der Herrn ihr Begehr? V. Gunst. R. Kurtzweil. D. Frölichkeit.* (LXXXVI)

[16] vgl. Curtius L 81, S. 286 f. Schon im 6. Jahrh. v. Chr. hat Lasos, der Lehrer Pindars, Gedichte gemacht, in denen kein Sigma vorkommt. Nestor von Laranda hat im 3. Jh. n. Chr. eine Ilias gedichtet, in deren einzelnen Büchern je ein Buchstabe nicht vorkommt, im 5. Jh. n. Chr. hat der Ägypter Tryphiodor eine entsprechende Odyssee gemacht, im 12. Jh. hat Petrus Riga diese Spielerei in einer Weltgeschichte angewendet.

[17] Schutzschrift im Anhang des 1. Teils der G-Sp., S. 23, ebenso Trichter (L 35) III, S. 16.

[18] vgl. S. 166 f. dieser Arbeit.

D. Wie ist dann solcher Lust und Liebe Last verhasst?
J. Das macht es / daß man lehrt die Lehr mit Uberlast /
V. Es ligt in solchem Stall / manch Laster in der Mast [19].

Diese Verse werden durch die Alliterationen und die Wiederaufnahme von gewissen Wörtern, vor allem von *Last* in ihrer Wirkung noch verstärkt [20]. Zu beachten ist auch, daß die als Paare auftretenden Spieler einander die Reime zuspielen.

Schon hier tritt zum rein formalen Element, dem Finden eines Reims, ein inhaltliches Kriterium. Das Thema des Lernens ist ja vorgegeben, sicher auch wieder nicht ohne Zusammenhang mit den *Gesprächspielen*, wo das Thema *Lernen mit Lust* immer wieder anklingt. Ebenso scheint der Themenumkreis: *Lust und Last des Lernens* stillschweigend vorausgesetzt zu sein. Es geht nun für die einzelnen Spieler darum, in den Grenzen des vorgegebenen Versmaßes und des vorgegebenen Reims eine neue Formulierung des ebenfalls vorgegebenen Themas zu finden. Die sechs Personen befinden sich in der oben (S. 6) von Conrady beschriebenen Situation des Dichters. Eine solche Verfahrensweise zeigt sich noch verstärkt im *Spiel von dem Widerhall* (LV), wo das Echo auf eine bestimmte Frage eine sinnvolle Antwort geben muß, die aber wie ein Echo aussehen soll.

R. Jungfrau / ist eur Liebster da?
Echo Angelica. Ja.
. . . . .
V. Echo / sag was soll ich machen?
Echo A. Lachen.
. . . . .
J. Wird Morgen auch schön Wetter seyn?
E. A. Nein.
. . . . .
R. Schönste Jungfr. seyd ihr mein?
E. A. Nein / mein.

Reimund macht Angelica den Hof, dadurch erhalten seine Fragen und die raffiniert erzwungenen Antworten einen besonderen Reiz. Auf *da* bleibt Angelica kein anderes Reimwort als *ja*. Aber Cassandra weiß die Antwort geschickt auf folgende Weise abzudrehen: *Freilich / dann nach wolgeordneter Lieb / ist ihr niemand lieber / als sie ihr selbsten.* So dreht denn auch Angelica ihre Antwort auf Reimunds zweite Frage, die uns den alten Reim *dein* erwarten läßt, zu einem *Nein/mein* ab. Die formale Gewandtheit dient hier dazu, zugleich aufzudecken und zu verdecken. Die Antworten Angelicas machen ein intellektuelles

---

[19] G-Sp. II, 241 vgl. auch Spiel CCLXIX.
[20] Der Zusammenhang von Last-Laster tritt nochmals auf G-Sp. VIII, 54, vgl. S. 8 dieser Arbeit.

Vergnügen, das nicht zuletzt seinen Grund in der Verwunderung über die unerwartete Antwort hat.

ERZÄHLUNGEN UND GEDICHTE. Während das Finden eines Reims noch als eine elementare Stufe der Poetik betrachtet werden kann [21], steigen wir schon auf eine höhere Stufe, wenn aus vorgegebenen Teilen eine Erzählung erfunden oder ein Gedicht aus bekannten Teilen gemacht werden muß. Im Spiel XVIII muß *aus den Poeten eine schöne Jungfrau* beschrieben werden. Das sieht dann so aus:

Der schönen Lippen Glantz / die Rosenfarben Wangen /
So vor Corallenstein und schönsten Purpur prangen.
Das klare Augenliecht / die Sonnenhelle Stralen /
Die könten besser nicht den Sommer uns abmahlen.

Sofort wird aber das Formelhafte dieser Beschreibung bewußt, wenn man versucht, die so beschriebene Schönheit darzustellen [22]. Doch dieser Scherz, der die Metaphern auf der eigentlichen Ebene versteht, ist nicht spontan, denn Harsdörffer hat ihn aus einer französischen Quelle übernommen.

Hier tritt wiederum wie bei den Buchstabenspielen der Zug der Kombination stark in den Vordergrund. Die einzelnen Elemente liegen bereit, z. B. im dritten Teil von Harsdörffers *Trichter*, wo zu den verschiedenen Substantiven und Adjektiven Beschreibungen, poetische Wendungen und Metaphern gegeben werden [23]. Wir stoßen von diesen Spielen her auf eine dichterische Verfahrensweise, die uns auch von andern Dichtern des 17. Jahrhunderts bekannt ist. Diese Ele-

---

[21] Man vgl. dazu die in den Poetiken immer wieder gemachte Unterscheidung von *Kunstdichter und Reimleimer* (Birken in der *Vor-Ansprache* zu den Sonetten C. R. v. Greiffenbergs, L 29, unpag.). Harsdörffer unterscheidet in der Vorrede zum *Trichter,* I. Teil, § 5 die Leute, die zwar *die Wort kunstrichtig zu binden wissen / aber ... ohne poetische Einfälle* von den richtigen Dichtern. Ähnlich auch Schottel: *„Es heisset dieses im Teutschen warlich kein guter Vers / welches unten etwa Reimweis auf den Füssen hinket / der Leib aber der kunst so ähnlich / wie die Eul der Nachtigal aussiehet ... Zwischen den gemeinen Reimen / sagt Herr Ristius recht / und nach der Kunst gesetzten Gedichten / ist eben ein grosser Unterscheid zufinden / als zwischen den einfältigen Hintenliederen* (sic!) *eines hinter dem Pfluge leirenden Bauren / und den künstlich gesetzten Concerten / eines in Fürstlichen Capellen wolbestalten Musici.* (Siebende Lobrede, L 57, S. 105). Dieser letzte Vergleich findet sich ähnlich bei Harsdörffer. (siehe S. 117 ff. dieser Arbeit) Diese Unterscheidung geht auf Scaliger zurück, der den poeta vom versificator unterscheidet. Zum Fortwirken dieser Unterscheidung im 18. Jahrhundert vgl. O. Walzel: Das Prometheussymbol von Shaftesbury zu Goethe. München 1932, S. 46 ff.

[22] siehe das Bild G-Sp. I, 119.

[23] z. B. Nr. 194 Hertz. *Das erst im Menschen lebt und letztlich stirbt dahin. Der Gedanken Quell' und Sitz. Die Werckstatt deß Geblüts / das seinen Traurstand in trüben Augen weiset.* Auch Schottel führt solche fertigen Umschreibungen auf. Für den Tod führt er auf viereinhalb Seiten Umschreibungen auf (L 57, S. 118—122). z. B. *Das kummerhafte Leben enden. Den Weg aller Welt gehen. Die Welt segnen. Vom Schwerte gefressen werden. Abschied aus der Welt nehmen.*

mente sind die „Versatzstücke", von denen Conrady spricht. Der Dichter des 17. Jahrhunderts ist wie der Dichter des Mittelalters ein findaere. Harsdörffer braucht wie andere Dichter dafür das Bild der Biene, die den Blütenstaub einsammelt und daraus Honig macht im Gegensatz zur Seidenraupe, die aus sich selbst die Seide spinnt [24]. Was Harsdörffer uns hier in der Praxis vormacht, hat Pascal in folgenden Gedanken gefaßt: *Qu'on ne dise pas que je n'ai rien dit de nouveau: la disposition des matières est nouvelle; quand on joue à la paume, c'est une même balle dont joue l'un et l'autre, mais l'un la place mieux* [25]. Die Neuheit besteht in der Anordnung des Materials, das heißt nicht der Inhalt ist neu, sondern allein die Form.

AKROSTICHON UND ANAGRAMM. Die Anordnung des Materials kann nach den verschiedensten Gesichtspunkten erfolgen. Eine Art Akrostichon wird im folgenden Spiel erstrebt:

R. *Julia Verstand Leuchtet Jn Allem.*
J. *Jhr Verstehet Listig Jungfrauen Angelicam.*
A. *Ja: Viel Loben Jst Artig.*
R. *Ja: Verständig Lieben Jst Angenem.* (XXIV)

Der Reiz dieser Abart eines Akrostichons besteht im Gespräch, das sich zwischen den Spielern entwickelt. Gewandt weist Julia das Kompliment zurück, indem sie es auf Angelica abdreht, was einerseits einen Scherz gegenüber Reimund, andererseits ein Kompliment für Angelica bedeutet. Reimund scheint ihr denn auch zu antworten, daß sie recht habe, doch ist der Bezug nicht deutlich. Der Satz enthält ja eine allgemeine Wahrheit, man könnte ihn in jeder Sentenzensammlung finden. Angelicas Antwort fügt sich ebenfalls selbstverständlich in den Zusammenhang ein, obwohl ihr Satz ganz allgemein tönt. So öffnet sich hinter dem Spiel eine zweite Ebene: der Bezug zur Gesellschaft, in der es gespielt wird [26].

Strenger auf den Namensträger bezogen ist die Ausdeutung des Namens Cassandra.

R. *... dergestalt dass ich nach dem c sage sie sey Christlich.*
J. *Nach dem a Adelich.*
D. *Sittsam.*

---

[24] Das ist ein seit der Antike immer wieder gebrauchtes Bild, das in der Neuzeit v. a. von Petrarca wieder aufgenommen wurde. Vgl. K. O. Conrady: Lateinische Dichtungstradition, L 78, S. 48, wo die Stellen zitiert sind.

[25] L 49, Pensée Nr. 65. Interessant ist eine ähnliche Stelle bei Montaigne: *Les abeilles pillotent deçà delà les fleurs, mais elles en font apres le miel, qui est tout leur; ce n'est plus thin ny marjolaine: ainsi les pieces empruntées d'autruy, il les transformera et confondera, pour en faire un ouvrage tout sien.* (Essais. éd. P. Villey, Lausanne 1965 (1. A. Paris 1924) I, 26, p. 152)

[26] zur Anspielung vgl. S. 23 f. dieser Arbeit.

C. Weil das a schon da ist / so nimme ich folgenden Buchstaben / und nenne mich Nachbarlich.
V. Sie ist Demütig.
A. Und reich. (VIII, 47 f.)

Die einzelnen Buchstaben ihres Namens bilden die Anfangsbuchstaben von Wörtern, die ihrerseits Eigenschaften des Namensträgers bezeichnen. Tatsächlich steckt nach Harsdörffers Meinung im Namen etwas Besonderes [27].

Deutlicher als solche Ausdeutungen zeigen die Anagramme oder Letterwechsel, wie sie Harsdörffer nennt, die verborgene Bedeutung eines Namens. Aus Reimund entsteht durch einen Wechsel der Buchstaben *Dein Rum* [28]. Es ist etwas im Namen verborgen, das es zu finden gilt [29]. Wieder beruht aber das Finden nicht nur auf Intuition. Harsdörffer gibt eine Methode an, wie man die verborgenen Bedeutungen durch das Verschieben von einzelnen Buchstaben, die man auf lose Zettel geschrieben hat, finden kann. Wenn hier etwas verborgen ist, das es zu finden gilt, so sucht man nicht einfach wie die Kinder beim Versteckspiel, sondern man sucht mit Hilfe von Regeln.

Es übersteigt den Rahmen und das Ziel dieser Arbeit, solche Spielereien in den Kunstwerken der Zeit nachzuweisen. Ich möchte nur an einem Beispiel zeigen, wie solche Spielereien in Werke eingebaut werden können, die den Anspruch erheben, Dichtung zu sein. In seinem *Dankgedicht* für die Lobgedichte zum 6. Teil der *Gesprächspiele* erzählt Harsdörffer, wie der Spielende an der Pegnitz spazierte und da einige Kieselsteine fand, auf die er, nachdem er einige Betrachtungen angestellt hatte, Buchstaben schrieb, und zwar so, daß sie zusammen den Namen *Die Fruchtbringende Gesellschaft* ergaben.

Als er nun solche untereinander vermischet / ordnet er folgendes ohne Mühe zusammen: Deutscher Gegend lieblicher Safft. Wann ich mich nicht betrüge / sagte er bey sich selbst / so ist die Sprache der l i e b l i c h e S a f f t / der durch

---

[27] Anm. am Rand des Spiels: *Daß in einem jeglichen Namen etwas besonders steke/ schreibet* .... (es folgen Literaturangaben) (G-Sp. I, 141). Ähnlich Schottel, der bei der Behandlung der Vorsilben Folgendes über die unendlichen Möglichkeiten, sie mit den verschiedensten Wörtern zusammenzufügen, sagt: Derjenige, der *dem künstlichsten Vermögen dieser Wörterlein ferner nachsinnen würde / etwas sonderbares und fast unvergleichliches darin erspüren wird.* (L 57, S. 617) Ob von solchen Bemerkungen ausgehend von Sprachmystik gesprochen werden kann, kann ich nicht beurteilen.

[28] G-Sp. III, 324.

[29] Bei Stieler dient das Anagramm dazu, die Etymologie zu finden. Er führt verschiedene Mundartformen an wie Balbier-Barbier und fährt dann fort: *Zugeschweigen / was mit dem Versetzen und Zusammenziehen / Zu- und Abnehmen in Teutscher Sprache vorgehet / als: Bernen vor brennen / ardere, Korn vor Rocken / olyra, ... und dergleichen viel tausent andere / welche alle in der Ableitungskunst wol beobachtet werden müssen / und Gelegenheit geben / öfters zu einer Wurzel oder zum Stammworte zu gelangen / da mancher Teutscher nie hingedacht hätte.* (Stieler, Vorrede (unpag.) zum *Stammbaum der Teutschen Sprache*).

die hochlöbliche G e s e l l s c h a f t / in D e u t s c h e r G e g e n d / so viel
nutzliche F r ü c h t e b r i n g e t. (VI, (95 f.))

Der Sinn des neuen Satzes, der durch das Vermischen der Buchstaben entstanden ist, ist auf den ersten Blick nicht deutlich, darum versucht der Spielende einen Zusammenhang herzustellen, der, wie es scheint, leicht gefunden werden kann. Es steht fest, daß ein Zusammenhang bestehen muß. Dieser Satz ist *ohne Mühe*, im Spiel entstanden, weil er eben im ersten Satz angelegt war, so jedenfalls möchte es Harsdörffer gerne haben. Daß aber ein Anagramm nicht aus Zufall entsteht, zeigt die Fortsetzung des Gedichts.

Mit diesen Gedanken mischet er besagte Kieselsteine wieder untereinander: und ob ihm wol zween oder drey derselben von dem Hügel / auf welchen er sasse / entfallen / schliessten doch die noch übrigen folgende Meinung:
          Gleiches reiches Tugendband. (VI, (96 f.))

Dieser nun entstandene Ausdruck bezieht sich auf das Gesellschaftsband der Fruchtbringenden Gesellschaft, das alle Mitglieder in Tugend verbindet. Aus den gleichen Buchstaben gelingt es Harsdörffer nicht noch einmal einen sinnvollen Satz oder Satzteil zu erhalten, deswegen müssen einige Kieselsteine wegrollen. Es rollen aber genau die richtigen weg. So sieht man gerade hier deutlich, daß das, was in den Namen oder Wörtern verborgen ist, letztlich vom Verstand, der die verschiedenen Dinge verbindet, erst hineingelegt worden ist [30].

Noch deutlicher zeigt sich diese gewollte Verbindung in jenen Formen des Anagramms, wo es zum Spiel gehört, die auseinander entstandenen Wörter zu erklären.

          Erde: Rede.
Die Erde soll uns seyn die Rede die bezeugt /
Wie Gottes Gnadenschutz uns immer sey geneigt. (III, 325)

Das Verfahren kann dadurch erschwert werden, daß man aus einem Wort mehrere Wörter gewinnt. So erhalten die Spieler aus *Lieb* folgende vier Wörter *Leib, Beil, Ubel, Bley.* Trotz der scheinbaren Divergenz der Bedeutungen gewin-

---

[30] Eine Abbildung des spielenden *Spielenden* befindet sich in Neumarks *Palmbaum* (L 48), S. 71, wo die Geschichte auch nacherzählt wird. Wenn ich am Anfang sagte, daß wir durch die moderne Dichtung wieder ein Sensorium für solche Spielereien erhalten haben, so kann hier auf eine ebenso kuriose wie interessante Idee des Begründers der modernen Sprachwissenschaft Ferdinand de Saussure hingewiesen werden: Saussure glaubte in den lateinischen Gedichten massenweise Anagramme zu entdecken, ja er glaubte, daß die Anagramme geradezu ein Strukturprinzip der Gedichte seien. Die Sprache ist nach de Saussure so strukturiert, daß sie solche Anagramme auch ohne Bewußtsein des Autors hervorbringt. (J. Starobinski: Les anagrammes de F. de Saussure. Textes inédits. In: Mercure de France 1964, S. 243—262, ferner J. Starobinski: Les mots sous les mots. Textes inédites des cahiers d'anagrammes de Ferdinand de Saussure. In: To honor Roman Jakobson. The Hague 1967, II, S. 1906—1917). Ein ähnlicher Zusammenhang aller Wörter der Sprache dürfte Harsdörffer vorgeschwebt haben.

nen sie diesen Wörtern eine Gemeinsamkeit ab, die rechtfertigt, daß sie alle mit denselben vier Buchstaben gebildet werden.

Die Lieb in unsrem Leib / heist Ubel mancherley /
Bald ists ein schneidend Beil / bald gantz erstartes Bley. (III, 328)

Hier zeigt sich die Freude an der geistigen Beweglichkeit, die so verschiedene Dinge miteinander in Beziehung bringen kann.

METAPHER. Schaut man näher zu, welcher Art der so hergestellte Zusammenhang ist, so sieht man, daß er nicht auf der Ebene der einfachen Bedeutungen, sondern auf derjenigen der übertragenen Bedeutung, der Metapher hergestellt wird. Auf diese Weise erhalten die Spieler einen weiteren Anreiz zum Denken, indem das Tertium comparationis gesucht werden muß. Die Erklärung, so wie sie dasteht, ist bis zu einem gewissen Grad wieder dunkel. Erst nachdem man nachgedacht hat, sieht man, daß das Tertium comparationis von Lieb und Beil der Schmerz, den beide verursachen können, dasjenige von Lieb und Bley die Kälte ist. Genauso steht es mit dem Erde-Rede-Beispiel, wo man angeregt wird, zu fragen, inwiefern die Erde Gottes Gnade bezeuge.

Das Finden eines Zusammenhangs, das Vergleichen von verschiedenen Dingen kann seinerseits wieder zu einem Spiel gemacht werden. In einem Spiel geben die Personen einander Dinge auf, die zu vergleichen sind.

J. Der Herr gebe ein Gleichniß von einer Waage und des Menschen Haubt; ...
V. An der Waage befinden sich zwo Waagschalen / zween Waagbalcken / und
das Zünglein / welches den Ausschlag giebet: An des Menschen Haubt beide
rundgehölte Ohren / welchen alle Sachen gleichsam eingelegt / durch die Augen
als Balcken ermessen / und von der Zungen nach Befindung beurtheilt werden.
(I, 32 f.)

Durch den Scharfsinn des Spielers können die verschiedensten Dinge zusammengebracht werden. Die Waage und des Menschen Haupt weisen sogar mehrere Vergleichspunkte auf, was nicht immer der Fall zu sein braucht. Ausdrücklich sagt Vespasian einmal, *daß das Vergleichende mit dem Verglichenen nicht in allen und allen übereinkommen muß / sonsten were es eben eins / sondern bißweilen in vielen / bißweilen in etlichen / bißweilen nur in einem Stucke zu- und eintreffen mag.* (I, 19 f.) Je weniger Vergleichspunkte sich zwischen zwei Dingen finden, umso willkürlicher mag der Vergleich erscheinen, umso seltsamer und reizvoller ist er aber auch. Das Erstaunen ist groß, wenn Julia aufgibt *eine K u h e / ein K e e s und eine K a t z* zu vergleichen, was Reimund auf folgende Weise tut: *Von der K ü h e Milche wird der K e e s gemacht / welchen die K a t z frist.* Hier besteht der Zusammenhang der Dinge in einem kausalen Zusammenhang. Degenwert gibt Reimund auf, *die S c h ö n h e i t / einen S c h i r m und die S c h a l k h e i t* zu vergleichen. Reimund antwortet: *D i e S c h ö n h e i t ist ein S c h i r m / hinter welchem sich die S c h a l k h e i t zu verbergen pfleget.* (CC) Auf den ersten Blick haben *Schönheit* und *Schirm* nichts miteinander zu tun, erst durch die geistreiche Erklärung, die Reimund zu geben gezwungen ist, entsteht ein aus dem Augenblick geborener und für den Augenblick gemachter Zusammenhang, der Verwunderung erweckt. Nicht umsonst werden diese Aufgaben Reimund gestellt, der als der Intelligenteste der Gesellschaft gilt, denn solche Spiele stellen gewisse Anforderungen an die geistige Beweglichkeit des Spielers. Es ist die geistvolle, schnelle und unerwartete Antwort, die Verwunderung erweckt. Dieser Zug der Verwunderung zeigte sich bereits beim Echospiel. Dort war aber die Verwunderung eher auf einer formalen Überraschung begründet, während sie hier auf einer Überraschung inhaltlicher Art beruht.

Einen besonderen Reiz erhält das Spiel dann, wenn einer der Spieler in das Spiel einbezogen wird. So verlangt Angelica, daß Reimund zum Buchstaben *C* die Wörter *Citronien, Cassandra* und *Carfunkel* vergleiche, was Reimund auf folgende Weise tut: *Wie Citronien unter den Früchten / und der Carfunkel unter den Edelgesteinen / also erhält Jungfer Cassandra den Preiß unter den Jungfrauen.* (IV, 431) Angelica zwingt Reimund, mit den ihm gegebenen Wörtern auf die anwesende Cassandra Rücksicht zu nehmen. Reimund löst denn die Aufgabe, dank seinem beweglichen Geist und seiner Galanterie, auch glänzend, wohl sehr zum Vergnügen seiner Mitspieler. Der gesellschaftliche Bezug dieser Spiele, ihre Eigenschaft, daß sie, obschon sie wie Sprachübungen oder Verstandesübungen aussehen, jederzeit aktualisiert werden können, gehört mit zu ihrer Struktur.

Statt daß man die zu vergleichenden Dinge vorgegeben bekommt, kann man auch eines der Dinge frei wählen. Es versteht sich, daß im Rahmen dieser Spiele das frei zu wählende Ding möglichst ausgefallen gewählt wird. Im nachfolgenden Beispiel wird der Reiz des Vergleichs wiederum durch die Aktualität erhöht. Reimund vergleicht Cassandra mit einem Camel, wobei der gemeinsame Anfangsbuchstabe der beiden Wörter den rein formalen Ausgangspunkt bildet. Vespasian vergleicht sie mit einem Dattelbaum. Diese Vergleiche dürften auch beim zeitgenössischen Leser, der ja eher an solche Gedankenspiele gewöhnt war, Verwunderung erweckt haben. Reimund erklärt dann sogleich, *Cassandra gleiche einem Camel / welches sich zwar willig mit Schertzworten belassen / aber nicht überladen lässet* (VIII, 48). Vespasian sagt, sie gleiche einem Dattelbaum, der *stetig grünet und blühet.* (VIII, 49 f.) Hier wird im Gegensatz zum Liebe/Beil-Beispiel der Zusammenhang verdeutlicht, weil er zu fremd, zu gesucht ist, um erraten zu werden. Die Aktualisierung des Spiels kann ein solches Vergnügen bereiten, daß sie geradezu zu seiner Bedingung erhoben wird, wie in dem Spiel, in dem Cassandra ein Gleichnis auf die Gesprächspielgesellschaft finden muß.

So vergleiche ich die Jungfrau mit dem Feuer / bey welcher der Jugend Witz und Hitz mit sonderlicher Bescheidenheit erhellet: Herrn Reimund mit dem weitschwebenden leichten Luffte / als welcher unlangsten auß entlegenen Orten glücklich wiederum zu uns gelangt: Frau Juliam aber dem Wasser / als welcher Verstand sich vielfaltig mit fruchtbarlichen Reden gleichsam unter uns ergiesset:

H. Vespas. aber vergleiche ich zu der kalten und finstern Erden / dahin sich seine fast schwere Jahr zu neigen beginnen. (I, 21)

Welcher Art die Wirkung solcher Vergleiche auf die Zuhörer sein kann, erhellt die Reaktion Angelicas auf eine Episode, die Vespasian erzählt. *Hier fället mir bey / daß einer seine Liebste mit dem Lucifer verglichen / welchen sein grosser Stoltz zu Fall gebracht / da er doch der höhesten und schönsten Engel einer gewesen.* (I, 24) Angelica bemerkt darauf: *Wunderliche Gedancken!* Verwunderung, Staunen rufen solche Vergleiche hervor. Verwunderung, „meravigliosa" ist ein Schlüsselbegriff der Concettisten. Windfuhr [31] hat gezeigt, daß Harsdörffer in seiner Metapherntheorie von der romanischen Scharfsinntheorie abhängig ist. Nach den sogenannten Concettisten ist die „meravigliosa" ein Hauptvergnügen des Geistes. Verwunderung wird nicht durch das Bekannte, sondern durch das Unbekannte erzeugt, wofür der Vergleich von Cassandra mit einem Camel ein sprechendes Beispiel ist [32]. Um das Unbekannte bekannt zu machen, braucht man Scharfsinn, „accutezza". Aus diesem Grund bleiben Reimund ja auch die schwierigsten Aufgaben vorbehalten. Auch das Ausdrucksmittel der Concettisten, das Concetto, finden wir in diesen kurzen, Verwunderung erweckenden Vergleichen.

Die oft sehr willkürlichen Vergleiche lassen sich noch an eine andere für das 17. Jahrhundert typische Erscheinung anknüpfen, an diejenige des Emblems. „Vergleich und Verglichenes stehen nicht im Verhältnis voller symbolischer Verwandtschaft, sondern sind künstlich nur mit einem einzelnen, oft gesuchten Zug aufeinander bezogen. Dies ist die Methode des barocken Emblems ..." [33]

Voraussetzung für die Möglichkeit solcher Vergleiche ist der Zusammenbruch des mittelalterlichen hierarchischen Weltbildes, was zur Folge hatte, daß man einerseits die große Vielfalt der Welt entdeckte [34], daß andererseits der Wert der einzelnen Dinge nivelliert wurde, so daß alles mit allem verglichen werden konnte. Die Dinge werden, das ist die zweite Voraussetzung für diese Vergleiche auch nicht in ihrem eigentlichen Wert, sondern in ihrer Zeichenhaftigkeit gesehen. So stimmt jedes Ding, sei es in Material, Form, Wirkung, Zweck, einem Tertium comparationis oder seinem metaphorischen Gehalt mit einem andern

---

31 Windfuhr, M.: Die barocke Bildlichkeit, L 126, S. 42 f.
32 S. Guazzo, dessen Werk *La civil Conversatione* (L 32) ein Vorbild Harsdörffers ist, erklärt ebenfalls, daß die durch das Ungewöhnliche erweckte Verwunderung ein Vergnügen des Geistes sei: *se voi mi proverete con lungo discorso, che'l sole si chiaro, & riscaldi, mi farete fuggire la voglia d'ascoltarvi, perche non mi volete dir cosa nuova; ma se entrerete in campo per mantenermi ch'egli sia oscuro, et freddo, ò come risveglierete i miei spiriti, ... Mirate ..., con quanto gusto, et con quanto ammiratione si leggono i paradossi di diversi ingeniosi scrittori, et particolarmente i piacevoli capitoli scritti in lode della peste, et del mal francese.* (S. 53 f.)
33 M. Wehrli: Catharina Regina von Greiffenberg. L 123, S. 581.
34 Zur Bedeutung der Vielfalt vgl. das Kapitel Ars Combinatoria.

überein [35]. *Gewißlich ist eine Zusammenstimmung aller Sachen in diesem gantzen Erdkreiß / und vergleichet sich / der sichtbare Himmel mit der Erden / der Mensch mit der gantzen Welt* (VIII, 191 f.). So kann der Einwand Angelicas, die von Reimund sekundiert wird, nicht aufkommen, daß die Welt aus ganz verschiedenen Dingen bestehe. *Die Erde ist groß / das Wasser grösser / der Lufft noch viel grösser / und das Feuer das allergrösste.* (I, 17) Frau Julia erwidert Reimund: *So viel ich mit meiner schwachen Vernunfft ergreiffen kan / bestehet die Welt nicht in widrigen und unter sich streitenden Dingen / sondern in unterschiedenen / welche mit gewisser Maß einander nachgeordnet sind.* (I, 18) Für Harsdörffer fällt die Welt noch nicht in ein ungeordnetes Nebeneinander auseinander wie für einige Denker des 20. Jahrhunderts [36]. Es gibt noch eine gewisse Ordnung. Wenn auch die Dinge alle gleichwertig sind, so sind sie doch alle von Gott geschaffen und als solche auf den Schöpfer bezogen[37]. Gerade die Tatsache, daß die Dinge nur Zeichen sind, bewirkt, daß sie in einer Ordnung, in einem System gesehen werden, denn Zeichen haben ja nur innerhalb einer bestimmten Ordnung einen Sinn.

Die Welt ist von vielen Figuren / und gleichsam unterschiedlichen Gemählden gezieret / . . . Wie nun der Menschen Sinne zu Betrachtung derselben Figuren von Natur sehr begierig / und gleichsam durch den verjüngten Masstab in allem nach der grösseren Welt gestaltet: Ist unschwer zu ermessen / warum die artige Zusammenstimmung aller Sachen sonderlich belustigen bringet. (I, 16) Wenn es in der Welt tatsächlich eine Zusammenstimmung aller Sachen gibt und diese Freude macht, so kann auch die künstliche Übereinstimmung, wie sie Harsdörffer seine Personen machen läßt, Freude und Vergnügen bereiten [38].

---

[35] Vgl. die Anm. G-Sp. I, 31. Dyck weist darauf hin, daß die Metapher die prägnanteste Form des Topos ex similibus ist, der seinerseits typische Denkformen des 17. Jahrhunderts unterstützt. „Er verpflichtet zur Suche nach Korrespondenzen und Analogien, die in der Seinsordnung vorgegeben sind." (L 82, S. 57)

[36] Die Spannung zwischen Verschiedenheit und Gleichheit der Dinge drückt Montaigne auf folgende Art aus: *Comme nul evenement et nulle forme ressemble entierement à une autre, aussi ne differe nulle de l'autre entierement.* (III, 13, S. 1070 der in Anm. 25 zit. Ausg.)

[37] Dies ist etwa im Sinn der Leibnizschen Monaden zu verstehen, die zwar die Welt auf verschiedene Weise widerspiegeln, aber alle doch eine Welt spiegeln. *Et comme une même ville regardée de differens côtés paroist toute autre et est comme multipliée p e r s p e c t i v e m e n t, il arrive de mème, que par la multitude infinie des substances simples, il y a comme autant de differens univers, qui ne sont pourtant que les perspectives d'un seul selon les differens p o i n t s d e v e ü e d e chaque Monade.* (Monadologie § 57)

[38] Vgl. Windfuhr, der zu ähnlichen Schlüssen kommt: „Nur geht es bei Harsdörffer und den ihm nahestehenden Barocktheoretikern nicht um das ruhige, abwägende Eindringen in die Hierarchie der göttlichen Welt, den Aufbau einer systematischen Summa, sondern um das artistische Verbinden von allem mit jedem. Die Seinsanalogie wird zu einem spielerischen Mittel der Kombinatorik umgeformt." (L 126, S. 33)

Diese Welt in verjüngtem Maßstab wird manipulierbar. Die Personen verfügen über sie und stellen Zusammenhänge her. Der Mensch, der im Vergleich zur großen Welt ein Punkt ist, wird der Herr dieser kleinen Welt [39].

Statt möglichst viele Bezüge von einem Ding aus zu schaffen, kann auch ein Ding nach den verschiedensten Seiten ausgedeutet werden, wobei auf diese Weise die Vielfalt in ein einzelnes Ding verlegt wird. Im Spiel CLXXXVI wird so das Kartenspiel nach allen Seiten ausgedeutet.

A. Des Menschen Leben ist fast nichts anders als ein Kartenspiel / in welchem der oftmals verliehret / der zu gewinnen hoffet: ...
D. Die Karten heist mit versetzten Buchstaben ein Keñart; Massen nicht allein der / welcher mit der Karten spielet / sich und seine Neigungen eröffnet; sondern weil auch sonsten vielerley aus der Karten zu erkennen und abzumerken.
C. Wann man das Kartenspiel betrachtet / finden sich in selbem Könige / Oberrähte / Knechte / u. d. g. welchen allen auch das kleinste Blätlein obsiegen kan: Zu bemerken / daß wen viel fürchten müssen / der habe auch den allerringsten zu befürchten.
R. Ich wolte gerne sagen / daß die vier Farben in der Karten die vier Jahrszeiten bedeuten / ...

Auf diese Weise fahren sie noch ein Weilchen fort. Man sieht aus einem solchen Spiel, daß jedes Ding nicht nur für sich selbst steht, sondern Verweisungscharakter hat. Je nach Kontext wird der Leser die eine oder andere Bedeutung mitdenken. Es kann soweit gehen, daß einem Ding resp. Lebewesen geradezu gegensätzliche Deutungen abgewonnen werden. *Zum Exempel / wann gemahlet würde eine Omeiß / könte man unterschiedliche Gedanken darvon haben. Einer möchte es deuten / zu Anmahnung der Arbeit nach des weisen Mannes Lehr / Du Fauler lerne von der Omeiß: Der ander könte es für eine Abbildung deß Eigennutzes halten / weilen die Omeissen die Gärten verderben / ihnen selbsten aber wol eintragen. Der dritte könte es von einer guten und wolbestellten Haußhaltung / oder Regiments-Verfassung auslegen.* (I, 49 f.) Dieses Beispiel zeigt, was schon die Anagramme gezeigt haben, daß der Zusammenhang der Dinge nicht in ihnen selbst liegt, sondern vom Auge des Menschen in sie hineingelegt wird. Es sieht zwar so aus, als ob die Welt sinnvoll geordnet wäre, es ist aber der sinnvoll betrachtende Mensch, der diese Ordnung in die Welt hineinlegt, ein Unterschied, der dem Denken des 17. Jahrhunderts noch fremd war, wenn er auch gerade in solchen sprachlichen Formen bereits zu greifen ist.

[39] Eine vergleichbare Freude ist aus dem folgenden Text, den Poulet zitiert, abzulesen. Binet beschreibt eine aus Kristall bestehende Weltkugel: *Par ainsi l'Art a enfanté un petit bout de machine enceinte d'un grand monde, un C i e l e t P a r a d i s p o r t a t i f, un g r a n d U n i v e r s d a n s u n r i e n d e v e r r e, le beau miroir, où la nature se mire tout étonnée de voir qu'à ce coup l'Art ait surmonté et quasi enfanté la nature.* (L 108, S. 26)

Wenn ein Gegenstand eine Reihe von Bedeutungen hervorruft, so kann auch eine Eigenschaft eine Reihe von Gegenständen hervorrufen.

D. *Rund ist das Glas.*
J. *Rund ist der Teller.*
R. *Rund ist das Saltzfaß.*
A. *Rund ist die Schüssel.*
V. *Rund ist das Weinfaß.*
C. *Rund ist die Pasteten* [40].

Der Reiz dieser Aufzählung, die die Form der Anapher hat, besteht offensichtlich darin, die verschiedensten Dinge, die sich auf einer Tafel befinden können, auf eine gemeinsame Eigenschaft zu reduzieren, alle Dinge unter einer gemeinsamen Perspektive zu betrachten. Hier ist das Tertium comparationis der Ausgangspunkt, zu dem die verschiedenen Teile des Vergleichs gefunden werden.

Durch ihre Eigenschaft können z. B. auch Planeten, Edelsteine und Metalle zusammenhängen. *Das erste und vortrefflichste Metall ist G o l d / die Farb g e l b / der Planet die* ⊙ *[Sonne] / das Edelgestein / welches darzu verglichen / der T o p a s ; bedeutet Herrlichkeit / Ansehen und Reichthum* [41]. Man sieht sogleich die Möglichkeiten, die sich aus solchen Zusammenstellungen ergeben. Man kann eines der vier Dinge nennen, und schon stellen sich die andern ein, die mit ihm zusammenhängen. Dies läßt Harsdörffer auch in einem Spiel ausführen [42]. So ist der gebildete Mensch des 17. Jahrhunderts gewohnt, auf mehreren Ebenen zu denken. Gold ist für ihn nicht nur wie für uns das Metall, das in einer chemischen Tabelle einen bestimmten Platz hat, sondern etwas, was über seinen materiellen Wert hinaus eine Bedeutung hat, die mit dem materiellen Wert direkt nichts zu tun hat. So sind Metalle, Planeten, Edelsteine Zeichen, genau wie ein Wort neben der Folge von Buchstaben, die es darstellt, einen Zeichenwert hat.

RÄTSEL [43]. Je nach dem Blickwinkel wird man eben die eine oder andere Seite eines Dings sehen. So kann ein Ding durch eine ganze Reihe von Eigenschaften beschrieben werden, wenn man es von möglichst vielen Seiten betrachtet, ohne daß jedoch das Ding selbst genannt wird, so wie es etwa im Rätsel geschieht.

C. *Mir ist zu beschreiben auffgegeben worden / ein Ding / das noch Holtz / noch Aschen ist / sondern etwas darzwischen / es verbleibt noch auff der Erden / noch in den Wolcken / sondern darzwischen; es ist noch weiß noch schwartz / sondern hat zwischen beeden eine Mittelfarb.*
R. *Das ist ... der Rauch. Die Sache / welche mir zu umbschreiben fürgegeben / ist fast dergleichen: Es ist weder Holtz / noch Aschen / noch Rauch / sondern*

---

[40] G-Sp. VIII, 43. vgl. auch CIV, CV.
[41] G-Sp. I, 85. vgl. auch LX zu den Planeten, CLXXXVII zu den Edelsteinen.
[42] Spiel LX.
[43] Das Rätsel gehört wie die vorher besprochenen Figuren zum Schmuck der Rede. Vgl. Dyck (L 82, S. 159).

etwas zwischen diesen allen; Es ist noch hart / noch weich / sondern alles bee-
des; Es ist schwartz und bleibt nicht schwartz / nutzet vielen / und schadet
nicht wenigen. (Antwort: *die Kohle*) (LXXI).

Vergleichen wir dieses Rätsel mit den uns geläufigen, so fällt vor allem die
Fülle der Umschreibungen auf. Die Dinge präsentieren sich in einer solchen Vielfalt, daß man mühelos eine ganze Reihe von Umschreibungen beibringen kann.
Zudem können so verschiedene Dinge wie der Rauch und die Kohle mit ähnlichen Eigenschaften umschrieben werden. Das kommt hauptsächlich daher, daß
nicht die positiven, sondern die negativen Eigenschaften beschrieben werden. So
erhalten wir durch diese Aufzählung nicht das Ding selbst, sondern eine Art
Hohlform. Auf diese Weise wird die Sache genannt und doch nicht genannt. Es
ist ein sehr raffiniertes Spiel des Aufzeigens und Verdeckens zugleich. Diese Art
des Rätsels ist der Anspielung ähnlich, die ja auch aus der Spannung von Sagen
und Nicht-Sagen besteht [44].

Es gibt noch eine andere Art von Rätseln, die auf der Mehrdeutigkeit der
Sprache beruhen. In der Tat hat die Mehrdeutigkeit der Welt ihre Entsprechung
in der Mehrdeutigkeit der Sprache. In einem Spiel, in dem man solche mehrdeu-
tigen Wörter sucht, bemerkt Angelica etwas entsetzt: *(Wann man solche Deu-*
tung suchen will /) so kan niemand Einfältiges mehr wissen / was weiß oder
schwartz ist. R. Weiß hat gleich sowol unterschiedliche Deutung: es heist die
Farb / und auch Weißheit und Verstand haben; schwartz nennet man die in Un-
gunsten kommen. (II, 229) Weil schwarz nicht einfach schwarz ist, lassen sich
Rätsel von der folgenden Art machen: *Herr Reinmund aber soll rahten / was das*
seye / das da fliehet und verfolget wird / drohet und bittet / zürnet und erbar-
met / erfreuet und betrübet / wil und nicht wil? ... R. Das ist die Liebe
(I, 185).

Zuerst fällt die Freude an der paradoxen Formulierung auf. Das Ding, das erraten werden soll, ist nicht, wie es die Wörter suggerieren, eine Person, sondern
ein abstrakter Begriff. Dadurch entsteht eine gewisse Diskrepanz zwischen dem
„Signifiant" und dem „Signifié". Die Beschreibung ist zunächst auf der gewöhnlichen Ebene zu nehmen, die Person, die dabei herauskommt, ist aber nicht eine
wirkliche Person, sondern eine allegorische Gestalt. Im folgenden Rätsel sind
die Verhältnisse gerade umgekehrt. *Es ist eine Mutter / welche sich / wann sie*

---

[44] J. Rousset vergleicht dieses Versteckspiel mit den Verkleidungen in der Architektur: „... la métaphore ainsi conçue, à force de se „filer", en vient à dresser une
véritable composition autonome derrière laquelle l'objet se trouve si bien dissimulé
qu'il faut le deviner; on se trouve en présence d'un déguisement rhétorique qui est
l'équivalent de ce que tentent les architectes de façades autonomes tels que Borro-
mini à St. Agnès ... ces soudaines volte-face, ce jeu de cache-cache désignent un
autre trait commun à toutes ces images: l'énigme." (La littérature de l'âge baroque
en France, 1953, L 110, S. 186). Ich verdanke diesem schönen Buch viele Anregun-
gen.

schwanger ist / an einen Stab hält / ist den Sommer bekleidet / den Winter ent-blösset / verbleibet stetig auf dem Land / und schicket ihre Kinder in die Wirts-häuser. (I, 188)   Damit ist die Weinrebe gemeint. Hier besteht für die Zuhörer von Anfang an kein Zweifel, daß der Text in einer übertragenen Bedeutung zu nehmen ist. Was dabei herauskommt, ist aber ein höchst reales Ding. Man sieht auch da wieder, wie der Mensch des 17. Jahrhunderts gewöhnt ist, sich ständig auf zwei Ebenen zu bewegen. Ganz selbstverständlich sieht man hinter der Ver-zierung der metaphorischen Ausdrucksweise das reale Ding.

Es gibt auch eine Art von Rätseln, die sich nur auf die Sprache selbst beziehen. Daß sich Harsdörffer mit solchen Rätseln beschäftigt, ist für seine spielerische Sprachauffassung typisch. So gibt es Regeln, wie man aus einem Wort ein ande-res gewinnen kann.

Wann du die Bonen Tracht wilst machen angenem /
Das Mittel von dem Saltz an stat deß n bequem [45].

Diese Verse nennt Harsdörffer *Wortgrifflein* [46] oder mit dem griechischen Aus-druck *Logogrypi*. Um ein Rätsel handelt es sich denn hier auch, die Angabe ist keineswegs klar, deswegen muß Harsdörffer dem Anfänger eine zusätzliche Er-klärung geben. *Das Mittel von dem Saltz* ist rein formal zu nehmen, es ist das *l*. Nun muß dieses statt des *n* in *Bonen* eingesetzt werden, dann muß man einen Letterwechsel machen, so daß als Ergebnis *Loben* herauskommt. Eine solche Re-gel erinnert eher an mathematische Regeln. Die Regel hat auch die Zeichenhaftig-keit mit der mathematischen Regel gemeinsam, indem nämlich nur der Kenner weiß, was das *Mittel von dem Saltz* ist.

DAS WORTSPIEL. Auf zwei Ebenen der Wortbedeutung, wie die vorhin be-sprochenen Rätsel, bewegt sich auch das Wortspiel. Es muß dem Zeitalter des „Trompe l'oeil", der Attrappe ein besonderes Vergnügen gemacht haben. Degen-wert nennt das Wortspiel einmal einen *Lustbetrug* (II, 225). Das Wort drückt sehr schön den Zustand der Spannung zwischen dem Bewußtsein, daß zweideutig reden eigentlich Betrug sei, und dem Vergnügen an der Täuschung aus. Es ist das gleiche Vergnügen an der Täuschung, wie es der Mensch des 17. Jahrhun-derts wohl empfunden haben muß beim Anblick einer gemalten Perspektive, die als Raum wirkt, aber eigentlich nur eine Fläche ist.

---

[45] G-Sp. III, 326. vgl. die ähnliche Anweisung, wenn auch gewissermaßen auf natur-wissenschaftlicher Ebene, im Sinngedicht Logaus, das den Ausgangspunkt von G. Kellers *Sinngedicht* bildet: *Wie wilstu weiße Lilien / zu rothen Rosen machen? Küß eine weisse Galathe, sie wird erröthend lachen.* (abgedruckt in: A. Schöne: Ba-rock, L 1, S. 726).

[46] Es ist wohl mit dem DWB 14/2, Sp. 1580 f. anzunehmen, daß *Wortgrifflein* so-wohl als Diminutiv zu Wortgriff wie auch als Übersetzung zu griech. logogryphos verstanden wurde. Wortgriff wäre in Analogie zu Kunstgriff gebildet und würde den spielerischen Aspekt des Umstellens der Buchstaben meinen, während die Be-deutung Worträtsel den Aspekt des Rätsels betonen würde.

Es gibt verschiedene Arten von Wortspielen. Die einfachste Art ist jene, die auf dem doppeldeutigen Sinn eines einzelnen Wortes beruht, wie etwa folgendes: Degenwert erzählt, ein junger Freier habe *von Jungfr. N. einen W e c h - s e l b r i e f empfangen / verstehend sie habe ihre Lieb von ihm abgewendet.* (LXXXII) Andere Wortspiele können sich über Sätze hinziehen und in der Art liegen, wie eine ganze Geschichte erzählt wird. Vespasian erzählt folgendes: *Es hat einer auff ein Zeit sich verheuratet / und nach erfolgter Reu gebeichtet / wie er etwas in der Kirche genommen / das jm herzlich leid seye / den Beichtvatter bittend / jhm wegen begangener Sünde zu entbinden. Es wurde jhm aber geantwortet aus den Geistlichen Rechtsatzungen (ex Jure Canonico), die Sünde könne nicht erlassen werden / man gebe dann zuvor das Entwendte wider / dem es abgenommen: Diesem zu Folg / bringt der übelbeweibte Mann sein Weib den Sontag in die Kirchen und gibt sie dem Beichtiger wider / mit waarer Bezeugung / daß er selbe in der Kirchen genommen / und nun widergebe* [47]. Das ganze Vergnügen besteht in der metaphorischen Ausdrucksweise, die der Zuhörer, aber nicht der Priester versteht [48].

Eindeutiger als alle bisher besprochenen Spiele ist das Wortspiel Scherz. Alle bisher beschriebenen Spiele dienen zwar der Belustigung, können aber, wenn sie als Technik vom Dichter verwendet werden, durchaus zum Nutzen, und nicht nur zum Vergnügen dienen. Das Wortspiel, daher vielleicht sein Name, hat nie eine andere Absicht als zu belustigen, wenn es auch in dem für Betrug besonders empfindlichen 17. Jahrhundert Ausdruck für die Zweideutigkeit, den Schein der Welt ist.

DIE ANSPIELUNG. Mit dem Wortspiel eng verbunden ist ein anderes Phänomen, das ebenfalls mit einem Kompositum zu Spiel bezeichnet wird, die Anspielung. Ich habe schon bei der Besprechung von einzelnen Spielen auf die Anspielungen vor allem von Reimund aufmerksam gemacht. In der Anspielung sagt man wie im Wortspiel etwas anderes, als man meint. Im Wortspiel liegt aber die Zweideutigkeit im Wort selbst, während die Anspielung nicht an sich zweideutig ist, sondern es erst wird durch den sozialen oder einen andern Kontext. Jedenfalls zielt die Anspielung immer auf etwas, was die Anwesenden kennen. Das folgende Beispiel soll das zeigen:

R. Jungfrau Cassandra hat umbgefragt / was für Tugenden dem Frauenvolck rühmlich? Ich weiß sie nicht besser zu beantworten / als wann ich durch ein gegenwärtiges Beyspiel ihrer Person alle diese Tugenden bedeute / welche sie mit unverwelcklichen Lob würcklich besitze.

---

[47] G-Sp. II, 227 f. vgl. CXXXIV.
[48] Hier wäre die Komik Molières zu vergleichen, die, wenn sie nicht aus der Farce stammt, aus den gleichen Mitteln besteht. Der Zuschauer weiß mehr als der Spieler und durchschaut deswegen die Täuschung.

C. Der Herr wolle seine Höflichkeit auff die rechte Seiten wenden / ich ver-
stehe gegen Jungfrau Angelicam (II, 224).

Durch Cassandras Antwort wird Reimunds Anspielung deutlich. Reimund
spricht von Cassandra, meint aber Angelica, der er den Hof macht und die er
daher für das Muster an Tugend hält. Übrigens macht Cassandra hier wohl
zugleich ein Wortspiel, denn Angelica sitzt wahrscheinlich zur Rechten Reimunds.

Die Anspielung kann nur in einem engen Kreis verstanden werden, in dem
jeder den andern kennt. Käme eine fremde Person hinzu, könnte sie Reimunds
Satz nicht verstehen, das heißt, sie würde ihn auf Cassandra beziehen. Diese
fremde Person kann bis zu einem gewissen Grad auch der Leser sein, für den
Cassandra die Anspielung verdeutlicht. Nur für Eingeweihte hat dieser Satz
Reimunds einen doppelten Sinn und damit einen Reiz.

Einen solchen hermetischen Charakter haben auch die Impresen, die mit
einem Motto auf die Geliebte des Ritters oder Höflings anspielen [49]. Die Gesprächspielgesellschaft beschäftigt sich auch einmal mit dieser Erscheinung:
Da dann ein jeder / sonderlich mit Absehen auf seiner Liebsten Namen / Wap-
pen / Zustand / etwas artiges vorzubringen wissen wird. (Allusio)
J. Ich habe vermeint / daß von gleichlautenden Wortklang eines Namens / oder
gewiesen Dinges keine Erfindung hergenommen werden solle / ...
V. Ja / aber auf den gantzen Namen zu sehen / stehet rühmlich / sonderlich
aber / wann solches verborgener Weise geschihet / daß des Erfinders Meinung
niemand als seinen bekanten Freunden wißlich ist / und wann jener Cardinal
von N. einen Stern mahlen lassen / und darob geschrieben: Micat inter omnes,
Er leuchtet hell unter allen. Sollte schwerlich jemand errahten können / was
er dadurch verstanden / als der / so gewust / daß er Juliam Gonzagam zur Bul-
schaft gehabt / und daß der Vers bey den Venusinischen Poeten ferner lautet
(Horaz I. 1. Od. 12): *Micat inter omnes Julium sidus.* (I, 75 f.)

Ausdrücklich läßt Harsdörffer Vespasian sagen, das Zeichen dürfe nur unter
Freunden bekannt sein. Es wird ein Zirkel der Auserwählten ausgegrenzt, die
um die Sache wissen. Dies erinnert an die Gepflogenheiten höfischer Bräuche des
Mittelalters, die Farben der geliebten Dame zu tragen. Solche Bräuche scheinen
auch noch im 17. Jahrhundert in den geschlossenen Kreisen des Hofes und der
Salons üblich gewesen zu sein.

Exkurs: DIE GESELLSCHAFT UND DIE ANSPIELUNG.
Das Phänomen der Anspielung trifft man sowohl im literarischen Werk wie
auch im Gespräch in der Gesellschaft.

Um allen Mißverständnissen vorzubeugen, möchte ich jetzt schon sagen, was
ich im Zusammenhang meiner Arbeit unter Gesellschaft verstehe. Eine Gesell-

---

[49] Zum Zusammenhang von Imprese und Emblem vgl. A. Schöne, L 116, S. 42—45.

schaft bilden die sechs Personen, die die Gesprächspiele spielen. Zu dieser kleinen Gesellschaft könnten jederzeit andere Personen treten, Bedingung wäre, daß sie gleichgestimmt sind. *Doch solle man auf solche Spiele gedenken / welches ein jedes verstehe / wil man anderst nicht ungleiche Nachreden erwarten. Dann eigentlich darvon zu reden / so ist das Gesprächspiel eine artige Aufgab / so zu nutzlicher Belustigung einer einmütigen Geselschaft beliebet / und auf manche Art beantwortet werden kan* [50]. Es wird hier gesagt, daß die Personen einmütig sein müssen, wenn das auch nicht heißt, daß sie alle die gleiche Meinung haben müssen. Ganz im Gegenteil, es sollen sich verschiedene Stimmen bemerkbar machen, aber alle zusammen müssen doch eine Harmonie ergeben, denn Freude ist ja der Zweck dieser Zusammenkünfte [51]. „Gesellschaft" in dieser Bedeutung hat einen engen Zusammenhang mit dem vom gleichen Wort abgeleiteten Wort „Geselligkeit".

Wenn ein Fremder in eine solche Gesellschaft eintreten will, muß er von jemandem eingeführt werden, was wiederum den hermetischen Charakter dieser Gesellschaft zeigt. Anspielungen und zweideutige Reden, manchmal sogar gewisse Ausdrücke, können von einem Fremden nicht verstanden werden. Umgekehrt ist das Bestehen von solchen kleinen und überblickbaren Gesellschaften die Voraussetzung für die Anspielung, wie sie heute beinahe nicht mehr möglich ist. Barthes schreibt zur Charakterisierung der Gesellschaft, an die sich La Bruyère wendet, „tout le monde s'y connaît, tout le monde y a un nom." [52] So können nicht nur die Mitglieder einer Gesellschaft Anspielungen machen, sondern auch die Dichter in dieser Gesellschaft. Man denke an die zahlreichen Anspielungen in den Festgedichten der Pegnitzschäfer. Man denke aber auch an die im 17. Jahrhundert weitverbreiteten Schlüsselromane. Zu einem Werk wie La Bruyères *Caractères* entstanden zahlreiche Schlüssel. Das zeigt die Bereitschaft dieser Leser, das Allgemeine auf das Besondere zu beziehen. Die große Anzahl der Schlüssel zeigt aber auch einen Grundzug der Anspielung: sie

---

[50] G-Sp. III, 135. Das gleiche Ideal schwebt auch der Fruchtbringenden Gesellschaft vor. *Wenn der vornehme Liebhaber der Gärtnerey / Herr Daniel Rhagor / in seinem Pflantzgarten die rechte vollkommene Lust und Ergetzlichkeit eines Gartens / abbilden und vorstellen wil / so hält Er . . . darvor / daß Solcher nicht von einerley / sondern von allerhand Früchten / welche an Gattung / Eigenschaft / Gestalt / Farben / Geruch und Geschmakk / auch Herkommen und Namen unterschieden / angelegt sein solle / damit man von Zeiten zu Zeiten durch ungleiches blühen und reiffen / iedesmal einen Lustwechsel genießen könne.* Auf diese Weise, fährt Neumark fort, müsse auch die Fruchtbringende Gesellschaft zusammengesetzt sein. (L 48, S. 169 f.).

[51] Einige Jahrzehnte später formuliert La Bruyère dasselbe auf folgende Weise: *Le plaisir de la société entre les amis se cultive par une ressemblance de goût sur ce qui regarde les moeurs, et par quelque différence d'opinions sur les sciences: par là où l'on s'affermit dans ses sentiments, ou l'on s'exerce et l'on s'instruit pour la dispute.* (L 41, *De la société et de la conversation*, Nr. 61)

[52] Barthes, L 70, S. 229.

ist so vage, daß sie mehrere Deutungen zuläßt oder bei oberflächlicher Lektüre gar nicht bemerkt wird [53].

DIE FORMALE ANSPIELUNG. Harsdörffers Randbemerkungen in den *Gesprächspielen* und in den Gedichten zeigen, daß es noch eine andere Art von Anspielungen gibt: Anspielungen formaler Art. Der gebildete Leser wird eine Metapher, die von Ronsard übernommen ist, erkennen. Er sieht die Mehrdeutigkeiten in einem Text. Das Publikum, das eine Dichtung vorgetragen bekommt, kennt die einzelnen Elemente, aus denen sie gemacht ist. Es genießt die neuen Kombinationen der bekannten Teile. Windfuhr schreibt dazu: „Der Dichter verläßt sich darauf, daß der Leser mit Interesse und Spannung den Fortschritten seiner inventio folgt. Umgekehrt ist der Leser sicher, daß ihn der Dichter nicht mit völlig traditionslosen Einfällen überrascht. Beide Partner halten sich an die Spielregeln, die durch die Rhetorik festgelegt worden sind. Nur so ist es möglich, daß der Dichter seitenlang in allegorischem Doppelsinn sprechen oder in immer neuen Bildfeldern schwelgen und doch vom Leser verstanden werden kann." (L 126, S. 153). Windfuhr verwendet das Wort „Spielregel", um diese Art zu dichten zu charakterisieren. Spielregeln sind aber auch die Grundlage der *Gesprächspiele*, ohne sie kann man die Spiele nicht spielen. In den *Gesprächspielen* sehen wir sozusagen das Skelett dichterischer Arbeit. Selbst die Art, wie man einen Text lesen kann, wird uns in den *Gesprächspielen* vorgemacht.

V. Aus folgender meiner Erzehlung sol Fr. Julia bemerken die Lehren.

H. Degenwert die Sinnbilder.

Jungf. Cassandra die Sprichwörter.

H. Reymund die Rähtsel.

---

[53] Solche Anspielungen hat wohl auch die Gesellschaft gemacht, wie wir aus der *Princesse de Clèves* entnehmen können: *Ce prince (Nemours) était si rempli de sa passion, ... qu'il tomba dans une imprudence assez ordinaire, qui est de parler en termes généraux de ses sentiments particuliers et de conter ses propres aventures sous des noms empruntés.* (L 42, S. 337 f.) Auf diese Weise entdeckt die Gesellschaft seine verborgene Liebe, und die Princesse de Clèves versteht seine allgemeinen Bemerkungen: *Ce prince trouva le moyen de lui faire entendre par des discours qui ne semblaient que généraux, mais qu'elle entendait néanmoins ... qu'il allait à la chasse pour rêver* (S. 295). Eine ähnliche Erscheinung, die mit der Unbestimmtheit der Aussagen zusammenhängt, kennt die moderne Dichtung. „Der Leser, Hörer, Betrachter ist also eminent am Zustandekommen des Gedichts beteiligt. Sein Gedicht ist seine Sache. Das Sprachmaterial ist gegeben. Aber erst der Leser füllt es mit bestimmten Bedeutungen aus und steht dabei vor der darin begründeten unbestimmten Fülle möglicher Bedeutungen." (P. Schneider: Konkrete Dichtung. L 115, S. 1204)

Ebenso werden im 17. Jahrhundert die allgemeinen Sentenzen mit ganz bestimmten Bedeutungen und je nach Zuhörer auch mit immer wieder anderen Bedeutungen gefüllt. Man denke etwa an die oben erwähnten Schlüssel zu La Bruyères *Caractères*.

Jungf. Angelica sol die Redarten / welche ir etwan gefallen / bemerken / oder ein Gleichniß anfügen [54].

Es geht für die einzelnen Spieler also darum, einzelne Elemente der Erzählung herauszunehmen, darauf achtzugeben. Auf diese Weise hat wohl der gebildete Leser der Zeit gelesen. Den Inhalt der Geschichte kennt er oft (nicht zuletzt durch die am Anfang des Kapitels oder Werks stehende Inhaltsangabe), worauf es ankam, war, die kunstvolle Kombination der einzelnen Teile zu verfolgen. Daß man eine Geschichte sozusagen auf eine Art mehrfachen Schriftsinn hin gelesen hat, beweist die Anrede an Herrn Curt von Burgdorff in der *Dianea* des Loredano, die wahrscheinlich von Harsdörffer übersetzt worden ist [55].

Das erstemal kan nur auf den Lauf der Geschichte; Das zweyte- und drittemal auf der Rede Fertigkeit / und der Sachen artige Beschreibung / genaue Acht gegeben werden. Das viert- und mermal aber müssen die Gedanken auf tieffere Verständnüsse gerichtet seyn. Dann diese und dergleichen fröliche Erfindungen halten oft Geistreiche Weisheit / fürtrefliche Rahtschläge / samt hohen Geheimnüssen wichtiger Stadsachen / in sich verborgen / und pflegen mit nicht gemeiner / lieblichen Belustigung / unter der Schale der Fablen / viel wahrhafte Geschichte / verdeckter Weise / mit eingewickelt zu füren. (unpag.)

Der Übersetzer des Romans weist geradezu auf den allegorischen Doppelsinn hin, wobei er uns vemuten läßt, daß es sich bei dem Werk auch um einen Schlüsselroman handle. Wenn Windfuhr sagt, der Dichter könne seitenlang in allegorischem Doppelsinn sprechen, so könnte man das erweitern und sagen, daß der Dichter einen ganzen Roman im allegorischen Doppelsinn erzählen kann. Es versteht sich, daß ein Schlüsselroman eigentlich nur im Kreis, für den er geschrieben ist, als Schlüsselroman verstanden werden kann. Daß aber ein solches Werk übersetzt werden kann, beweist, daß es allgemein genug ist, daß es noch genug aufdeckbare Rätsel enthält [56], um auch von einem deutschen Publikum mit Genuß gelesen zu werden.

---

[54] CCLXXXIIX. (VIII, 222 f.) Ich wähle hier eine Erzählung, wo alle Deutungen nebeneinander vorkommen. Es gibt daneben viele Erzählungen, die nur auf eine Art gedeutet werden. z. B. nur auf eine Lehre hin: CCXX, etliche werden als Gleichnis gedeutet: CLII, CLIII. Ein Rätsel muß in CCXXXV gefunden werden.

[55] Ich brauche hier das Wort „Schriftsinn" in Anlehnung an die Verwendung in der Forschung des Mittelalters. Ich bin mir aber bewußt, daß insofern ein Unterschied zum Mittelalter besteht, als im 17. Jahrhundert zu dieser mehrfachen Deutung eines Textes auch die formale Deutung gehört, wie das Zitat beweist.

[56] Der Übersetzer nennt die *Dianea* ein *Rähtselgedicht*. Siehe den ganzen Titel in der Bibliographie L 37. In den *Gesprächspielen* läßt Harsdörffer eine Person sagen: *„Der Poeten Fabeln sind vielmehr Rähtsele / mit welchen die Weißheit und Erkäntniß natürlicher Sachen zu dem Ende verborgen / daß sie von dem gemeinen Mann aufzulösen / schwer fallen sollen* (I, 240). Am Ende der Vorrede zu *Aramena* (L 17) heißt es, daß Aramena sich bemühen werde, dem edlen und wohlgesinnten Leser *„das in diesem Ersten Theil eingewirrete Rätsel ihrer Geschichte / in den folgenden Buchern wieder zu entwickelen."* (unpag.) Man könnte bei dieser Ge-

Hier macht uns der Dichter auf den Doppelsinn aufmerksam. Eigentlich haben aber alle dichterischen Gebilde mehr als einen Sinn. Das zeigt sich bei einer Geschichte, die in den *Gesprächspielen* erzählt wird und die an Don Quichotte erinnert. Ein Jüngling, der Schäferromane gelesen hat, verkleidet sich als Schäfer und will nun so leben, wie es dort beschrieben ist. Plötzlich entdeckt er, daß alles Illusion ist. Cassandra kommentiert diese Geschichte: *Also hat ihm der einfältige Mensch eingebildet / es seye alles wahr / was er gesehen und gelesen.* (VII, 153). Der Ausdruck *der einfältige Mensch* charakterisiert das Phänomen ganz genau. Derjenige Mensch, der die Spielregeln versteht, ist nicht einfältig, sondern er sieht viele Bedeutungen. Er sieht, daß hier der Dichter eine Welt gebaut hat, die zwar eine täuschende Ähnlichkeit mit der unsern hat, die aber eine Kunstwelt ist. Zur Illusion, die uns in der Form der Fiktion entgegentritt, gehört, daß sie zwar auf den ersten Blick täuscht, daß sie aber auf den zweiten Blick als eine Illusion erkannt wird; genauso wie der Trompe l'oeil als solcher erkannt werden will, sonst bereitet er kein Vergnügen. Der *wahnwitzige Schäfer*, wie er bei Harsdörffer heißt, verletzt die stillschweigend vorausgesetzten Spielregeln, indem er das, was eine Illusion sein will, für Wirklichkeit hält.

Mit diesen Überlegungen möchte ich die Darstellung der Spiele, die einen deutlichen Zusammenhang mit der Dichtung haben, abschließen. Es soll die Betrachtung einer Reihe von Spielen angeschlossen werden, die nicht Material der Formen, sondern Material des Wissens herbeitragen.

4. Spiele zu verschiedenen Wissensgebieten

AUFZÄHLEN VON EIGENSCHAFTEN. Die einfachsten unter diesen Spielen sind wohl jene, in denen Eigenschaften des Menschen aufgezählt werden oder mittels Umschreibungen ein Begriff definiert wird. Im Spiel XXII müssen z. B. die Eigenschaften des Ehemannes zusammengestellt werden:

A. *Ich habe von einem aus Erfahrung verständigen Fräulein gehöret / es solle keine Jungfraue sich in Eheliche Verlöbniß einlassen / sie habe dann denselben / mit welchem sie ihr Leben zuzubringen pflichtig werden wil / zuvor s p i e l e n / z o r n i g und t r u n k e n gesehen: Wann er dann in diesen dreyen Stüken ihr nicht mißfalle / werde sie sonders Zweiffel eine gute Heiraht treffen / und spate Reue nicht zu befahren haben.*
R. *Die ich lieben solte / müste haben drey Eigenschaften / welche sich mit einem F anfangen: Als sie muß seyn / f r i e d l i c h / f r ö l i c h und f r o m m.*

pflogenheit, Romane als Rätsel zu bezeichnen, an W. Isers Theorie von der Appellstruktur der Texte denken. Ein solcher Roman hätte, auch wenn ein Teil der Anspielungen nicht realisiert wird, noch genug Leerstellen, um den Leser zu fesseln. (W. Iser: Die Appellstruktur der Texte. Konstanzer Universitätsreden 28 (1970)).

A. Den ich lieben sol / der muß gleichfalls haben drey V. Als er muß seyn v e r - s t ä n d i g / v e r m ö g l i c h und v e r s c h w i e g e n.
D. Die mir gefallen möchte / soll haben drey R. und seyn r e i c h / r e d l i c h und r a h t s a m.

Offensichtlich geht bei dieser Aufzählung eine Faszination von der Dreizahl aus, und keiner der Spieler durchbricht diese Zahl, was das Schemahafte der Aufzählung unterstreicht. Dieses wird auch durch den formalen Zusammenhang der Eigenschaften betont, sie fangen je mit demselben Buchstaben an. Eine solche Aufzählung ist nur dann möglich, wenn der Mensch als Typus, nicht als Individuum gesehen wird. Zwar gibt es viele Typen, es gibt nicht nur d e n Ehemann resp. die Ehefrau, Reimunds Frau muß andere Eigenschaften haben als Degenwerts Frau. Die Entdeckung der Vielfalt der menschlichen Typen ist wohl eine Neuerung gegenüber dem Mittelalter. Nicht zuletzt hängt diese Vielfalt natürlich eng zusammen mit der Entdeckung der Mannigfaltigkeit im Barock überhaupt [57]. Bei aller Mannigfaltigkeit darf aber das Typenhafte nicht übersehen werden. Wir sind noch weit entfernt vom unverwechselbaren Individuum des Sturm und Drang [58]. Natürlich kann man das Spiel auf verschiedene menschliche Typen, die sich durch Alter, Geschlecht, Stand oder irgendeine andere Eigenschaft unterscheiden, ausdehnen. Wie schon bei den formalen Spielen könnte man hier mit der Aufzählung ad infinitum weiterfahren, das zeigt das nächste Spiel (CXXVIII). Darin sollen die Eigenschaften eines Hofmannes aufgezählt werden, wohl nach dem Vorbild Castigliones [59].

J. Was wird dann vom Hofmann erfordert?
R. ... Auf die Frage aber zu antworten / sage ich / daß der Hofmann solle von Adelichen Geblüte geborn seyn / ...
A. Bescheidenheit und Höflichkeit ist eine feine Hoftugend.
D. Das Vortrefflichste ist / daß er ein guten Verstand habe / ...
C. Die guten Geberden / und holdseligen Reden lassen sich fast nicht erlernen.
V. Im reden solle sich ein Hofmann vernemlicher / gebräuchlicher / und außgesuchten Wort gebrauchen (III, 140 f.).

Darauf zählt jeder der Anwesenden nochmals eine Eigenschaft auf. Daß die

---

[57] So zählt Kircher in seiner *Ars magna* (vgl. das Kapitel Ars combinatoria) die Vielfalt der menschlichen Typen als ein Beispiel für die Vielfalt der Welt überhaupt auf: *Mirantur multi tantam varietatem diversitatemque in solis hominum inclinationibus, vultibus, vocibus, incessibus, dum nullum inveneris ita alteri similem, qui non vel inclinatione ad nonnihil diversum, vel vultu, vel voce, vel incessu ab altero distingui possit, ut ex differentissimis humanae vitae statibus et conditionibus luculenter patet* (S. 155).

[58] Der Barockroman wäre auch einmal unter diesem Aspekt zu untersuchen. Die seltsame Eintönigkeit der Personen hängt wohl mit ihrer Typenhaftigkeit zusammen. Man denke nur etwa, auf wie wenige Züge sich Figuren wie ein Don Juan, ein Hylas, eine Astrée festlegen lassen.

[59] Zu Castiglione vgl. S. 81 ff. dieser Arbeit.

Reihe weiter fortgesetzt werden könnte, beweist Cassandra: *Die Music / Sing-kunst / und Poeterey zieren auch sonderlich die / welche sich nach Hof bege-ben / etc.* (III, 142)

In einem irgendwie literarischen Werk *etc.* hinter die Reden der Personen zu setzen, ist erst im 20. Jahrhundert wieder möglich. Doch drückt dieses *etc.*, so banal es ist, genau den Willen Harsdörffers aus, uns den Eindruck zu geben, daß er auf diese Weise fortfahren könnte, wenn Zeit und Platz es erlaubten. Diese Aufzählung der Eigenschaften irgendeines menschlichen Typus ist in Zusammenhang mit jenen Beschreibungen von verschiedenen Typen zu sehen, wie sie sich etwa bei einem Moralisten wie La Bruyère finden [60].

Die Möglichkeit unendlich fortzufahren, zeigt sich auch in den Spielen, in denen Metaphern gefunden werden sollen.

C. *Das Gebet ist der Werckzeug aller Heiligkeit.*
A. *Das Gebet ist die Sicherheit unsers Gewissens.*
V. *Es ist die Stärcke der Schwachen.*
J. *Der Zehrpfennig auf dieser Lebensraise.*

Nach weiteren Umschreibungen sagt Degenwert ausdrücklich: *Solcherley Lob-namen des lieben Gebets könten noch viel beygebracht werden* (CCLXXVII). Daß nicht mehr Umschreibungen beigebracht werden, hängt von der Zeit und vom Platz, aber auch vom Einfallsreichtum der Personen ab. In solchen Spielen haben wir die Form des Ikongedichts vor uns, wenn wir vom Reim absehen. Es werden nicht mehr wie im Beispiel des Hofmanns Eigenschaften aneinander-gereiht, sondern es werden Bilder aneinandergereiht. Beiden Erscheinungen gemeinsam ist aber, daß man so weiterfahren könnte, es gibt keinen zwingenden Abschluß [61].

Auf diese Art und Weise kann man natürlich auch aufzählen, was zur Malerei, zur Musik, zu gewissen Handwerken gehört. Man kann die ganze Breite

---

[60] z. B. folgende Klassifizierung bei La Bruyère: *Si j'épouse, Hermas, une femme avare, elle ne me ruinera point; si une joyeuse, elle pourra s'enrichir, si une savante, elle saura m'instruire* (L 41, *Des Femmes*, Nr. 44). oder *L'habile homme est celui qui cache ses passions, qui entend ses intérêts ... L'honnête homme est celui qui ne vole pas sur les grands chemins, et qui ne tue personne ... L'homme de bien est celui qui n'est ni un saint ni un dévot, et qui s'est borné à n'avoir que de la vertu.* (L 41, *Des jugements*, Nr. 55)

[61] Dasselbe Phänomen stellt A. Hauser in der Architektur fest: „Die architektonischen Kompositionen der Barockkunst wirken ... immer mehr oder weniger unvoll-ständig und abgerissen; überall scheinen sie fortsetzbar zu sein und über sich hinauszuweisen." (L 89, S. 459) „Neben der Anregung durch das Neue, Schwierige, Komplizierte kommt aber wieder vor allem die Bestrebung zum Ausdruck, in dem Beschauer das Gefühl der Unerschöpflichkeit, Unfaßbarkeit, Unendlichkeit der Darstellung zu erwecken — eine Tendenz, von der die ganze Barockkunst beherrscht ist." (S. 460)

menschlichen Wissens so betrachten. Hier zeigt sich, daß das Wissen verfügbar geworden ist, man kann mit ihm wie mit formalen Elementen spielen.

5. Fragespiele

Die Spiele, die von einer Frage ausgehen, die die Struktur „ob .. oder ob" hat, gehören wohl zu den historisch ältesten Formen dieser Art Gespräche. Degenwert fragt: *Ob der Früling vor dem Herbst / oder der Herbst vor dem Früling zu erwünschen seyn möchte?*
A. Der Herbst von den herben Winden also benamst / komt als ein rechter nasser Bruder mit seinem verdrüßlichen Regenwetter aufgezogen / . . .
R. Der freche Lentzen hingegen eilet mit lachendem Munde herbeyzuspringen / seinen grasgrünen Ehrenrock anzuziehen; . . .
J. Den Herbst mag man wol den schweren Saufwanst nennen / der raubt der Auenzierd / . . .
D. Da hingegen der Früling heisset die schönste Zeit des Jahres / da alles erneuet sich im Felde freuet (CXC).
Schon könnte man denken, daß diese Gesellschaft den Frühling liebt, den Herbst aber verachtet, denn der rauhe Herbst wird ja dem fröhlichen und angenehmen Frühling entgegengesetzt. Doch weit gefehlt: Angelica, die eben noch die schlechten Seiten des Herbstes herausgestrichen hat, bemerkt nun: *Der Herbst muß man doch für aller Früchte Großvatter / und fast des gantzen Jahres Speismeister halten.* Doch Degenwert entgegnet ihr: *So ist der Früling die Mutter der heilsamen Blümlein / Kräutere und Erdengewächse / .. da hingegen der Herbst die blassen Fieber und allerhand Kranckheiten bringet.*
C. Prachtet nun der Herbst mit seinen Gaben / so muß er doch gestehen / daß selbe von dem Früling erzeuget / von ihm aber an das Liechte hervorgetragen werden.
Reimund, der eben noch den Frühling gelobt hat, nimmt Cassandras Lob des Frühlings auf, wendet es aber auf den Herbst an: *Jedoch ist aus allen Umständen zu schliessen / daß die Welt nicht im Früling / sondern im Herbste erschaffen worden / als in welchem so bald alle Früchte / dem Menschen zu besten / in ihrer Vollkommenheit zu finden gewesen.* Auch dieses Argument ist nicht das letzte Wort zur Sache. Angelica, die zuerst den Frühling, dann den Herbst gelobt hat, kehrt wieder zum Frühling zurück und schlägt Reimund mit seinem eigenen Argument: *An solchen verbotenen Früchten hat er* (der Mensch) *Gelegenheit zu sündigen gehabt / nach fast aller Menschen Art / so die guten Tage / wie man im Sprichwort saget / nicht vertragen können. Besser und sicherer ist der unfruchtbare Früling / als die überflüssige Herbstzeit.* Nach einem Vergleich des Herbstes mit dem Sündenfall und des Frühlings mit der Osterzeit bricht die Diskussion ab, aber keineswegs mit einem endgültigen Entscheid. Man könnte

wie bei den oben besprochenen Spielen ad infinitum weiterfahren. Oft ist denn auch der Grund, ein Spiel abzubrechen, nur der, daß jemandem nichts mehr einfällt. *C. Weil mir nichts beyfallen wil / als bitte ich den Herren / er wolle für mich ein Frag / oder Gesprächspiel aufgeben* [62].

In einem solchen Gespräch sprechen die Personen keineswegs ihre Meinung aus. Es geht vielmehr darum, *dem Spiel Genüge zu leisten,* wie es manchmal heißt. Das bedeutet, daß man nicht einfach dem Vorredner nachredet, sondern eine gegenteilige Meinung vertritt nach dem Prinzip der idealen Gesellschaft [63]. In einem Spiel fragt Reimund: *Ob die Soldaten / oder die Gelehrten mehr zu lieben?*

C. Ich wolte fast die verrasten Soldaten wehlen.
A. Um dem Spiel ein Genügen zu thun / so wolte ich es mit den Gelehrten halten. (XXI)

Angelicas Antwort zeigt, daß es nicht auf die persönliche Meinung ankommt, sondern darauf, die Regeln des Spieles zu erfüllen, die bei solchen Fragen darin bestehen, daß man möglichst viele verschiedene Argumente ausbreitet.

Angelicas Antwort kann aber noch auf einer anderen Ebene verstanden werden. Reimund, der ihr den Hof macht, ist ein *gereist und belesener Student.* Er fällt also unter die Kategorie der Gelehrten. Es würde nun für Angelica offensichtlich ein Nachgeben bedeuten, würde sie, ohne weiteren Kommentar, den Gelehrten dem Soldaten vorziehen. Es handelt sich auch hier wieder um eine Aktualisierung der im Spiel gegebenen Antworten, wie sie schon bei der Anspielung in Erscheinung trat. Dieses Spiel *vom Soldaten und vom Gelehrten* weist noch einen andern interessanten Punkt auf. In diesem Spiel gibt es nämlich einen Richter, der die Streitfrage entscheiden soll.

J. Wann die Sicherheit / Sanfftmuth und Freundlichkeit / der Gefahr / Grausamkeit und Zorn vorzuzihen / ist der Schluß leichtlich zu finden. Aber so leicht wie Julia meint, ist es doch nicht, denn auch Degenwert hat gute Argumente auf seiner Seite: *Land und Leute zu beschützen ist zu dieser Zeit nöhtiger / als die müssigen Schulkünste ausüben / ohne welchen Schutze sie nicht bestehen können.*

R. Was sind aber die Soldaten ohne Verstand / als grausame Wüterig / und wie sol der Verstand zur Gottesfurcht ohne studiren und Unterricht können erhalten werden? Nun steht Argument gegen Argument und so muß Vespasians Antwort nicht verwundern: *Ich will diese Strittigkeit zu keines Nachtheil erwachsen las-*

---

[62] G-Sp IV, 377. Andere solche Fragespiele: CLXXII, *Ob mehr zu verwundern die Werke der Natur / oder der Künste?* CLXXXIV, CXCII, CXCIII, CXCVI, CCXXXI, CCXXXVI, CCXXXVII.

[63] vgl. S. 25 dieser Arbeit.

sen / sondern aus mir aufgetragenem Richterlichem Amt die Sache dergestalt
beylegen / daß beides Soldaten und Gelehrte zu lieben / und nicht zu lieben [64].
Vespasians Entscheid ist typisch für viele derartige Entscheide. Der Richter
entscheidet nicht, wie es sich für ihn gehörte, eindeutig, er läßt die Frage genauso offen, wie sie es am Anfang war. Je nach der Perspektive wird man den
Soldaten oder den Gelehrten lieben. Je nachdem wie sich der Soldat resp. der
Gelehrte präsentiert, wird man ihn lieben oder nicht lieben. Dieser Richterspruch zeigt deutlich, daß es Harsdörffer nicht um das Lösen einer Frage geht,
sondern um das Ausbreiten von Argumenten. W. Kayser sieht diese Erscheinung
im Zusammenhang mit der rhetorischen Haltung dieses Jahrhunderts überhaupt. „An zahlreichen Stellen seiner Frauenzimmer Gesprächsspiele, die gerade
in dieser Hinsicht ein Zeitdokument von unschätzbarem Werte sind, demon-
striert Harsdörffer Rede und Gegenrede, Angriff und Schutz, Anklage und Verteidigung. Nicht die Erörterung oder Lösung des Problems ist das Wesentliche,
sondern die Beredsamkeit: Sammeln von Argumenten, Auszierungen und Fähigkeit des Überredens sollen gezeigt und geübt werden ...

Wo es sich um Rede oder Gegenrede handelt, ist die rhetorische Haltung des
Autors leicht zu durchschauen; aber schwieriger ist das, wo es sich um Argumen-
tierung bei einem bestimmten Thema handelt. Nur zu leicht sieht man als
„Überzeugung" des Verfassers, als dauernde Meinung an, die er immer habe,
was nur als Beweisstück für diesen Fall wegen der Richtung genommen
wurde." [65]

6. Lobreden

Die von W. Kayser beobachtete rhetorische Haltung läßt sich besonders in jenen Gesprächsspielen nachweisen, die das Lob eines Dinges zum Gegenstand
haben, wobei hier das große Wissen und die sprachliche Gewandtheit dem
Zweck des Überredens dienen. Daß die Gegenstände, die gelobt werden sollen,
möglichst ausgefallen gewählt werden, kann im Rahmen dieser Spiele nicht erstaunen. Eine solche epideiktische Rede ist das *Lob des Eis* (CXII): Das Ex-
ordium besteht aus der Erzählung *das Ei des Columbus*. Daran schließt die
Propositio an, die aus verschiedenen Elementen besteht. Im Laus a natalibus
wird die Würde des Objekts durch seine Herkunft bewiesen. Es kann sich dabei nicht um ein gewöhnliches Ei handeln. Jesus selbst wird für die rhetorische

---

64 Ein ähnlicher Streitfall: CXCI. Ein solches Spiel kann aus einer eigentlichen Anklage, Verteidigung und einem Richterspruch bestehen: XLVII.
65 Kayser L 97, S. 179. Solche Zitate mögen überflüssig erscheinen, hätte nicht Knight
fast dreißig Jahre nach Kayser folgendes geschrieben: „His (Harsdörffers) mind
was open and expansive, capable of grasping a mass of different ideas, but unable to
work out a single one to its conclusion." (L 98, S. 119) Als ob Harsdörffer Ideen
ausarbeiten wollte!

Ausschmückung bemüht. Er habe gesagt, *daß er das Jüdische Volk samlen wollen / wie eine Henne / ihre jüngst auß den Eyern geschloffene Küchlein.* Es folgt dann das Laus a colore: *Schauet das Eye von außen an: seine Farbe ist die allerschönste / die allerreinste / die allerhellste: Eine Bemerkung der Keuschheit / der Freuden / der Hoheit.* Man beachte die rhetorische Anrede an das Publikum. Die Farbe wird hier nicht in ihrem eigentlichen Wert genommen. Es besteht kein Zweifel, daß an einer andern Stelle, wenn es nötig wäre, irgendeine andere Farbe die allerschönste sein könnte. Es folgt dann das Laus a forma und dann jenes ab utili. *Wer hungerig ist / findet hier die Speise.* Dieses Argument leuchtet noch ein, wenn er dann aber fortfährt: *Wer geitzig ist /* (findet) *einen Schatz / und wie Eingangs erwähnet worden einen kurtzen Außzug der gantzen Welt,* so befinden wir uns im Bereich der Spitzfindigkeiten, wie sie uns schon bei den Vergleichen begegneten. Das Argument ist denn auch so dunkel, daß sich der Redner genötigt sieht, es seinerseits wieder zu beweisen, was deutlich zeigt, daß die Rede keinen sachlichen Zweck mehr hat, sondern um ihrer selbst willen gehalten wird, aus reiner Freude am Handhaben sprachlicher Formen und am Umgehen mit verschiedenen Argumenten.

Reimund fährt fort: *Dieses zu bewähren* (nämlich, daß das Ei einen *kurtzen Außzug* der ganzen Welt darstelle) */ wil ich nicht etlicher alten Weibs vermeinten müssige Gedanken herbeybringen; Ob die Henne oder das Eye ehe gewesen; vielmehr zu unwidersprechlichem Grunde setzen / daß die Welt in vier unterschiedlichen Elementen bestehet. Solches gewieser zu begreiffen / schauet an den Dottern im Eye / dem Elementarischen Feuer / so in allen Dingen sich enthält / gleichend: Schauet das Weisse der diken Wasserfeuchte nicht unähnlich: Schauet an das subtile Häutlein so genau / zwischen der Schalen / und dem Weissen liget / ist dieses nicht ein rein umgebener Lufft? und erstatt endlich die harte Schalen die rohe / und unter allen besagten das stärkeste die Erden.* Die rhetorischen Formen treten stark hervor, etwa die Anapher: *Wer hungerig ist ... Wer geitzig ist ...,* die Ansprache an die Zuhörer *Schauet an ...,* die rhetorische Frage am Ende. Ein besonderes Vergnügen scheint sodann die Auslegung des Eis als Analogon zu den vier Elementen zu bereiten. Wie im Beispiel Cassandra-Camel ist der Ausgangspunkt ein rein formaler: die Vierzahl. So hat denn der Redner einige Mühe, die Bezüge zu erklären. Wie die Luft und das Häutchen im Ei eine Gemeinsamkeit haben können, wird erst deutlich, wenn man die Lage des Häutchens mit der der Luft um die Erde vergleicht, wobei der Vergleich streng genommen nicht stimmt, da ja das Häutchen in der Schale, die Luft aber um die Erde herum liegt. Es handelt sich hier wiederum um einen Vergleich, in dem nur ein einziger Zug gemeinsam ist [66].

---

[66] Wiedemann hat gezeigt, daß Klajs Bilder manchmal nicht realisierbar sind, was beweist, daß Klaj einen rein rhetorischen, ja wie Wiedemann zeigt pararhetorischen Zweck verfolgt. (L 125, S. 112)

Es folgt dann noch das Laus ab autoritate. Die Autoritäten sind auch in diesem Fall wie in vielen anderen Fällen die Griechen und Römer, die ihre Mahlzeit mit dem Essen eines Eies begonnen haben. Nicht umsonst steht das Laus ab autoritate am Ende. Die Autoritäten sind das letzte und stärkste Argument, das beigebracht werden kann. Harsdörffer selbst vermerkt häufig am Rand seiner Spiele die Autoritäten. Gerade das Zusammenwürfeln von Autoritäten zeigt nochmals, daß es dem Redner nicht auf die logische Folgerichtigkeit ankommt, sondern auf das Zusammenstellen von Argumenten, die sehr oft aus den verschiedensten Schriftstellern bezogen sind. Wenn ich hier von einem Zusammenwürfeln der Argumente spreche, so ist das ein Bild, das im Sinne von Harsdörffers Denken ist. Er spricht zwar nie vom Zusammenwürfeln der Argumente, wohl aber vom Zusammenwürfeln der Buchstaben zu Silben und Wörtern[67]. Diese Argumente können wie die Vergleiche oft sehr weit hergeholt sein und rufen wohl wie die seltenen Vergleiche Erstaunen hervor. So etwa die Argumente, die zum Lob des Salats angeführt werden:

V. Das Wörtlein Salat komt von dem Lateinischen (salacet) oder Ebreischen her / weil solches Kraut / Anfangs nur mit Saltz zugerichtet worden / von welchem es auch den Namen kan erhalten haben.
C. Ich zweiffle nicht daß die Menschen / welche erstlich Salat geessen / die Allerfromsten gewesen / dann vieleicht dazumal der mühesame Feldbau noch nicht sattsam erlernet / und vielen unbekant / was nachmals die vernaschten Nachkömling erfunden haben. (CXI)

Die Aufteilung der Argumente auf die verschiedenen Personen zeigt ebenfalls, daß die Argumente nicht logisch zusammenhängen müssen, die Rede nicht aus einem Konzept besteht. Nach einer Herleitung des Wortes, die auch gleich die Bedeutung des Wortes erklären soll, wird sogleich eine moralische Deutung dieser Etymologie gegeben. Ein so einfaches Gewächs wie der Salat gibt Anlaß zu moralischen Betrachtungen, die im folgenden Satz Angelicas ihren Höhepunkt finden: *Bey dem Salat / solte man sich unserer ersten Eltern Sündenfalls erinneren / als ob welchem sie verurthelt worden / das Graß auff dem Felde zu essen / etc.* Hier wird der Salat, wer hätte das je gedacht, zum Zeichen für den Sündenfall. Ganz sicher ruft diese Wendung auch bei den Menschen des 17. Jahrhunderts Verwunderung hervor, wenn sie es auch gewöhnt sind, den Dingen Verweisungscharakter zuzusprechen. Aber Harsdörffer, um mit Windfuhr zu reden, hält sich trotz allem an die Spielregeln. Die anerkannte Spielregel hieße: Die Dinge haben Verweisungscharakter. Harsdörffer läßt diese anerkannte Regel auf ein Ding anwenden, dem man gewöhnlich keinen Verweisungscharakter zuspricht, weil es zu alltäglich ist. Genauso ruft es wohl Verwunderung hervor, so alltägliche Dinge wie ein Ei oder den Salat als Gegenstand einer

---

[67] Mathematische Erquickstunden, L 36, 14. Theil, 3. Aufgabe. vgl. S. 163 dieser Arbeit.

Lobrede zu wählen, eine Form, die sonst nur großen Männern zusteht, umso größer der Reiz, die bekannten Elemente der Lobrede auf einen neuen und ungewohnten Gegenstand anzuwenden [68].

Mit diesem Spiel schließe ich die Betrachtung der Spielstrukturen ab. Im folgenden werde ich noch zwei Aspekte des Spielbegriffs aufzeigen, die sozusagen unter der Struktur der Spiele verborgen sind: die Tatsache, daß die Personen eine Rolle spielen und das Element des Scherzes.

7. Rolle spielen

Gerade bei den zuletzt behandelten Spielen konnte ich oft darauf hinweisen, daß die Personen nicht ihre eigene Meinung sagen, daß es oft nur darauf ankommt, eine vom Vorredner verschiedene Meinung zu vertreten. Irgendeine Meinung vertreten, ohne daß es die eigene ist, nennen wir so tun als ob.

In einem Spiel muß jeder auf die Frage, woher er komme, mit einem Ortsnamen antworten, der mit einem bestimmten Buchstaben beginnt.

J. Ich komme von A n t o r f f.

R. Ich von B a m b e r g.

A. Und ich von C a r l s t a d t. (XXIII)

Es ist offensichtlich, daß weder Julia von Antorff noch Reimund von Bamberg kommt. Die Personen tun so, als ob sie aus der einen oder andern Stadt kämen, nur um die Regeln des Spieles zu erfüllen [69].

Dieses „So-tun-als-ob" ist einfach zu durchschauen. Es gibt aber ein raffinierteres Rollenspiel. Wenn Reimund Cassandra oder Julia ein Kompliment macht und dabei den galanten Herrn gegenüber Julia resp. Cassandra spielt, so spielt er insofern eine Rolle, die sein eigentliches Wesen verdeckt, als er eigentlich Angelica diese Komplimente machen müßte. An Liebenden läßt sich besonders deutlich zeigen, was ein Grundverhalten des Menschen in der Gesellschaft ist, nämlich sein eigentliches Wesen zu verdecken, eine Rolle zu spielen, eine Maske zu tragen, sei es aus Höflichkeit, sei es aus einer gewissen Konvention heraus, die Offenheit verbietet [70]. Die Gesellschaft hat genau wie die Spiele ihre Re-

---

[68] vgl. das Zitat in Anm. 32.

[69] Ringhieri verwendet häufig Wörter wie *simigliare, fingere,* um die Spiele zu beschreiben, was die Situation genau trifft. z. B. *infingersi Mutolo* (S. 30a), oder in einem ähnlichen Spiel wie dem eben besprochenen heißt es: *L'Hoste cedendogli il luogo, et fingendosi anch' egli viandante a un'altra Hosteria* (S. 90a). Wie sehr solche Spiele als Spiele genommen wurden, zeigt eine Bemerkung bei Guazzo: Ein Cavaliere will auf eine Frage nicht antworten, weil er die Damen beleidigen könnte, doch die Spielführerin antwortet ihm: *Rispondete pure convenevolmente, et senza rispetto, che il tutto si piglierà in giuoco* (S. 293a).

[70] Castiglione sagt, daß das Vergnügen der Gesellschaft zum Teil darin bestanden habe, den andern die Gedanken in versteckter Form mitzuteilen. *talor si pro-*

geln, die nicht verletzt werden dürfen. Es ist nicht zufällig, daß im 17. Jahrhundert so viel Literatur entsteht, die auf die Gesellschaft bezogen ist, daß im Schäferroman dem komplizierten Versteckspiel der Verliebten so viel Aufmerksamkeit gewidmet wird. Jean Rousset hat an zahlreichen Stellen die Freude des 17. Jahrhunderts an der Maske nachgewiesen [71]. Mit der Maske eng verbunden sind je nach der Perspektive die Lüge, die Heuchelei und das Kompliment. Mlle de Scudéry, von der später noch zu reden sein wird, läßt eine ihrer Personen sagen: *Il y a un certain langage flateur introduit dans le monde, qui ne trompe personne, . . . et qui ne détruit pas la sincerité. Les Amants, qui brûlent, et qui meurent en chansons, ne trompent pas leurs Maîtresses, si elles ont de la raison* [72].

„Avoir de la raison" ist das, was Windfuhr die „Spielregeln beobachten" nennt. Es ist die Fähigkeit, zu erkennen, daß der andere eine Maske trägt, und doch Vergnügen an diesem Spiel zu finden [73].

Kant beschäftigt sich noch mit diesem Schein, den die Höflichkeit hervorbringt: *Die Menschen sind insgesamt je zivilisierter, desto mehr Schauspieler: sie nehmen den Schein der Zuneigung, der Achtung vor anderen, der Sittsamkeit, der Uneigennützigkeit an, ohne irgend jemand dadurch zu betrügen, weil ein jeder andere, daß es hiemit eben nicht herzlich gemeint sei, dabei einverständigt ist; und es ist auch sehr gut, daß es so in der Welt zugeht. Denn dadurch, daß Menschen diese Rolle spielen, werden zuletzt die Tugenden, deren Schein sie eine geraume Zeit hindurch nur gekünstelt haben, nach und nach wohl wirklich erweckt und gehen in die Gesinnung über* [74]. Ob die Menschen des 17. Jahrhunderts auch geglaubt haben, daß der Schein der Höflichkeit in Wirklichkeit umschlagen könne, ist schwer zu sagen. Wenn man an den Umschlag von Spiel in

---

poneano belle questioni, talor si faceano alcuni giochi ingeniosi ad arbitrio or d'uno or d'un altro nei quali sotto varii velami spesso scoprivano i circunstanti allegoricamente i pensier sui a chi più loro piaceva. (I, 5)

[71] Als sprechendstes Beispiel möge Don Juan, l'homme aux cent masques stehen.

[72] Mlle de Scudéry: Conversations L 59, II, S. 169. Vgl. P. Rusterholz L 114, S. 169 ff.

[73] La Bruyère sieht aus der Perspektive des Moralisten den negativen Aspekt des Phänomens: *Il y a un certain nombre de phrases toutes faites, que l'on prend comme dans un magasin et dont l'on se sert pour se féliciter les uns les autres sur les évènements. Bien qu'elles se disent souvent sans affection, et qu'elles soient reçues sans reconnaissance, il n'est pas permis avec cela de les omettre, parce que du moins elles sont l'image de ce qu il y a au monde de meilleur, qui est l'amitié, et que les hommes, ne pouvant guères compter les uns sur les autres pour la réalité, semblent être convenus entre eux de se contenter des apparences.* (L 41, *De la cour,* Nr. 81) Dieses Spiel, das in den Gesprächspielen aufgebaut wird, gleicht der Scheinwelt der Schäferspiele, es wird sich im folgenden zeigen, daß beide denselben Zweck haben, nämlich die Menschen von den Sorgen zu befreien.

[74] Kant: Von dem erlaubten moralischen Schein. In: Kants Werke Bd. 8, Anthropologie, Berlin 1923, S. 36 f.

Wirklichkeit in einem Drama wie *Philemon Martyr* denkt, wäre das sehr wohl
möglich.

8. Scherz [75]

Reimund nennt eine Rede von Frau Julia eine *Schertzrede (dann sie in ihrem*
Gewissen einer andern Meinung versichert) (I, 239). Scherz bedeutet hier „eine
Rolle spielen", man sagt etwas, was man nicht meint, man sagt es im Spiel.
Zum Scherz gehört ebenfalls die Gesellschaft, die den Scherz als Scherz erkennt
und sich daran freut. *Scherzrede* ist geradezu ein Terminus technicus für Erzählungen, die doppeldeutig sind, wie zum Beispiel die folgende: *Dergleichen Ur-*
theil hat auch ein Schweitzerischer Gesandter gefällt / als er zum Richter eines
Turniers zu Meiland von Grafen von Fuentes aufgeworffen worden / und man ihm
gesagt: daß der Ritter N. die Lantze gebrochen / und er geantwortet: hat er die
Lantze zerbrochen / so muß er sie zahlen (VIII, 402). Dies ist ein Scherz, wie er
heute noch gemacht werden könnte. Er geht auf Kosten eines als tolpatschig
geltenden Volkes und auf seine sprichwörtliche Liebe zum Geld.

Einen feineren Scherz haben wir in dem Spiel vor uns, in dem Reimund die
Gesprächspielgesellschaft mit etwas vergleichen soll. Er sagt, die vier Evangeli-
sten eigneten sich nicht dazu, da er *Ehrentwegen / Herrn Vespasian den Lö-*
wen / den Adler Frauen Julia / das Engelsgesicht Jungfrauen Angelicae zueig-
nen müste und so für ihn der Ochse übrig bliebe (I, 22 f.).

Es gibt einen noch feineren Scherz, der sich zwischen den Personen abspielt:
zum Beispiel, wenn Julia in dem obengenannten Spiel das Kompliment auf Angelica abdreht. Solche Scherze sind beinahe nicht faßbar, denn in Wirklichkeit
sind sie von einem Augenzwinkern, von einem Lächeln, von irgendwelchen Gesten begleitet, die solche Aussagen erst zum Scherz machen. Harsdörffer beklagt
sich denn auch mehrmals, daß die Gebärden nicht wiederzugeben seien.

A. Den grösten Mangel / welchen ich ersehen können / ist: daß der Verfasser
nicht die gute Art / liebliche Sprach / und holdselige Geberden / mit welchen
solcher Unterhalt verübet werden soll / beygesetzet und ausgedrucket hat.

R. Diese höfliche Ermanglung kan durch Wort nicht erstattet werden / sondern
bestehet unter denen Sachen / welche von einem jedem Gesellschafts Genossen
beygetragen werden müssen ... Damit aber dieser Mangel in den Gespräch-
spielen ersetzt werden möchte / wolte ich wünschen / daß ich mit den Farben der
Wolredenheit abbilden könte / wie mit liebreichen Aeuglein / reiniglicher
Stimm / holdseligen Mund und artigen Wolstand / Jungf. Angelica ihre kluge
Gedancken bezeuget [76].

---

[75] Über den Zusammenhang von ‚Scherz‘ und ‚Spiel‘ in der Wortbedeutung siehe
    unten S. 107 ff.
[76] G-Sp. II, 25 f. Es wäre hier zu vergleichen, welche Bedeutung Bally den Gesten

Mlle de Scudéry schreibt in ihren *Conversations*:

*En effet ce n'est pas assez de penser plaisamment les choses: il faut encore qu'il
y ait ie ne sçay quel tour à l'expression; qui acheve de les rendre agreables et il
faut mesme que l'air du visage, le ton de la voix et toute la personne en general,
contribuent à rendre plaisant ce qui de luy-mesme ne l'est quelquefois pas* [77].

Heute fassen wir nur noch das, was an sich selbst, ohne Gesten und Mimik,
nicht lustig ist. Wir sollten uns daher hüten, die *Gesprächspiele* gleich als lang-
weilig zu verurteilen. Die Zeitgenossen, an den Umgang in der Gesellschaft gewöhnt, haben vielleicht anders gelesen.

9. Schlußbetrachtungen

In den *Gesprächspielen* lassen sich drei Aspekte des Spiels unterscheiden.

1. Die Spiele, in denen mit Hilfe von Regeln über ein großes sprachliches
Material sowie über ein breites Wissen verfügt wird. Man wählt einzelne Teile
nach bestimmten Regeln aus oder kombiniert sie nach gewissen Regeln. Diese
Spiele sind ein Ausdruck dafür, daß man die Sprache und das Wissen beherrscht [78]. Nur wenn man die Sprache beherrscht, kann man mit ihr spielen [79].
Eigentlich ist es im allgemeinen die Fähigkeit Gottes, so zu spielen [80]. Harsdörffers Mensch geht mit seinem Material um wie Gott mit der Schöpfung. Nie zieht
Harsdörffer diesen Vergleich, aber die Gemeinsamkeiten von Mensch und Gott
lassen sich doch zwischen den Zeilen lesen. Es ist, als ob Harsdörffer mit seinen
Gesprächspielen einen Mikrokosmos aufbauen wollte, einen manipulierbaren
und durchsichtigen Mikrokosmos, vergleichbar der Weltkugel Binets, die so
klein ist, daß man mit ihr spielen kann wie mit einem Ball [81].

2. Die Personen der *Gesprächspiele* spielen oft eine Rolle, sie tun so als ob,
was das Verhalten des Menschen in der Gesellschaft abbildet [82]. Diese Auffas-

---

beimißt: „Les gestes, les mouvements du corps, les attidudes, et surtout les jeux
de physionomie ont des significations tout aussi déterminées et usuelles que les
autres signes de la langue." (Linguistique générale et Linguistique française. Bern
³1950, (¹1932), S. 43).

[77] Mlle de Scudéry: Conversations L 59, II, S. 81.

[78] Conrady schreibt: „Eine Literatur, die künstlich gebauter Sprechweise so sehr
willfährt, gibt auch sprachlichen Spielereien Raum. In ihnen kann man beweisen,
ob man die Sprache ganz beherrscht." (L 79, S. 112).

[79] Beißner bezeichnet die Sprache der Nürnberger geradezu als Spielzeug: „Man mag
an dem überschmückten Stil auch die Freude, die kindliche Freude am Spielzeug
der neugeschenkten Dichtersprache erkennen" (L 72, S. 37).

[80] Weitere Ausführungen zu diesem Problem siehe unten S. 139 ff., S. 144.

[81] Vgl. Anm. 39 dieser Arbeit und den folgenden Satz, der sich im gleichen Text
findet: *„L'Esprit de l'homme tranche du petit Dieu, et se mêle de faire des mondes
de cristal, et contrefait les miracles de l'Univers"* (L 108, S. 25).

[82] Als Beispiel möge das Verhalten in der Gesellschaft, wie es Proust darstellt, stehen:

sung des Rollenspiels ist grundlegend verschieden von der uns aus dem Welttheater geläufigen. Da ist nichts von der Schwierigkeit der Verantwortung, die
dem Menschen im Welttheater aufgebürdet ist. Die Rolle, die der Mensch im
Welttheater spielt, ist identisch mit seinem Leben. Das Leben ist Spiel in Bezug
auf Gott. Die Rolle, die der Mensch in der Gesellschaft spielt, ist eine Maske,
die jederzeit gegen eine andere ausgetauscht werden kann. Das Leben ist Schein
in bezug auf das eigentliche Wesen, das durch die Maske verdeckt wird.

3. Das Spiel, wie es sich in den *Gesprächspielen* zeigt, ist aufs engste mit dem
Begriff der Fröhlichkeit und des Scherzes verbunden.

Ich habe in diesem Kapitel bei weitem nicht alle Spiele besprochen. Viele
habe ich, wie zum Beispiel die Reihenerzählungen, ihrer Länge wegen ausgelassen. Andere sind schlecht darstellbar, so zum Beispiel die Emblemkunst, die sich
in vielem dem Rätsel anschließt [83]. Andere Spiele, wie die über Musik, Malerei
oder Sprache, mögen inhaltlich interessant sein, bringen aber keine neuen Struk-
turen.

Swann trifft Marcel in der Gesellschaft, erkennt ihn aber erst später. *il ne m'iden-*
tifia, je l'ai su longtemps après, que quelques minutes plus tard, en entendant
rappeler mon nom. Mais nul changement dans son visage, dans ses paroles, dans
les choses qu'il me dit, ne trahirent la découverte qu'une parole de M. de Guér-
mantes lui fit faire, tant il avait de maîtrise et de sûreté dans le jeu de la vie
mondaine. (Le côté de Guérmantes, éd. de la Pléiade S. 579).
[83] Die Bedingung der Emblematik ist auch wie diejenige der Metapher, daß jedes
Ding Verweisungscharakter hat. Vgl. Henkel/Schöne L 4, S. XV.

II. Die Personen und der Schauplatz

Die *Gesprächspiele* wären unvollkommen erfaßt, würde man nicht die Personen, die sie spielen, und den Schauplatz, an dem sie gespielt werden, betrachten.

1. Die Personen

Folgende Personen spielen die *Gesprächspiele*:
Angelica von Keuschewitz / eine Adeliche Jungfrau.
Reymund Discretin / ein gereist- und belesener Student.
Julia von Freudenstein / eine kluge Matron.
Vespasian von Lustgau / ein alter Hofmann.
Cassandra Schönlebin / eine Adeliche Jungfrau.
Degenwert von Ruhmeck / ein verständig und gelehrter Soldat.

Diese Namen und die näheren Bestimmungen sind so deutlich, daß sie fast keiner Erklärung bedürften, hätte nicht Narciss Harsdörffer vorgeworfen, die Personen hätten keinen ausgeprägten Charakter. Dieser Vorwurf zeigt, daß Narciss Harsdörffers Absichten gründlich mißverstanden hat. So schreibt er unter anderem: „Die Charaktere sind nicht klar voneinander geschieden, an manchen Stellen gehen sie direkt ineinander über." (L 105, S. 113) Er führt keine Belege an, aber nach der Lektüre der *Gesprächspiele* ist es klar, welche Stellen er meint, nämlich die, wo eine Person gegen ihren „Charakter" auszusagen scheint. Aus den Untersuchungen im vorhergehenden Kapitel hat sich ergeben, daß die von den Personen gemachten Aussagen nicht um ihrer selbst willen gemacht werden, sondern daß sie alle dem Zweck des Spiels untergeordnet sind. Deshalb ist es völlig verfehlt, Aussagen der Personen zu ihrer Charakterisierung heranzuziehen oder gar, wie Hasselbrink dies tut, einen Begriff wie den des individuellen Sprechstils auf Hardörffer anzuwenden [84]. Es käme eher darauf an, das Verfahren Harsdörffers auch hier zu zeigen. Er setzt seine Personen zusammen, wie er eben diese Personen in den Spielen einzelne Elemente der Sprache und des Wissens kombinieren läßt. Harsdörffer hat

---

[84] „Auch zeigt er keinen individuellen Sprechstil der Personen. Der Text könnte willkürlich zwischen den einzelnen Personen ausgetauscht werden." (L 88, S. 7) Man denke nur etwa daran, einen wie wenig individuellen Sprechstil noch die Personen Schillers haben.

seinen Leser nicht ohne jede Hilfe gelassen, um sich die Personen vorzustellen. Mit dem Namen bezeichnet er in der Art seiner Zeit auch zugleich den Typus [84a]. Nicht nur in den Komödien bediente man sich dieses Mittels redender Namen, sondern auch in den Romanen, man denke nur etwa an Grimmelshausen. Es wäre im übrigen zu untersuchen, wie wenig individuelle Züge die Personen in den Romanen oft tragen und wie sie häufig nach demselben Prinzip wie bei Harsdörffer konstruiert sind. Dyck schreibt zu diesem Problem: „‚Genaue Beobachtung des Charakters der Personen': das bedeutet gerade, daß der Autor seine Personen mit Merkmalen auszustatten hat, die ihr als gesellschaftlicher Figur im Rahmen einer festgelegten Typologie entsprechen." (L 82, S. 15)

Die Zusammensetzung der Personen trägt vor allem dem Prinzip der Vielfalt Rechnung. Es ist dieselbe Vielfalt in der Einheit, wie wir sie bei der Definition der idealen Gesellschaft angetroffen haben, das heißt mit andern Worten: die Vielfalt ist nur in gewissen Elementen zu finden. Vielfalt im Hinblick auf das Geschlecht: Es gibt Männer und Frauen. Vielfalt im Hinblick auf das Alter: Die verschiedensten Lebensalter sind vertreten, angefangen bei der jüngsten, Angelica, bis zu Vespasian, dem ältesten im Kreis. Vielfalt endlich im Hinblick auf Herkunft und Beruf [85].

A n g e l i c a bedeutet die Engelgleiche. Reimund spielt auch einmal auf diese Bedeutung an [86]. Daß sie *von Keuschewitz* heißt, deutet auf zweierlei hin: Sie ist keusch, das gibt sie mehrfach zu erkennen, nicht zuletzt in ihrer Sprödigkeit gegen Reimund. Sie ist aber auch gescheit, obschon sie das oft nicht wahrhaben will. Alle ihre Eigenschaften werden im 7. Spiel § 14 der 1. Auflage zusammengefaßt. Julia vergleicht Angelicas Schönheit, Verstand und Tugend mit Alexander, der schon in seiner Jugend in der ganzen Welt berühmt gewesen sei, mehr um des Verstandes als um der kriegerischen Taten willen. Diesen ehrenvollen Vergleich weist Angelica mit folgenden Worten zurück: *Die Frau misset mit Worten zu / was ich im Werck noch habe / noch begere / in Erwegung / daß ein flüchtig und besorglich Ding / die leibliche Schönheit / unnd deßwegen viel höher achte / unbefleckte Keuschheit / welche darinn zu vergleichen der Music / daß beedes der Engel Reinigkeit zugemessen wird.* So wäre im ersten Teil ihres Namens nochmals auf ihren Vornamen angespielt.

Der Name R e i m u n d erhält seine Deutung in einem Spiel: *Herr Reymund ... er mit Recht des Reyens Mund / oder der Vorsinger dieser Gesprächspiele*

[84a] Schon Boccaccio, auf den unter anderem die Tradition der Gesprächspiele zurückzuführen ist, bezeichnet seine Personen mit redenden Namen. Vgl. Anm. 166c.

[85] R. Barthes stellt bei La Bruyère dasselbe Verfahren fest: „La Bruyère n'énumère pas des éléments rares; l'homme qu'il construit est toujours fait de quelques principes: l'âge, l'origine, la fortune, la vanité, la passion; seul varie la formule de composition" (L 70, S. 224). Man beachte, daß Harsdörffer auch zum großen Teil dieselben Elemente zur Konstruktion seiner Personen verwendet.

[86] vgl. das Zitat auf S. 38 dieser Arbeit.

heist. (IV, 275) In Tat und Wahrheit übernimmt Reimund bald einmal die Führung der Gesprächspiele. Er, der belesene Student, kann sehr viel mehr als die andern Personen zu den Spielen beitragen. Sein Familienname Discretin, der durch die Schreibung mit *c* als nicht deutsch gekennzeichnet ist, ist wohl zu lat. discernere zu stellen und würde dann bedeuten, derjenige, der fähig ist zu unterscheiden. Damit erhält sein Name einen Bezug einerseits zum Typus, den er darstellt, andererseits zu Angelica, die ja in ihrem Namen auch ein Wort hat, das, um es mit Trier zu sagen, in den Sinnbezirk des Verstandes gehört.

Der Name J u l i a wird insofern auf eine Dame des antiken Rom bezogen, als es von ihr heißt, sie sei eine kluge Matrone. Als gute Hausfrau erweist sie sich auch im achten Band, wo die ganze Gesellschaft bei ihr zum Essen eingeladen ist. Der Name Freudenstein ist so redend, daß es unnötig ist, ihn noch zu erklären. Durch seinen Familiennamen ist V e s p a s i a n mit ihr verbunden. Lust und Freude gehören zusammen, sie sind ja auch die Grundlage der Zusammenkünfte. Man beachte, daß die Namen bis in die Wortbildung hinein gleich gestaltet sind. Ein Abstraktum ist mit einem bekannten Ortsnamen *Stein* resp. *Gau* verbunden. Es gibt keinen eindeutigen Hinweis, wozu Harsdörffer den Namen Vespasian stellt. Wie der Name Julia gehört er der römischen Kultur an, die ja in dieser Zeit, wenn man an die Romane denkt, ein großes Interesse findet. Es wäre möglich, daß Harsdörffer bei seiner Art, Etymologie zu betreiben, Vespasian zu Vesper stellt, denn mehr als einmal wird eine Beziehung zwischen Vespasian und dem Tag, der sich zu Ende neigt, hergestellt. Auch im Personenregister wird er *ein alter Hofmann* genannt [87]. Für die Zeitgenossen mag im Namen Vespasian auch eine Anspielung auf den perfekten Hofmann Vespasiano Gonzaga, der in der *Civil Conversatione* des Stefano Guazzo eine Rolle spielt, enthalten gewesen sein. Bei Guazzo wie bei Harsdöffer schlägt Vespasian vor, sich mit Gesprächspielen zu unterhalten.

Ebensowenig deutlich sind die Beziehungen, die Harsdörffer mit dem Namen C a s s a n d r a verbindet. Bei der Art von Harsdörffers Assoziationen könnte er an die in jener Zeit berühmte Cassandra Salviati gedacht haben, die Ronsard im ersten Buch der *Amours* besingt. In diesem Fall hätte Cassandra eine Gemeinsamkeit mit ihrem Partner Degenwert, denn Ronsard nennt sie öfters *ma guerrière Cassandre* (IV., LI., LXXX. Sonett). Ihr Familienname Schönlebin weist auf ihre Schönheit, aber auch auf ihren dem Schmuck und dem Tand zugewandten Lebenswandel hin und setzt sie gegen die mehr dem Geistigen zugewandte Angelica ab.

Der Name D e g e n w e r t von Ruhmeck spricht für sich selbst. Auffällig ist höchstens, daß Degenwert nicht einfach ein Haudegen ist, sondern gelehrt ist, wie Harsdörffer hinzufügt.

---

[87] Degenwert vergleicht einmal die vier Personen mit den vier Hauptwinden und sagt, Herr Vespasian solle mit dem Wind *gegen Nidergang* verglichen werden. (I, 20)

Wie ich schon oben (S. 42) sagte, bemüht sich Harsdörffer, die Personen möglichst bunt zu mischen. So haben wir neben dem erfahrenen Hofmann den Soldaten und den belesenen, aber deswegen nicht weniger galanten Studenten. Es stellen sich hier Repräsentanten dreier Stände dar: der Adlige von Herkunft, der Adlige, der sich seinen Adel durch das Schwert erworben hat (noblesse de l'épée), endlich der Adlige des Geistes (noblesse de robe). Sie alle gehören, sei es durch Herkunft, sei es durch die Kraft des Geistes, einem aristokratischen Milieu an, ebenso wie die Damen. Damit zeigt sich eine gewisse Geschlossenheit des Milieus, die noch von anderer Seite bestätigt wird; alle Personen außer Cassandra haben in ihrem Namen oder in der Apposition einen Hinweis auf ihren Verstand. Die Gruppe weist genau jene Geschlossenheit auf, die ich bei der Definition der idealen Gesellschaft herauszuarbeiten versucht habe.

Die Geschlossenheit bedingt auch, daß gewisse Dinge nicht in den Blick der Spieler gelangen, z. B. die tägliche Arbeit, andere Stände wie die Bauern, die Armen. Die Struktur der Welt, in der die sechs Personen leben, erinnert an die geschlossene Welt der Artusromane, wo ja auch ganze Schichten der Bevölkerung und viele Beschäftigungen nie ins Blickfeld geraten oder höchstens als Hintergrund benutzt werden. Die Struktur einer solchen Gesellschaft entspricht einem Kreis [88]. Der Kreis ist eine geschlossene und dadurch vollkommene Form. Es ist ebenso schwer, in den Kreis hineinzukommen, wie aus ihm hinauszugehen. Diejenigen, die sich innerhalb des Kreises befinden, verstehen einander dank gemeinsamer Herkunft und gemeinsamer Gesinnung. Der Kreis ist aber letztlich auch die Form der Glückseligkeit auf Erden, denn wenn man das, was außerhalb des Kreises liegt, nicht wahrnimmt, wird man auch nicht dadurch gestört. Diese Form des Kreises zeigt sich auch in den Schäferromanen, was deutlich auf den Zusammenhang von Kreis und Idylle hinweist. Man weiß zwar, daß es außerhalb der Schäferwelt eine andere Welt gibt, wüßte man es nicht, wäre der Kreis ja unbegrenzt. Auch in den *Gesprächspielen* weiß man, daß es außerhalb dieser Welt etwas anderes gibt; was aber in den Blick gerät, ist in beiden Fällen die glückliche Welt.

2. Der Schauplatz. Die Titelkupfer

Diese Struktur des Kreises, des Ein- und Ausschließens, zeigt sich noch einmal in den den *Gesprächspielen* beigegebenen Titelkupfern. Narciss spricht von der Unwirklichkeit der Umgebung, die sich in diesen Kupfern zeige [89]. Ich glaube,

---

[88] Die nachfolgenden Reflexionen wurden durch das Buch von G. Poulet: Les Métamorphoses du cercle, Paris 1961 angeregt.

[89] „Die Umgebung, in welche die sechs Menschen hineingestellt werden, entspricht wieder durchaus ihrem Stand und der Unwirklichkeit der ganzen Situation." (Nar-

daß es gefährlich ist, in einer historisch so weit entfernten Zeit wie dem 17. Jahrhundert mit Maßstäben wie Wirklichkeit und Unwirklichkeit zu messen. Es ist um so gefährlicher, als für das 17. Jahrhundert die Wirklichkeit sehr vieldeutig ist. Die Wirklichkeit entpuppt sich manchmal als Schein, der Schein als Wirklichkeit. Narciss hat eine bestimmte Wirklichkeit im Auge, nämlich die „erlebte Wirklichkeit"[90]. Anerkennen wir aber, daß es möglicherweise im 17. Jahrhundert eine andere Wirklichkeit als die erlebte Wirklichkeit gegeben hat, so können wir den Titelkupfern nicht jede Realität absprechen. Windfuhr schreibt: „Das Stilideal der barocken Höfe ist nicht die natürliche Rede- und Lebensweise, sondern im Gegenteil die künstlich-tropische. . . . Die natürliche Direktheit hat für sie (die Höflinge) auch im Alltagsleben etwas Abstoßendes und Feindliches."[91] Die Titelkupfer bilden die Szenerie zu den Gesprächspielen und ersetzen die aus den Romanen bekannten Naturbeschreibungen. Wenn ich Szenerie sage und wenn Narciss noch zeigt, daß einige der Kupfer aus Szenerieskizzen des italienischen Theaters stammen, ist man vielleicht geneigt, Narciss recht zu geben, denn was kann es Unwirklicheres geben als die Szenerie eines Theaters. Vergleicht man aber die auf den Titelkupfern dargestellten Anlagen mit denjenigen, die uns noch aus der Zeit überliefert sind, wie z. B. Ludwigsburg, so fällt die Verwandtschaft sofort auf. Hat also Harsdörffer vielleicht die Theaterskizzen übernommen, weil sie einfach bequem zur Verfügung standen, während Skizzen von irgendeinem Landhaus zuerst hätten angefertigt werden müssen? Zudem weiß man ja, daß gerade diese Art von Dekor so hergestellt wurde, daß er eine Illusion der Wirklichkeit erweckt. Jedenfalls gewinnen die Titelkupfer, wenn man sich bemüht, sie zu lesen, eine erfreuliche Lebendigkeit[92].

Auf dem ersten Titelkupfer sehen wir das Landhaus Vespasians, denn bei diesem trifft sich die Gesellschaft[93]. Wir erblicken im Hintergrund eine Barockfassade, im Vordergrund spazieren Pfauen und Hühner, ein Hund jagt ein Huhn.

ciss, L 105, S. 118) Hasselbrink schreibt: „Der Indifferenz der einzelnen Charaktere entspricht die Unwirklichkeit der Umgebung." (L 88, S. 9)

[90] „So wird auch an dieser Stelle (nämlich beim Betrachten der Titelkupfer) wieder klar, wie sehr die Gesprächspiele konstruiert und er„lesen" sind, wie wenig sie einer erlebten Wirklichkeit entsprechen." (Narciss L 105, S. 118)

[91] Windfuhr, Bildlichkeit L 126, S. 156. Dazu erinnere man sich überhaupt der Liebe des 17. Jahrhunderts zu jeglicher Art von Repräsentation. Man kann auch nicht sagen, das Schloß von Versailles sei unwirklich, weil es symbolisch so konstruiert ist, daß sowohl der erste wie der letzte Sonnenstrahl das Schloß trifft, so daß die Sonne sich um das Schloß dreht.

[92] Zu diesen Überlegungen vergleiche man, was Spahr zu den Titelkupfern der *Syrischen Aramena* sagt. (Spahr: Anton Ulrich and Aramena, L 118)

[93] Am Ende des ersten Teils sagt R: (Wir wollen) *den Herrn Vespasian oftermals . . . besuchen / und ihme die Zeit solchergestalt vertreiben.* (I, 300)

Ein Springbrunnen plätschert [94]. Es hat auffallend viel Bewegung in diesem Bild. Die Sonne scheint. Ein angenehmer, friedlicher Ort ist dargestellt. Der Ort wird durch Bäume abgetrennt, so daß nichts vom Rest der Welt hier einzudringen scheint [95]. Der Kupfer ist halbiert. Auf dem zweiten Blatt blicken wir in ein Zimmer, wo sich die Spielgesellschaft aufhält. Herr Vespasian hat den Spielstab in den Händen, denn er wird ja die Spiele beginnen. Frau Julia sitzt neben ihm. Herr Reimund schaut Angelica etwas neckisch an. Degenwert scheint Cassandra zuzuhören. Die ganze Gruppe ist in einem Halbkreis angeordnet, welcher sich gegen den Betrachter öffnet. Jede Person auf dem Bild macht eine *höfliche Gebärde,* um mit Harsdörffer zu sprechen. In diesen Titelkupfern gelingt es ihm, den *Gesprächspielen* das zu geben, was ihnen sonst fehlt: die Gebärden.

Das zweite Titelkupfer zeigt auf den ersten Blick dasselbe Bild. Wir scheinen wiederum in ein Zimmer zu blicken. Bei näherem Zusehen zeigt es sich aber, daß es sich nicht um dasselbe Zimmer handelt, denn wir befinden uns jetzt bei Frau Julia, wie aus S. 305 hervorgeht. Ein Vergleich mit dem Titelkupfer in der ersten Auflage zeigt uns außerdem, daß wir uns überhaupt nicht in einem Zimmer befinden, sondern auf einer Art Veranda, die auf einen Garten hinausgeht [96]. In diesem Garten sehen wir Palmen, eine Anspielung Harsdörffers auf die Fruchtbringende Gesellschaft, der dieser Teil der *Gesprächspiele* gewidmet ist. Eine Anspielung, die in der zweiten Auflage des Formats wegen weggefallen ist [97]. Die Personen haben sich anders angezogen. Diesmal scheint Reimund zu sprechen, und die andern hören ihm zu. Frau Julia, die die Spiele eröffnen wird, hält den Spielstab in den Händen. Gebärden und Gesichtsausdruck der Personen unterscheiden sich von denen im ersten Band, was auch wieder ein Hinweis auf die Liebe zur Vielfalt ist [98].

---

[94] Zur Bedeutung des Springbrunnens in der barocken Literatur und Architektur vgl. man die schönen Seiten bei Rousset, L'âge baroque L 110, S. 143 ff.

[95] Diese Abgeschlossenheit ist auf dem Titelkupfer des ersten Teils der ersten Auflage noch ausgeprägter, da dort das Schlößchen im Fluchtpunkt steht und mit den im Vordergrund spielenden Personen einen geschlossenen Raum bildet. Die Darstellung der Personen wurde offenbar wegen des Formats in der 2. Aufl. auf die linke Seite versetzt.

[96] Die Treppen, die in den Garten hinausführen sind in der 2. Aufl. noch sichtbar. Für diese Auflage wurde im II. Teil trotz des veränderten Formats (siehe Anm. 7) das alte Kupfer wieder verwendet, jedoch am obern Rand stark und auf der Seite schwach beschnitten.

[97] Anhand der Reproduktion des Titelkupfers im VIII. Teil kann man sich eine Vorstellung bilden vom Titelkupfer des II. Teils der selten gewordenen ersten Auflage.

[98] Der Inhalt der Gespräche wird davon nicht beeinflußt, wie es wohl Hasselbrink wünscht, wenn er schreibt: „aber der Wechsel der Szene beeinflußt weder die Themen noch die Form der Dialoge." (L 88, S. 9)

Mit dem Kupfer des dritten Teils beginnt eine Reihe von Kupfern, die bestimmte Spiele illustrieren. Es ist diesmal Nacht, sonst trifft sich die Gesellschaft am Nachmittag. Der Himmel ist voller Sterne, und sie bilden denn auch den Gegenstand der nächtlichen Unterhaltung in den Spielen CI—CIII. Man sieht die jungen Leute in der Nähe von Vespasians Landhaus, wo sie Frau Julia und Vespasian bereits erwarten [99]. Auf dem nächsten Bild treffen wir die Gesellschaft an einem heitern Nachmittag, wie sie eine Spazierfahrt in einem Schiff unternimmt. Die Landschaft ist idyllisch, eine Schäferin weidet ihre Schafe am Ufer. Sie wird im ersten Spiel ein Lied singen. Das Landhaus Vespasians ist im Hintergrund sichtbar, ebenso seine Gärten, daneben ein wilder Garten, in dem sich Rehe und Hasen tummeln. Im Spiel CLXXXVIII wird der *Spatzierlust* zum Thema des Spiels.

Ich gehe im folgenden auf dieses Thema ein, weil das Spazieren im weiteren Sinn auch zum Spiel gehört [100]. Reimund beginnt das Gespräch mit einem Exempel: *Die Indianer haben auf eine Zeit / zween Spanier sehen auf- und abspatzieren / und darvor gehalten / sie weren beide närrisch worden / daß sie ohne Ursache an einem Orte hin und wider giengen / und doch noch dar noch dorten etwas schafften. Die Barbaren / welche der Verstandübungen nicht fähig sind / haben auch barbarisch von der Übung des Leibes geurthelt. Spatzierengehen ist das sicherste und erfreulichste Belusten / und fast allen anderen vorzuziehen ...*

... das Spatzieren hat diese Eigenschaft / daß es das Mittel hält / und nicht zu viel / noch zu wenige Bewegung mit sich bringet. (IV, 356 f.) [101].

Das Spazierengehen fügt sich in die Reihe jener Beschäftigungen ein, die den gebildeten Menschen vom Barbaren unterscheiden. Das Kriterium für die Unterscheidung ist wie immer der Anteil des Verstandes und damit der Künstlichkeit an der betreffenden Beschäftigung. Das Spazierengehen ist ein gesittetes, ja beinahe kunstvolles Sich-Fortbewegen. Reimund legt sehr viel Wert auf das Mittelmaß, das immer Ausdruck des menschlichen Verstandes ist. Zudem muß man sich die Umgebung, in der die Spaziergänge gemacht werden, vorstellen. Es sind kunstvoll angelegte Gärten, wie man sie auf dem Titelkupfer sieht. Ja

---

[99] Degenwert: *Aber schauet! Herr Vespasian erwartet unser / dorten bey seiner Behausung / benebens Frauen Julia.* (III, 14)

[100] Dies zeigt schon die Zusammensetzung *Spatzierlust,* die jenes Element der Lust enthält, das auch zum semantischen Bereich des Spiels gehört. Die im 17. Jahrhundert entstandene Zusammensetzung ,lustwandeln' für spazieren ist genauso bedeutungsvoll.

[101] Man beachte nebenbei, daß auch hier die Struktur des Kreises wieder in Erscheinung tritt. Die Barbaren sind von diesem Kreis ausgeschlossen und verstehen nicht, was im Kreis vorgeht. Man beachte auch die rhetorische Haltung, die vor allem im Superlativ ihren Ausdruck findet. An einer andern Stelle könnten die Gesprächsspiele, die Musik oder sonst ein Zeitvertreib das „erfreulichste Belusten" sein, wenn immer es der Zusammenhang erforderte.

selbst der wilde Wald ist nicht so wild, wie Vespasian bemerkt: *In jenem Thiergarten sind etliche schnelle Stuck Wilde / die gleichsam ihren Namen verlohren / in dem sie die herumspatzierende zu sich nahen lassen* [102].

Wie die sechs Personen als eine Art Mikrokosmos aufgefaßt werden können, so kann ihre Umgebung als ein Abbild der ganzen Welt gelten: *C. Fürwahr es scheinet / als ob die Natur den Musterplatz ihres Reichthums allhier angestellet / in dem sie in dem Wasser / auf der Erden und in der Lufte versammelt / was dem Menschen zu ergetzen geschaffen worden.* (IV, 365) Dieses Abbild der großen Welt gibt nicht die ganze Welt wieder, sondern nur jenen Teil, der dem Menschen *zum ergetzen* geschaffen ist. Dieser Ausschnitt gewährt ein friedliches Bild [103]. Nur als Ausschnitt kann er ein friedlicher sein. Friede, Ausklammerung von Sorgen ist die Bestimmung des Menschen in der Sicht dieser Spiele. *V. Unser Verstand ist niemals mehr sein / als wann er von allen Sorgen befreyet / und sich ohne Zwang selbsten üben kan.* (IV, 358) Diese Landschaft, verbunden mit der angenehmen Gesellschaft, ist eine Art Paradies, ein reicher und leicht abgewandelter Locus amoenus, ein Lustort, womit wir auch von dieser Seite wieder in den Bereich der Freude kommen, ein Bereich, der auch in Julias und Vespasians Namen anklingt. Der Lustort, ursprünglich der Aufenthaltsort der Schäfer, wird, wie Conrady nachweist, zur „Staffage" für die geselligen Zusammenkünfte dichtender Freunde. „Sie betrachten den mit jenen idealen Naturzügen ausgestatteten Raum als ihren eigentlichen Bezirk, in dem sie den „studia", den „bonae litterae", den „artes liberales" ungezwungen und ungehindert willfahren können. In ihnen kann man auch mit den poetischen Formen und Floskeln in gebildeter Weise spielen." [104] Diese Beschreibung trifft genau auf Harsdörffers *Gesprächspiele* zu, mit dem einzigen Unterschied, daß die *Gesprächspiele* Fiktion sind, während die Dichterfreunde Fiktion spielen. Die Titelkupfer der Teile V—VIII haben einen deutlichen Zusammenhang mit den Inhalten von gewissen Spielen. Ich möchte diese Bilder nicht mehr so ausführlich behandeln wie die vorhergehenden, sondern lediglich einige Zusammenhänge von Bildern und Spielen zeigen, da dies noch nie gemacht wurde.

---

[102] G-Sp. IV, 365. J. Rousset stellt dasselbe Verhältnis von wilder Natur und gepflegtem Garten auch bei Mlle de Scudéry fest: „on n'est pas de plain-pied dans la pure campagne, on s'y rend par des allées aménagées; la nature est l'au delà d'un parc comme la solitude est une enclave au sein d'une brillante vie de société." (L'âge baroque, L 110, S. 144)

[103] Der Garten wird von Rhinghieri geradezu mit den Spielen verglichen. Er widmet ein Spiel den Damen mit den folgenden Worten: *come un gratiosissimo Giardino, ove quei nobilissimi animi, potessero alquanto dalle importanti cure ritrarsi, et soavissimamente quanto desiderano, et loro si dieve, diportarsi"* (Ringhieri, Giuochi, L 52, S. 111a).

[104] Conrady: Lat. Dichtungstradition, L 78, S. 303. Der Zusammenhang mit dem Schäferspiel wird deutlich durch das am Anfang des IV. Teils stehende Spiel.

Das Bild in Teil V, wo man Wandteppiche und Wandgemälde sieht, bezieht sich auf das Spiel CCI *Von der Mahlerei,* der Zusammenhang wird noch durch den außerhalb der Gesellschaft sitzenden Maler unterstrichen.

Das Bild in Teil VI mit den zwei Figuren von Apoll und Arion im Vordergrund bezieht sich auf die Spiele CCXXVI—VIII, wo die Geschichte Arions behandelt wird. Das Bild in Teil VII weist auf das anfangs des Bandes genannte Reiterspiel hin, zu dem am Ende des Bandes die Noten zu finden sind und wo es heißt: *Man kan es auch auf der Geigen / und andern Instrumenten spielen.* (VII, (506)) Das Bild verdient besondere Beachtung, weil hier der Zusammenhang von Gesprächspielen und dem Spielen von Musikinstrumenten dargestellt ist, ein Zusammenhang, der immer wieder aufgegriffen wird. Der Zusammenhang wird durch den auf dem Tisch liegenden Spielstab unterstrichen. Im Teil VIII ist die Gesellschaft am Tisch bei Frau Julia dargestellt. Sie ist in dem für die Gesprächspiele idealen Zustand gezeigt, nämlich nach dem Essen, das ist die Zeit der Muße, des Gesprächs. Herr Reimund oder Degenwert ist dabei, das Sinnbild auf einem Glas zu zeigen; die Gläser sind ein Geschenk Reimunds für Frau Julia. Sieht man die vielen Fäden, die von den Titelkupfern zu den Gesprächspielen laufen, so mag man sich fragen, welches ihre Funktion ist. Hasselbrink meint: „Die Scenenangabe (d. h. der Titelkupfer) erfüllt nur die Funktion einer Einleitung, wird aber in dem Augenblick ignoriert, wo das Stichwort für das erste Spiel gegeben . . . ist." (L 88, S. 9)

Eine Szenenangabe kann immer mehr oder weniger bedeutungsvoll sein. Wenn Hasselbrink an der eben zitierten Stelle seiner Arbeit sagt, daß wir erst am Ende des ersten Teils wissen, daß sich die Gesellschaft bei Vespasian befindet, und erst am Ende des zweiten Teils, daß wir uns bei Frau Julia befinden, so mißt er den Titelkupfern zu wenig Bedeutung zu. Das schöne Lustschloß, das auf dem Titelkupfer des ersten Teils abgebildet ist, hat wohl den zeitgenössischen Leser darauf hingewiesen, daß er sich hier bei Vespasian oder vielleicht bei Frau Julia befindet. Die Tatsache, daß Vespasian das Gespräch beginnt, mag Hinweis genug gewesen sein, daß Vespasian der Gastgeber ist. Ebenso verhält es sich mit den Titelkupfern in den andern Bänden. So zeigt das Kupfer im dritten Teil dem Leser sogleich, daß es Nacht ist, was aus den Gesprächen nicht sogleich hervorgeht. Das Bild im fünften Teil gar holt etwas auf, was offenbar zwischen den Spielen stattgefunden hat, nämlich eine Wette Reimunds, daß ein Maler Cassandra malen könne, obwohl er sie kaum gesehen habe [105]. Diese Hinweise mögen genügen, um zu zeigen, daß diese Szenenangaben in der lockeren Komposition der *Gesprächspiele* eine wichtige Funktion haben. Es ist richtig, daß die Szenenangabe im Laufe der Spiele vergessen wird. Das scheint mir kein Mangel zu sein, vergißt man ja während einer Rahmenerzählung auch oft den Rahmen.

---

[105] siehe G.Sp. V, 2, wo Julia sagt, daß sie nichts von der Wette wisse.

Die Personen auf den Titelkupfern sind, wenn sie sitzend dargestellt sind, ausnahmslos in einem Halbkreis angeordnet. Dies hat natürlich zunächst einen rein darstellungstechnischen Grund, kann man doch nicht eine Person mit dem Rücken zum Betrachter darstellen. Der Halbkreis, darüber kann kein Zweifel sein, weist auf den vollendeten Kreis hin, womit wir hier den Kreis, der in der Struktur immer wieder hervortritt, bildlich dargestellt sehen. Die Tatsache, daß man auf den Betrachter Rücksicht nimmt, zeigt, daß dieses Werk zugleich einen geschlossenen Kreis bildet und zum Publikum hin offen ist. Der Leser soll eingeladen werden, mitzuspielen. Es gibt noch einen Platz für ihn. Die *Gesprächspiele* sind kein selig in sich selbst ruhendes Kunstwerk. Sie sind in jeder Beziehung offen. Harsdörffer fordert den Leser mehrfach auf, selbst neue Spiele zu erfinden oder die alten fortzusetzen [106].

Schließlichen besteht die Kürtze dieses Werckleins in grosser Unvollkommenheit / welche der wolmeinende Leser auff alle Begebenheit zu ersetzen / und die Versuchsweiß angeführte Kunstwort / an seinem mehrmögendem Ort / zu verbessern / nicht unterlassen wird (III, (18)).

So wie die *Gesprächspiele* nur in der Gesellschaft gespielt werden können, es sind ja keine Einsiedlerspiele, so verlangen sie ihrer Anlage nach nach der Gesellschaft.

---

[106] Ich habe oben zu zeigen versucht, daß die meisten Spiele keinen zwingenden Abschluß haben, vgl. z. B. S. 30.
Für diese offenen Formen haben wir heute wieder mehr Verständnis, sind wir doch gewöhnt, daß in den verschiedenen Gattungen moderner Dichtung die Mitarbeit des Lesers oder Zuschauers erfordert wird.

III. Absicht und Wirkungskreis der Gesprächspiele

1. Harsdörffers Absichten

Nach solchen Bemerkungen, die den Leser zum Weiterspielen auffordern, fragt sich natürlich, wie Harsdörffer seine *Gesprächspiele* verstanden haben wollte. War das Buch als Lektüre zur Unterhaltung, war es als Gebrauchsanweisung gedacht? Ich glaube, daß das Werk sowohl Literatur im engeren Sinn als auch Gebrauchsanweisung sein wollte. Die *Gesprächspiele* waren sicher zunächst als eine Art Anleitung zur gesellschaftlichen Unterhaltung gedacht. *Keines Wegs aber ist mein Absehen gewesen / alles nach der Länge auszuführen / und wie es hätte leichtlich seyn können / umschweiffig zu erstrecken: Sondern daß ich allein Anleitung geben wollen / und den Weg weisen / wie bey Ehr- und Tugendliebenden Gesellschaften freund- und fruchtbarliche Gespreche aufzubringen / und nach Beschaffenheit aus eines jeden Sinnreichen Vermögen fortzusetzen* [107]. Als Anleitung sind jene zahlreichen Stellen zu verstehen, wo ein Spieler erklärt, wie man ein Spiel ausführt, ohne daß jedoch das Spiel vorgespielt würde (z. B. XXXVI).

Andererseits ist aber die Tatsache, daß Harsdörffer die Mehrzahl seiner Spiele spielen läßt, daß er hier auch einige seiner Wortschöpfungen anbringt, daß er Gedichte und Geschichten einfügt, doch ein Zeichen für den Willen zur literarischen Gestaltung. Auch die Art, wie er die Personen benennt, deutet darauf hin. Er sagt auch einmal: *Es ist ihm* (dem Verfasser) *allein obgelegenen / aller unterredenden Gebürnus / wann dergleichen Gesprächübungen würcklich vorgangen wäre / abzulegen* (II, 306). Diese Aussage ist ein deutlicher Hinweis auf seinen Willen zur literarischen Gestaltung, denn wenn er alles so darstellt, als ob es stattgefunden hätte, so gibt er nicht eine Gebrauchsanweisung, sondern eine literarische Fiktion.

Allerdings handelt es sich nicht um eine Fiktion, wie sie sich Narciss vorstellt, wenn er meint, daß die Liebe Reimunds zu Angelica die einzige Handlung der *Gesprächspiele* sei [108].

---

[107] G-Sp. I, (17). Ähnlich II, 4: *Der Verfasser ist der geringe Schatten welcher zu solchen Spielen die Vor- und Anweisung thut / da hingegen alles das erforderte / von der Gesellschafft hellem Verstand erleuchtet werden muß.*

[108] Narciss, L 105, S. 114. Man vergleiche dazu, was Wiedemann zu Klajs Redeoratorien ausführt. Er zeigt, daß Klaj auf die Handlung und den dramatischen Ab-

Einen Hinweis auf die literarische Gestaltung gibt auch die Entstehung der Spiele. Genauso wie die poetischen Erfindungen entstehen sie aus den Umständen [109]. Im ersten Teil ist es die Kriegszeit, die Vespasian veranlaßt, an seine glücklichere Jugend und damit an die Gesprächspiele zu denken, was den Auftakt zu den Gesprächspielen überhaupt gibt. Im zweiten Teil ist es die Bemerkung von Frau Julia, sie habe die *Gesprächspiele* gelesen, die den Anlaß zum Gespräch gibt, im dritten Teil sind es die Sterne am Himmel, im vierten Teil die auf dem Spaziergang angetroffene Schäferin. Im fünften Teil nimmt die Gesellschaft den Maler, der in ihrer Umgebung malt [110] und im sechsten Teil die Brunnen im Garten zum Ausgangspunkt der Spiele. Im siebten Teil gibt die Verspätung der Gesellschaft gleich Anlaß zu zwei Spielen, zum ersten, wo Herr Vespasian erklärt, was er in der Abwesenheit der Gesellschaft getan hat, und zum zweiten, wo jeder eine Entschuldigung für die Verspätung vorbringen muß. Das für Frau Julia mitgebrachte Geschenk endlich bildet den Ausgangspunkt für die Spiele im achten Teil. So stellt Harsdörffer seine Personen in Situationen vor, aus denen die Spiele entspringen können. Wie die Dichter selbst aus den Umständen den Anlaß für ihre Dichtungen nehmen, so nehmen die Personen aus den Umständen den Anlaß für ihre Spiele. Die Spiele entstehen dann im folgenden durch Assoziation auseinander. *Unter allen Arten / die Gesprächspiele nach und nach auf- und anzuführen / bedunket mich die füglichste seyn / welche aus vorhergehenden Reden genommen wird* (IV, 429)[111].

lauf überhaupt keine Rücksicht nimmt (Wiedemann: J. Klaj und seine Redeoratorien, L 125). Dasselbe wäre auch in Birkens Schäferspielen nachzuweisen.

[109] Poetischer Trichter II, 33 f. (L 35): *Drittens sind die Umbstände vornemlich dreyerley / welche zu seinen (des Poeten) Erfindungen dienen können / nemlich / Zeit / Ort und Personen.*

[110] Die Idee von diesem Maler, der das Bild mit Hilfe eines Tricks malt, hat Harsdörffer wohl aus der *Maison des Ieux,* die er als Vorlage erwähnt, übernommen. Auch dort liegt die Wette dem Spiel voraus. *Quant à Pisandre pource qu'il avoit desia eu le dessein de faire le pourtraict d'Olympe lors qu'il seroit en sa maison des champs, il avoit fait aporter une toille ... de sorte qu'il fut soigneux d'accommoder, tout ce qui luy estoit necessaire, ... pour faire paroistre aussi qu'il pouvoit accomplir en peu d'heure ce que les autres ne font qu'en plusieurs apresdinées.* (1er livre de la 2nd Journée S. 3). Weitere Angaben zum *Maison des Ieux* (L 63) siehe im Kapitel über die Vorlagen Harsdörffers.

[111] Über die Rolle der Assoziation in der Literatur gerade des 17. Jahrhunderts hat man sich, soweit ich sehe, noch keine Gedanken gemacht. Wahrscheinlich dürfte man den Wert der Assoziation nicht zu gering schätzen. Man müßte sich vielleicht überlegen, daß Reden oft aus nichts anderem als aus Assoziationen bestanden und daß die Seltsamkeit der Assoziationen wohl oft ihren Reiz ausmachte. Vielleicht sieht etwas auch wie eine Assoziation aus, was in Wirklichkeit eine kunstvoll gesuchte Verbindung ist. Wenn man einer solchen Form den Anschein der Assoziation gibt, erreicht man damit jene immer wieder erstrebte Leichtigkeit der Gedanken. Eine ähnliche Beobachtung läßt sich an Boccaccios *Decamerone* machen. Die kunstvolle Konstruktion dieser Novellensammlung ist bekannt. Boccaccio läßt die

Wie sehr Harsdörffer die Verknüpfung der Spiele ausarbeitete, zeigt ein Vergleich der beiden Auflagen, in welchen der erste Teil überliefert ist. Harsdörffer hat in der zweiten Auflage Cassandra und Degenwert neu eingeführt. Er mußte daher die Reden der Personen neu aufteilen oder neue Fragen und Antworten erfinden. Aber er begnügt sich nicht damit, oft gestaltet er auch den Anschluß neu.

1. A. IV. Spiel
*Reim. Die Fraw verlaube mir /
daß ich inzwischen ihrer Red / gedencke / wie unlangsten unter etlichen
Studenten
IV. Das Spiel von der Verwandlung
genandt / welches diesem fast nachkommet / mit großem Gelächter ist
angebracht worden.*

2. A. S. 13
*Reim. Solchem Spiele gleichet (wann
mir anderst verlaubt der F. Rede zu
unterbrechen) dz Spiel von der Verwandelung genant / welches mit grossem Gelächter ist angebracht worden.*

Der Hinweis auf die Studenten wird in der zweiten Auflage weggelassen. Vielleicht weil Harsdörffer das studentische Milieu aus der aristokratischen Gesellschaft entfernen wollte, vielleicht aber auch ganz einfach aus Platzgründen. Wichtig ist in diesem Zusammenhang, daß Harsdörffer an seinem Werk wie an einem literarischen Werk gearbeitet hat.

Während in der ersten Auflage das Spiel XXVIII etwas unvermittelt an das Spiel XXVII anschloß: *Wie wann man dann von den Träumen auch ein Spiel erdächte / und von derselben Außlegung umbfragete?*, führt Harsdörffer in der zweiten Auflage am Ende des Spiels XXVII bereits das nächste Thema ein, indem er Cassandra sagen läßt: *Es ist ein guter Fürschlag / umb solche Sachen vorzubringen / daß keinem wunderlicher träumen solte* (I, 153). Worauf Degenwert sagt: *Ohne Zweiffel ist / daß wie aus des Menschen Geberden viel zu erkennen / ... So auch noch viel ein mehrers aus den natürlichen Träumen* (I, 154).

Manchmal vertauscht Harsdörffer die Spiele und muß dann anders anschließen. In der ersten Auflage folgt das Spiel *Von den Retzeln* (XXXVII) auf das Spiel *Von den heimlichen Fragen,* so daß der Anschluß so aussieht: *Dieser Gestalt solten auch wol die Retzel / als verborgene Fragen / unter die Gespräch-Spiel gezehlet werden können?* In der zweiten Auflage schließt das Spiel *Die Rähtsel* (XXXVII) an das Spiel *Von der Einsamkeit* an und zwar auf folgende Weise: *Wann ich nun urtheilen sol / welche unter besagten die erheblichste Ur-*

dritte Novelle des ersten Tages auf folgende Weise anschließen: *La novella da Neifile detta mi ritorna a memoria il dubbioso caso già avvenuto ad un giudeo.* Hier bedient sich also Boccaccio auch der Assoziation, um die Novellen aufeinander folgen zu lassen.

sach zur Einsamkeit vorgewandt / so befinde ich / daß selbe Herr Vespasian angezeigt / Herr Reimund aber soll rahten (I, 184 f.).

Diese letzten Beispiele zeigen, daß Harsdörffer eine gewisse Fiktion aufrecht erhält und damit mit seinen Gesprächspielen mehr als nur eine Gebrauchsanweisung geben will.

Die Fiktion mag ursprünglich entstanden sein, weil Harsdörffer den deutschen Lesern nicht zutrauen konnte, daß sie die Gesprächspiele, ohne daß man es ihnen vormachte, tatsächlich spielen könnten. Dem Personenregister zur ersten Auflage folgt ein bezeichnender Zusatz, der in der zweiten Auflage fehlt. Es heißt da: *Personen / Welche zu bessern Verstand der Gespräch-Spiel unterredend vorgestellet werden.* Das bedeutet doch wohl, er habe die Personen erfunden, damit der Leser besser verstehe, wie die Spiele gespielt werden müssen. So wäre diese Fiktion wie viele Fiktionen aus einem Wunschbild entstanden und nicht wie etwa Harsdörffers Vorbilder aus einem Abbild der Wirklichkeit [112].

Wenn Harsdörffer die *Gesprächspiele* als fiktive Vorbilder geschaffen hat, erwartet er wohl auch, daß man diese Vorbilder in Wirklichkeit umsetzt [112a]. Nun stellt sich die Frage, ob diese Spiele tatsächlich gespielt wurden. Diese Frage ist mangels direkter Zeugnisse nicht eindeutig zu beantworten.

Sicher wurden die *Gesprächspiele* gelesen, das beweisen schon die großen Auflagen, sowie die Verbreitung des Werks. Im Vorwort zum ersten Teil erwähnt Harsdörffer auch das Lesen und verspricht sich davon dieselbe Wirkung wie vom Spielen [113], was ein weiterer Hinweis auf den literarischen Charakter des Werkes ist, denn es bereitet doch wohl kein Vergnügen, eine Gebrauchsanweisung zu lesen.

Kann man mit ebensoviel Sicherheit sagen, daß die Spiele auch gespielt wurden? Harsdörffer selbst schreibt in der Vorrede zum sechsten Teil, er habe gewagt, dem Leser das Werk in die Hand zu geben, *Maßen es ihm* (dem Verfasser) *auch gelungen / daß solche* (Gesprächspiele) *jetzund an vielen Orten / gemein / und sonderlich an einem vornemen Fürsten-Hof / der jungen Herrschaft zu nutzlicher Kurtzweil / täglichs nach gehaltener Tafel ein Spiel daraus vorgegeben wird* (VI, (105))[114].

---

[112] Zum Verhältnis von Abbild und Wirklichkeit vgl. S. 88 f. dieser Arbeit.

[112a] Diese Ambivalenz von Gebrauchsanweisung und literarischem Werk läßt sich auch in der modernen Dichtung feststellen. Vgl. den Aufsatz von P. Schneider: Konkrete Dichtung (L 115). Der moderne Dichter hat nach Schneider die Aufgabe, in der Gesellschaft den Spieltrieb zu aktivieren. Er zitiert Gomringer, der sagt, daß der Dichter wegen seiner besonderen Begabung für diese Rolle besonders geeignet sei.

[113] *Wie ich dann verhoffen will / daß durch Lesung oder Gebrauch folgender Gesprechspiele die Jugend aufgemunteret / der Lust zu allerhand Wissenschaften erwecket ... werden solle.* (I, (18)). Am Anfang des zweiten Teils sagt Julia, daß sie die Spiele gelesen habe.

[114] Eine ähnliche Stelle findet sich am Anfang des achten Teils: *Unsre Gesprächspiele*

An diesem Fürstenhof werden die Spiele, wie es Harsdörffer vorschreibt, nach dem Essen gespielt, zudem werden sie von der Jugend gespielt, auch dies ein Zug, der zum Ideal der Gesprächspiele gehört. Man darf annehmen, daß dieser Zug der höfischen Wirklichkeit entspricht.

2. Erwähnung der Gesprächspiele bei C. R. v. Greiffenberg

Einen Hinweis darauf, daß die Gesprächspiele tatsächlich gespielt wurden, kann man einer Empfehlung C. R. v. Greiffenbergs entnehmen. Die Dichterin empfiehlt, die Gesprächspiele den Glücksspielen ihres höhern Werts wegen vorzuziehen, womit sie ein von Harsdörffers Personen immer wieder vorgebrachtes Argument aufnimmt. Ich zitiere den betreffenden Text, weil er schwer zugänglich ist, in extenso:

Will man kurzweilen und Ergetzung pflegen / ja wann man ja spielen will: so sind viel solche Spiele ersonnen / und noch zu ersinnen / die mitten im scherz den ernst / und in der grösten Kurzweile die Ewigkeit zum Ziel haben; nämlich die liebliche Gespräch-spiele / die künstliche Sinn-spiele / die schöne Geist-kunst- und gedanken-spiele: welche alle / zugleich nützen und ergetzen / lehren und belustigen / den Himmel zum Zweck / und die Ehre GOttes zum Punct haben. Sind sie den Geistlosen gar zu geistlich / und dünkt sie die Frölichkeit ausser ihrem Element zu seyn / wann sie in der Andacht ist: so lassen sie ihnen doch die Tugend und Weltweißheit gefallen / ihre Sinne und Geister zu üben. Man kan sie im spielen so gewürtzt verzuckert / verblümt / verschmützt / artlich / krauß und bunt vorbringen / daß man so viel darob zu lachen / als davon zu lernen hat. Man kan durch die wünsche-Spiele so schicklich zu verstehen geben / was zu wünschen oder abzustellen wäre / daß die getroffene boßhafftigen ohn schande zu schanden / und die preißbare / ohne Heucheley / ihres Ruhms versichert werden. Es kan sich der Geist zeigen / indem er die Ehre aus scheinbarer schmach / und den schimpf angethaner Ehre / spielen machet. Es gibt unendliche Veränderungen / und dienet trefflich zum Verstand-üben / wann man viel unterschiedliches auf ein einiges Absehen richten kan; die viele Veränderung aber / ist die gröste Ergetzung [115].

Was die Gesprächspiele und ihre Abarten von den Glücksspielen unterscheidet, ist, daß sie *nützen und ergetzen,* wie auch Harsdörffer immer wieder betont. Sie haben damit die gleiche Eigenschaft wie die Dichtung. Das verblümte Sprechen, das in der Rhetorik dem Schmuck der Rede dient, dient hier einem ähnlichen Zweck: es macht das Lernen angenehm.

sind von den Italienern abgesehen / welchen auch die Frantzosen nachgeahmet / und ist solche Verstandübung auch an vielen Teutschen Fürstenhöfen / mit sondrem Behagen / eingeführet worden (VIII, 45).

[115] C. R. v. Greiffenberg: Betrachtung des JEsus-Leidens L 31, S. 665—666.

Die Greiffenberg erwähnt auch zwei Spiele, von denen das erste, das *wünsche-Spiel* etwa Harsdörffers Spiel XCXII *Der beste Wunsch* oder CXV *Deß besten Wunsch* das zweite dem Spiel XXXIII *Glimpf und Schimpf* entsprechen mag.

Was in Harsdörffers Motto *auf mancherley Art* ausgedrückt ist, meint sie mit *unendliche Veränderungen.* Sie bezeichnet damit den Charakter dieser Spiele, in denen man, wie ich gezeigt habe, immer fortfahren kann, und die dadurch etwas von der unendlichen Vielfalt der Welt widerspiegeln.

3. Gesprächspiele in Romanen

Vielleicht mag die häufige Darstellung von Gesprächspielen in den zeitgenössischen Romanen ein Hinweis darauf sein, daß solche Spiele tatsächlich gespielt wurden. Es ist nicht einzusehen, warum eine so häufig beschriebene Unterhaltung nur in den Köpfen der Dichter bestanden haben soll.

Wenn ich nun im folgenden einige Gesprächspiele aus zeitgenössischen Romanen vorstelle, so geht es mir weniger darum, den eher zweifelhaften Beweis zu führen, daß diese Spiele tatsächlich gespielt wurden, als darum, Harsdörffers Spiele in einen historischen Rahmen zu stellen, denn nur so kann wohl die Frage nach Absicht und Wirkung beantwortet werden. Ich verfolge damit dasselbe Ziel wie Conrady, wenn er schreibt: „Man geht fehl, wenn man allein nach direkten Abhängigkeiten und Übernahmen fahndet. Sinnvoll scheint nur zu sein, Parallelerscheinungen aufzudecken, wodurch die Lyrik des 17. Jahrhunderts (ich müßte sagen: die Erscheinung der Gesprächspiele) in dichtungsgeschichtliche Zusammenhänge gerückt wird, die umfassender sind, als Einzelabhängigkeiten." (L 78, S. 189)

Bleiben wir zunächst in Harsdörffers Nähe. Wahrscheinlich hat er die *Dianea* des Loredano übersetzt. Darin findet sich auch ein Gesprächspiel. Es herrscht Krieg. Die Thrazier kämpfen gegen ein ihnen unterlegenes Heer und vertreiben sich mit Jagen und *Gastereien* die Zeit. *Eines Tages waren bey dem Könige von Scytha im Gezelte die beide Fürsten von Missia und Epiro / der Infant aus Macedonien / mit andern / der fürnemsten des Heers / beysammen. Daselbst fielen sie / vom Weine und der Speise erhitzt auf unterschiedliche Gespräche.* (L 37, S. 507) Typisch für die Atmosphäre der Gespräche ist die gelöste Stimmung, man ist vergnügt, man vertreibt sich die Zeit. Der Roman fährt dann weiter: *Etzliche legten die Frage für: Was Sache einer Rittermässigen Person am allerübelsten anstünde.* Diese Frage ist in eine Reihe zu stellen mit jenen Spielen, die mit einer Frage beginnen, z. B. *Vom Lob des Hofmannes.* Die Verschiedenheit der Antworten, die sich Harsdörffer wünscht, ist auch hier vorhanden: *So vielerley Köpfe und eigensinnige Gemüter als hier darvon redeten / so vielerley Meinungen wurden auch über dieser Materie herfürgebracht.* (S. 507 f.)

Die Beziehung, die solche scheinbar vom alltäglichen Leben abgeschnittenen Gespräche zu den anwesenden Personen erhalten können, zeigt der Ausgang des Gesprächs. *Der Fürst von Missia sagte / seiner stachlichten Art nach; Daß die Liebe das allerscheltwürdigste an einem Ritter were. Dieses / sagte er / ist eben das / so einem den Verstand verrucket / den Willen tyrannisiret / und den Menschen gantz aus sich selbsten bringet ... Diese Reden brachte der Fürst aus Missia mit sehr lachender Verachtung herfür / und hatte unterdessen die Augen gantz unverwendet auf den Fürsten von Epiro gerichtet. Er / der / der Liebe wegen / in einen solchen Zustand gerahten gewesen / daß er einsten sich selber hatte umbringen wollen / vermeinte / diese Worte verletzten seinen guten Namen; ... unnd weil er keine Gedult mehr hatte Schmähung zu ertragen so fiel er ihm in die Rede* (S. 512 f.). Die zweite Ebene des Verstehens: der aktuelle Bezug, den ich in den *Gesprächspielen* an einigen Orten feststellte, wird hier thematisiert. Der Fürst von Epiro versteht unmißverständlich, daß er mit diesen Bemerkungen gemeint ist, weil ihn der Fürst von Missia anblickt. Wir haben hier die in den *Gesprächspielen* fehlenden Gebärden, die eine Rede aktualisieren können. Das Gespräch, das nur Zeitvertreib war, gewinnt plötzlich eine aktuelle Bedeutung. Die Aussage, die in jeder Sammlung von Maximen stehen könnte, wird für einen Augenblick existentiell. Die Allgemeinheit der Aussage gibt aber andererseits dem Fürsten die Möglichkeit, sich zurückzuziehen, indem er sagt: *Ich habe es so zufälliger Weise / weil mir meine Vernunft solches an die Hand gegeben / herausgesagt* (S. 514). So weiß der Leser ebensowenig wie der beleidigte Fürst, was er von dieser Aussage halten soll. Es liegt im Wesen der Anspielung, daß sie vage bleibt.

Es ist wohl sinnvoll, nun einige Gesprächspiele in der *Syrischen Aramena* des Anton Ulrich, der ja mit dem Nürnberger Kreis in engem Kontakt gestanden hat, näher zu betrachten[116]. Dies mit um so größerem Recht, als Anton Ulrich selbst das Wort *Spielgespräch* verwendet, vielleicht in Anlehnung an Harsdörffer.

Eine Gesellschaft adliger Damen begibt sich vom Schiff, mit dem sie eine Spazierfahrt unternommen hat, an Land. *In solchem kamen sie an eine wiesen / da die Königin mit der ganzen gesellschaft ausstiege: und wurde selbiger ort die Königes-aue genant / von deren lustigkeit die Prinzessin Ardelise dem Dison / als der noch Aramena war / ehedessen viel erzehlet hatte. Die Königin / so sich gerne mit sinnreichen spielgesprächen belustigte / brachte auf die bahn / nachdem man sich in einen kreis zusammen niedergelassen: Sie wolte eine geschicht zu erzehlen anfahen / die folgends von den andern solte zu ende gebracht werden.* (L 17, I, 495) Spiele dieser Art kommen bei Harsdörffer unter dem Titel Reihenerzählungen vor (z. B. CCXXIII). Tatsächlich finden wir dieses Wort auch als Überschrift zu der nun folgenden Erzählung. Die Erzählung ist für

---

116 Über die komplizierte Entstehungsgeschichte und die nicht weniger komplizierte Frage der Autorschaft vgl. man Spahr: Anton Ulrich and Aramena, 1966. L 118.

meine Zwecke nicht interessant. Wichtiger ist die Form, in der sie vorgebracht wird. Es gibt einen Locus amoenus, an dem sich die Gesellschaft trifft. Der Ort ist *lustig*, was hier soviel wie angenehm bedeutet. Die Gesellschaft hat keine andere Absicht, als sich zu belustigen. Die Personen setzten sich in einen Kreis nieder, womit wir einmal mehr die Struktur des Kreises haben.

In der *Aramena* findet sich an einer andern Stelle ein Spiel, in dem zu zwei Reimwörtern ein Verspaar gefunden werden muß, das nachher erklärt wird [117]. Im Hinblick auf die Bedeutung der Gesellschaft in diesen Spielen scheint mir eine Stelle im fünften Teil des Romans aufschlußreich. Spahr hat nachgewiesen, daß es sich beim fünften Teil um einen Schlüsselroman handelt. Hier wird von den Priesterinnen und Schäferinnen ein Spiel gespielt, in dem aus der Physiognomie und den Gebärden ein Charakter beschrieben werden muß [118]. Unter anderen wird auch Eidanie beschrieben, unter welcher sich Anton Ulrichs Gemahlin Elisabeth Juliane verbirgt. Jemima gibt folgende Charakteristik von ihr, indem sie eine andere Priesterin mit Eidanie vergleicht: *Es ist / in ihnen beiden / eine wahre ungefärbte Gottesfurcht: ... Sie sind rechtfärtig in allem ihrem thun / auch so gar / daß sie deshalben von denen / die sie nicht recht kennen / für böse gehalten werden. ... Es wonet in ihnen / eine klugheit / sonder aufblasen* (V, 628). Man stelle sich die Situation vor. Eidanie ist im Kreis der Priesterinnen und Schäferinnen anwesend. Das Lob hat hier eine Reimunds Galanterien vergleichbare Funktion. Das Spiel wird aktualisiert, wie die Gesprächspielgesellschaft zum Beispiel Vergleiche plötzlich auf anwesende Personen anwenden kann. Diese Aussage in der *Aramena* erhält aber eine erhöhte Bedeutung dadurch, daß mit Eidanie Anton Ulrichs Gemahlin gemeint ist. Zweifellos wußte das ein gewisser Kreis von zeitgenössischen Lesern. Diese Stelle hat einen gewissen Wert im Ganzen des Romans, darüber hinaus hat sie einen gewissen Wert am Hof von Wolfenbüttel. Wiederum zeigt sich hier ein Spannungsverhältnis zwischen geschlossener Form des Romans und offener Form, die durch den Verweisungscharakter entsteht. Sicher machte dieses Spannungsverhältnis einen großen Teil des Vergnügens an der Lektüre aus [119].

Während man hier allenfalls eine Abhängigkeit Anton Ulrichs von Harsdörffer postulieren könnte, kommt eine solche Abhängigkeit im Fall der *Clélie* von

---

[117] Aramena III, S. 338 ff. Vgl. bei Harsdörffer Spiel XXV.

[118] Bei Harsdörffer wären die Spiele CLXXV—CLXXVII zu vergleichen.

[119] Diesen Reiz beschreibt eine Person aus dem Roman *La Pretieuse* des Abbé de Pure, L 51, von dem auf den folgenden Seiten die Rede sein wird. Die Personen haben eben diesen Roman gelesen: *l'adjoûteray encor, dit Sophronisbe, que la pluspart de ces Livres ont une clef qu'il faut avoir pour avoir l'ouverture du fin et le passage des beaux endroits. Si bien que le plaisir est imparfait quand vous ne le goustez que par la conjecture, et par l'application de vostre pensée au texte de l'Autheur.* (S. 210)

Mlle de Scudéry, die mir in der deutschen Übersetzung des Unglückseligen (das ist Herr von Stubenberg) vorgelegen hat, nicht in Frage.

Auch in diesem Werk läßt sich zeigen, wie die Personen, die eine Frage im Gespräch behandeln, eine Antwort plötzlich auf sich beziehen. Vier Personen vertreiben sich die Zeit mit Gesprächen, wie sie sich ähnlich auch bei Harsdörffer finden. *Also geriehten sie von einem Gespräche zum andern / und begunten endlich auch zuuntersuchen / ob die Liebe eine adelichere Leidenschafft sey / als der Ehrgeitz oder die Regirsucht / und ob / wann beyde sich in einem Herzen befänden / nöhtig sey / daß eine der andern weiche. Dieser Streit hatte einige Reimung mit dem Zustande der vier streitenden Personen: sintemal Tarquinius die Tullia liebte / sein Ehrgeitz aber erforderte / lieber die Prinzessinn zuehlichen / als sie; und die Prinzessinn hinwiederum liebte den Prinzen von Amertola / der Ehrgeitz und Wohlstand aber erheischeten / daß sie des Tarquinius Weib würde* (L 58, S. 542). Ich habe die Stelle zitiert, um zu zeigen, wie kompliziert sich die Verhältnisse darstellen, ohne daß ich deswegen auf den Gang der Handlung eintreten möchte. Jede Person hat nun zwei Möglichkeiten zu antworten, sie folgt entweder ihrem Herzen oder dem Verstand. In jedem Fall verdeckt sie mit ihrer Antwort einen Teil ihrer Persönlichkeit. Dem Leser, der nicht nur die Oberfläche sieht, wird es Vergnügen bereiten, zu sehen, wer wie antwortet.

Während hier das Gespräch sozusagen zufällig auf eine Frage gekommen ist, die alle angeht, kann es auch vorkommen, daß eine der Personen absichtlich eine Frage stellt, die sie beschäftigt. Prinz Sextus liebt die schöne aber etwas schwermütige Clelia. Amilkar sagt zu ihm, er zöge die lustigere Platina, die auch leichter zu gewinnen sei, vor. Sextus nimmt daraus den Ausgangspunkt für ein Gespräch: *Nach diesem setzte sich Sextus nieder / und weil ihn Amilkars Rede belustigt hatte / machte er einen Gesprächstoff daraus: doch ohne Meldung der wahren Ursache / die Rede herumdrähend / als ob es ein durchgehendes Gespräche wäre / an deme keiner aus selbiger Gesellschaft einige sonderbare Angelegenheit hätte. Allhier (sagte er / nachdem er den Zweifel fürgetragen /) waltet nicht die Frage / zuwissen / ob eine schöne freudige liebbarer sey / als eine schöne schwermütige / oder als eine grausame und eine eigensinnige: sondern es waltet die Frage / zubetrachten / welche man mehr solle lieben / und welche fähiger sey / Liebszeichen von sich zugeben?* [120] Eine ähnliche Stelle findet sich in der *Princesse de Clèves* (L 42), wo M. de Nemours, eifersüchtig auf die schöne Prinzessin, die Frage aufwirft, ob es ärgerlich sei für einen Liebhaber, die

---

[120] Clelia, L 58, S. 725. Man beachte nebenbei die Klassifizierung der Frauen, wie wir sie beim Aufzählen der Eigenschaften angetroffen haben.
J. Rousset stellt fest, daß die Konversationen bei Mlle de Scudéry ziemlich unabhängig vom Werk sind. „la conversation est indépendante ... dans ce roman, elle vaut par elle-même; on pourrait presque dire c'est le roman qui existe pour les conversations." (La princesse de Clèves, L 113, S. 34)

geliebte Person auf einem Ball zu sehen. Im Roman *Zaïde* wird gleich am Anfang eine solche Frage aufgeworfen, nämlich ob man eine Person, die man nur vom Sehen kenne, lieben könne. Es ist die Kunst der Mme de Lafayette, in den Antworten auf diese Fragen das spätere Benehmen der Personen anzukünden.

Wir haben keinen Anlaß, zu glauben, daß solche Beispiele nicht der Wirklichkeit entsprechen, einer Wirklichkeit allerdings, die neben andern Erscheinungen auch die Literatur umfaßte. So konnte 1678 der *Mercure galant* bei seinen Lesern eine Untersuchung anstellen, über die Frage, ob die Princesse de Clèves recht gehabt habe, ihrem Gatten ihre ehebrecherische Liebe zu gestehen. In den *Gesprächspielen* Harsdörffers fassen wir auch in dieser Hinsicht nur ein Gerüst, das in den Romanen und in den Salons der Zeit mit Leben erfüllt wurde.

Diese Art von Gesprächen gehörte offenbar zur Unterhaltung der gebildeten und aristokratischen Schichten der Zeit, die sich in den Salons trafen [121]. Gerade die Salons unterstreichen die Zirkelform solcher Gesellschaften. Welche Gesellschaft bot aber mehr den Anblick des Zirkels und der Geschlossenheit als jene der Preziösen? Ihre beinahe hermetisch abgeschlossene Welt tritt uns in einem Schlüsselroman des Abbé de Pure mit dem Titel *La Pretieuse* (1656) entgegen.

4. Die „Gesprächspiele" und die Bewegung der Preziösen

Ich glaube, daß Harsdörffers *Gesprächspiele* am ehesten in Anlage und Geist der Bewegung der Preziösen vergleichbar sind. Die Preziösen sind in vielem die Übersteigerung von Strömungen, die im 17. Jahrhundert in der höfischen und aristokratischen Sphäre der Salons üblich waren.

Ich will nun keine Definition der „Préciosité" geben, sind sich doch die französischen Literaturwissenschafter selbst nicht einig über ihre Definition [122]. Um eine solide Grundlage zu erhalten, vergleiche ich Harsdörffers *Gesprächspiele* mit dem Roman *La Pretieuse* (L 51). Da dieses Werk nicht ganz leicht zugänglich ist, gebe ich kurz den Inhalt an. Der Roman stellt die Unterhaltung einiger preziöser Damen dar. Er hat wie die *Gesprächspiele* keine Handlung im üblichen Sinn. Im ersten Teil werden uns verschiedene Zusammenkünfte gezeigt. Im zweiten Teil führt der Autor einige neue Personen ein, die die *Ruelle,* so werden die Salons dieser Damen genannt [122a], nur von außen kennen und denen er in der Gestalt des Gelaste von den Preziösen erzählt.

---

[121] Die Blüte der französischen Salons, besonders des Hôtel de Rambouillet, fällt in dieselbe Zeit wie Harsdörffers Wirken: 1630—1648.

[122] Zu diesem Problem wären zu konsultieren:
Bray: La présiosité et le précieux (1948), L 75.
Adam: Baroque et préciosité (1949), L 69.
Rousset: L'âge baroque (1953), L 110.

[122a] ‚Ruelle' bedeutet ‚Alkove'. Die Damen empfingen dort ihre Gäste, so wurde das

a) Die Emanzipation der Frau

Sowohl die Zirkel der Preziösen wie auch Harsdörffers *Gesprächspiele* haben ihren Nährboden in einer Emanzipation der Frau. Diese Emanzipation äußert sich in zahlreichen Erscheinungen des 17. Jahrhunderts. Man denke nur etwa an die vielen Dichterinnen dieses Jahrhunderts, unter denen Catharina Regina von Greiffenberg weit hervorragt [123], oder man denke in Frankreich an eine Frau wie Mlle de Scudéry oder an gewisse Motive in Molières Komödien, etwa die Verspottung des autoritären Gemahls in der *Ecole des femmes*.

Für das Recht auf Emanzipation der Frau werden immer dieselben Gründe angeführt: die Frau hat einen ebenso guten Verstand wie der Mann. In immer neuen Variationen nimmt Harsdörffer das Thema auf. *Welche die Unwissenheit für deß Frauenvolcks sicherste Tugend achten / stehen in irrigem Wahn* [124]. *Die Geschicklichkeit ist eine sondere Gnade / so GOTT den Menschen ertheilet / und nicht in seinem sondern deß Mahomets Gesetz verbotten; sie leitet von dem Bösen / zu dem Guten; mässiget die befindliche Schwachheiten / und beherrschet die Begierden: Gestalt auß allen Geschichten erhellet / daß gelehrte Frauen und Jungfrauen / benebens Erweisung hohes Verstands auch waares Tugendlobe erhalten* [125].

Was die Preziösen betrifft, so ist die Art, wie sie von den verschiedenen Problemen sprechen, Zeugnis ihres Verstandes. So schreibt Gename, der fingierte Autor, einem Freund, dem er den Inhalt des Werkes erklären will: *Il n'est rien d'obscur à leur intelligence et à leurs yeux. Ils ont des rayons et des lumieres qui penetrent iusqu'aux pensées et iusqu'aux secrets des coeurs* (I, 67). Lassen wir noch eine der bedeutendsten Persönlichkeiten der Preziösen, Mlle de Scudéry, sprechen. In der *Clelia* wird ein Gespräch zwischen zwei Prinzen und zwei Prinzessinnen wiedergegeben, in dem die Frage der Emanzipation der Frau behandelt wird. Die Prinzessinnen beklagen sich unfrei zu sein, worauf ihnen einer der Prinzen antwortet: *Gnädiges Fräulein! ... sie vergeben mir / ich muß ihres Geschlechtes Vertreter seyn / wider sie selbst / indem ich mich in Warheit berede / die Weibsbilder seyn aller hohen Eigenschafften fähig / und scharffsinniger als wir. Dann / wann man würcklich die Weibs- und Mannspersonen*

Wort verwendet, um diese Zusammenkünfte in den Salons überhaupt zu bezeichnen.

123 Vgl. Goedeke Bd 3, § 196, wo es eine ganze Abt. Frauendichtung gibt. Die Emanzipation der Frau äußert sich auch in den folgenden Titeln, die Harsdörffer zitiert: Lucretia Martinella: *Der Weiber Vortrefflichkeit und der Männer Mängel.* Anna Maria Schurmann: *Beweis der Geschicklichkeit des weiblichen Verstandes zu den Wissenschaften.*

124 Molière zeigt gerade in der *Ecole des femmes,* wie sich Adolphe täuscht, wenn er glaubt, Agnès Tugend durch ihre Dummheit zu erhalten, denn weil sie unwissend ist, wird sie ihm untreu.

125 G-Sp. III, (17). Am Rand: F. de Grenaille: *L'honeste fille* I, I, 21. L. Dolce: *Inst. delle Donne* I, 1 f., 14 etc.

emsig betrachtet / an Orten / wo sie gleich auferzogen werden / so wird sich be-
finden / die Weibsbilder haben mehr Sinnengaben / als die Männer: dahero zu-
schliessen / die Natur trage euch mehr Neigung zu / als uns (L 58, S. 538). Harsdörffer bemüht Gott, Mlle de Scudery die Natur, um zu zeigen, daß die Frauen
einen großen Verstand besitzen. Haben aber die Frauen einen ebenso großen Verstand wie die Männer, so haben sie auch das Recht, mit etwas anderem als nur
mit Nadel und Faden beschäftigt zu werden. *Welche allein mit der Hand und*
niemals mit den Verstand arbeiten wollen / die lassen den edelsten Theil ihrer
selbsten unbemüssiget / und als einen nie besäeten Acker mit Unkraut verwil-
den und verwüsten. Die Gedancken sollen bewand seyn wie die Schönheit / so
von gesunder wolbeschaffener Leibs-Nahrung herrühret; . . . Wo können aber so
schöne Gedancken erwachsen / wann selbe nicht bey rühmlicher Gesellschafft /
oder durch Lesung guter Bücher nechst fleissigem Nachdencken / gleichsamb an-
gesämet und in deß Frauenzimmers zwar fähigen / aber ohn Gebrauch unver-
ständiger Verstand eingesencket werden. (G-Sp. II, 34) Harsdörffer hat mit
seinem Werk die Schulung des Verstandes im Auge, obwohl ja der Verstand
der spielenden Personen schon geschult ist. Für die Preziösen gehört der Gebrauch des Verstandes zum ganz Selbstverständlichen. *Ce (la Prétieuse) n'est*
point un simple ouvrage de Nature, ou de l'Art, c'est un effort de l'un et de
l'autre; c'est un précis de l'esprit, et un extrait de l'intelligence humaine. (L 51,
S. 66)

Bei den Preziösen kommt der Wille dieser Frauen zur Unabhängigkeit von
ihrem Mann dazu, ein Aspekt, der bei Harsdörffer nie explizit auftritt [126]. Keine
der Preziösen ist verheiratet, ebenso wenig Mlle de Scudéry. Bei Harsdörffer
könnte höchstens Frau Julia verheiratet gewesen sein, doch auch sie tritt nie
als Gattin oder Mutter auf. Dieser Tatbestand ermöglicht die Atmosphäre der
Galanterie, die wohl elementar zu dieser Art von Leben gehört. Ich habe bereits
gezeigt, welche Rolle die galanten Bemerkungen Reimunds spielen. Auch die
Preziösen, so unabhängig sie von den Männern zu sein scheinen, sind es doch
nicht ganz, denn sie sind, wie der Autor versichert, schön. *Parmy elles la plus*
belle a tout le pouvoir, la jeunesse ne lui oste point son rang, et au contraire elle
luy donne droit à l'Empire, et en augmente l'authorité. (L 51, S. 71) Wozu sollte
aber die Schönheit den Frauen dienen, wenn nicht dazu, die Männer anzuziehen!
In der Tat werden denn auch ab und zu Männer in den Zirkel eingeführt.

b) Das Ideal des ‚Honnête Homme‘

Nun stellt sich die Frage, welcher Art die Gelehrsamkeit dieser Frauen ist.
Es wäre falsch, sich vorzustellen, daß alle diese Frauen, die mühsam ihre Eben-

---

[126] *La plus grande des douceurs de nostre France, est celle de la liberté des femmes;*
et elle est si grande dans tout le Royaume, que les maris y sont presque sans
pouvoir, et que les femmes y sont les souveraines. (La Pretieuse, L 51, S. 114)

bürtigkeit mit den Männern beweisen, Gelehrte seien, die es mit den an der Universität ausgebildeten Männern aufnehmen. Darum kann es nicht gehen, denn auch die Männer, die in ihren Zirkeln verkehren, sind ja keine Gelehrte. Es sind, um es mit einem Wort zu sagen *Honnêtes Hommes.* Pascal beschreibt den *Honnête Homme* auf folgende Weise: *On ne passe point dans le monde pour se connaître en vers si l'on n'a mis l'enseigne de poète, de mathématicien, etc. Mais les gens universels ne veulent point d'enseigne, et ne mettent guère de différence entre le métier de poète et celui de brodeur.*

Les gens universels ne sont appelés ni poètes, ni géomètres, etc.; mais ils sont tout cela, et juges de tous ceux-là. On ne les devine point. Ils parleront de ce qu'on parlait quand ils sont entrés ...

Il faut qu'on n'en puisse (dire) ni: „Il est mathématicien", ni „prédicateur", ni „éloquent", mais: „Il est honnête homme". Cette qualité universelle me plaît seule [127]. Zu einem *Honnête Homme* gehört das ganze Betragen in der Gesellschaft. So sagt Mlle de Scudéry von einer Person, daß sie alles habe, was zu einem *Honnête Homme* gehöre: *la bonne mine, l'air noble, la Physionomie spirituelle, parlant bien, l'humeur agreable, sans estre plaisant, et d'une probité qu'on ne peut surpasser* [128].

Harsdörffer beweist durch die Anlage seiner *Gesprächspiele,* durch die Breite seines Stoffs, durch die Mannigfaltigkeit, wie er den Stoff behandelt, daß er auch das Ideal des *Honnête Homme,* des gebildeten Menschen vor Augen hat, der sich, immer guter Laune, in jeder Gesellschaft zu benehmen weiß.

Es soll aber nicht allein der Anfänger der Gesprächspiele / guten Verstand / sondern allerley Sachen Wissenschaft haben / und weil die Spiele reyenweis herumgehen / ist solches von allen / oder ja den meisten Spielgenossen zu verstehen indem sie entweder lehren / oder zu lernen begierig seyn sollen. (G-Sp. VIII, 41)

Daß man viele Dinge weiß, wird hier geradezu zur Bedingung für die Teilnahme an den Gesprächspielen gemacht. Es ist wichtiger, viel zu wissen, als ganz wenige Sachen genau zu wissen. Wer eine Wissenschaft studiert, muß sie genau kennen. Wer sich ihrer nur zum Vergnügen bedient, muß sie nicht so genau kennen, dafür soll er mehr wissen.[129] Dieses Ideal vertritt er nicht nur in den *Gesprächspielen,* es ist sein Ideal des Dichters überhaupt: *Hierbey ist zu bemercken/ daß der Poet keine Kunst oder Wissenschaft / mit allen Umständen / behandelt*

[127] L 49, Pensée Nr. 39, 40. Der erste honnête homme war Montaigne. *On dict bien vray qu'un honneste homme c'est un homme meslé.* (Essais, III, 9, S. 986, zur Ausg. vgl. Anm. 25.) Harsdörffer hat Montaigne gelesen.

[128] Mlle de Scudéry: Conversations, L 59, II, S. 119 f.

[129] *Wer aus Noht / sich auf eine Haubtwissenschaft begibt / muß seinen Fleiß anderst anwenden / als der / welcher zum Lust studiret / was ihm beliebt / und begierig ist von allen fremden Sachen einen Bericht zu haben / und solchen andern mitzutheilen* (G-Sp. VIII, S. (36)).

(er wolle dann seine Grentzen überschreiten) sondern aus allen nur so viel ent-lehnet / als er zu seinem Vorhaben vonnöhten hat [130].

Einen Menschen, der sich nur aus Vergnügen mit etwas beschäftigt, nennen wir einen Dilettanten. Dieses Wort gehört zu lat. delectare und bezeichnet also den, der sich aus Liebhaberei mit etwas beschäftigt [131]. Ich habe diesen Zu-sammenhang nicht ohne einen Seitenblick auf die berühmte horazische Formel *prodesse et delectare* hergestellt. Die *Gesprächspiele* sollen die Spieler unter-halten wie die Dichtung. Dichten ist für Harsdörffer auch Liebhaberei. *Aus be-rührter Fähigkeit / entsteht der Lust zu Poetisiren / daher man sihet / daß die Knaben / welche mit einem freudigen und wolgearten Sinne begabt / zu solcher Beliebung tragen ... Die Erfahrung bezeuget / daß bey den Knaben sol-cher Unterscheid sich mit zuwachsenden Jahren und Verstand leichtlich abmer-ken lässet / und daß man etlichen das Vers schreiben verbieten muß / wie dem Ovidius / damit sie nicht bey der Lust- und Nebenarbeit / den Haubtzweck ihres Studierens aus den Augen setzen* [132]. Dies scheint mir eine aufschlußreiche Stelle für Harsdörffers Auffassung vom Dichten zu sein. Dichten ist genau wie Konversation Nebenbeschäftigung, Zeitvertreib. Umgekehrt haben ja gerade die französischen Salons sehr viele Dichter hervorgebracht, weil eben auch da Dich-tung Zeitvertreib war.

c) Der Gelehrte und der Pedant

Das Bild des Honnête Homme hebt sich von den negativ bewerteten Erschei-nungen des Gelehrten und des Pedanten ab. Die Preziösen verachten den zu gelehrten Mann, den man heute als Spezialisten bezeichnen würde. Eine der Preziösen sagt: *Ie suis surpris quand ie vois qu'une teste remplie de toutes les belles choses des vieilles Cours, est si peu propre, et mesme si mal propre à la moderne maniere de vivre ... Enfin ie ne puis comprendre comme un docte et un habile homme qui fait profession des belles Lettres, et qui estudie aux veri-tables beautez de l'ame, est tousiours si insipide dans ses sentiments, si diforme du public, si opposé à l'honneste homme, qu'il semble que les Universitez et les Escoles ne professent que les maximes de Barbarie, et celles des Antipodes des agreables conversations.* (L 51, S. 172 f.) Die Wissenschaft macht den Menschen zu einem für diese Zirkel ganz und gar ungeeigneten Wesen. Die Wissenschaft beraubt die Menschen überhaupt des Vergnügens. *Car si on s'erige à traiter des questions de sçavoir et de doctrine, et si l'on se contraint, on se reduit à certains propos choisis et affectez, on perd la liberté et le plaisir. Ce n'est plus un diver-tissement, c'est une occupation, c'est moins une conversation qu'une con-*

---

[130] Poetischer Trichter, L 35, I, S. 5.
[131] Vgl. das entsprechende Wort im Französischen: Amateur.
[132] Poetischer Trichter II, Vorrede § 2.

ference [133]. Das Vergnügen, die Unterhaltung müssen im Hintergrund immer mitgedacht werden. Sie liefern die obersten Kriterien für die Eignung der Personen und des Stoffs. Die Gesprächspiele sollen niemals nur lehren, immer gehört das Vergnügen dazu. Wenn ein Spiel kein Vergnügen mehr macht, muß es aufgegeben werden.

Über zu schwierige Unterhaltung beklagen sich manchmal die Frauen bei Harsdörffer: *D. Wann aber solches entretien nicht a la moderne accommodirt ist / so werden gewiß die Damen einen schlechten gusto darvon haben / und viel [l]ieber Cavalliers discuriren hören / als scholaren ... Die tramenti der Gespräch-Spiel sind nicht wenig mit der Schulfüxerey parfumiret, und bringen viel res sur le tapis, welche unter den Philosophis besser als unter Damen können agitiret werden ...*
J. Wollen die Herrn haben daß wir ihnen sollen zuhören / so geruhen sie zu reden / daß wirs allerseits verstehen können.
R. Hie hört der Herr / daß dieses löbliche Frauen-Zimmer so viel von vermischten Sprachen halten / daß sie darzu eines Dolmetschers von nöhten hätten. (G-Sp. II, 35 f.) Natürlich macht sich hier Degenwert über eine im 17. Jahrhundert weit verbreitete Gepflogenheit, die Sprachen zu mischen, lustig. Harsdörffer hat hier eine weitere Gelegenheit, gegen die Fremdwörtersucht vorzugehen. Die Waffe, deren er sich bedient, ist aber für meine Betrachtung aufschlußreich. Man soll nicht in einer solchen Sprachmischung sprechen, weil sonst die Frauen nichts davon verstehen, denn die Frauen verstehen zwar ausgezeichnet ihre Muttersprache, aber keine Fremdsprachen. Man darf ja nicht vergessen, daß die meisten von ihnen sozusagen keine Schulbildung genossen haben. Die Stelle ist dann auch interessant, weil hier dasselbe Argument wie bei den Preziösen vorgebracht wird. Die Gelehrten gehören nicht in den Kreis der Damen, denn diese sind keine Schulfüchse, die über spitzfindige Fragen zu diskutieren wissen.

Die Preziösen wehren sich auch gegen die Sprachmischung. Sie sprechen von einem neuen Buch, dessen Autor sich der Sprachmischung bedient hat, und eine der Damen bemerkt: *aussi tost que ie trouve en mon chemin quelque mot Latin ou Grec, ou d'un Idiome inconnu, le dégoust me prend* [134]. Die Preziösen setzen sich auch gegen die Damen im Louvre ab, für die eine solch gelehrte Unterhaltung angepaßt sei [135]. Damit zeigt sich sowohl in geistiger wie in ständischer

---

133 La Pretieuse, S. 212. Vgl. Das Harsdörffer-Zitat S. 63 f. und Anm. 129 dieser Arbeit.
134 La Pretieuse, S. 128. Man vgl. dazu eine ähnliche Stelle bei Mlle de Scudéry: *Mais à vous dire la vérité, ces Conversations graves et sérieuses, ou nul enjouëment n'est permis ont quelque chose de si accablant, que je ne m'y trouve jamais, que le mal de teste ne m'en prenne.* (Conversations, L 59, I, S. 6).
135 *Je ne suis point comme une grande Dame, que la Fortune ... a ietté par dessus ses propres pensées iusques dans le Louvre, et dans le Cercle, laquelle n'a pas bien passer un apresmidy, à moins qu'elle ait apris ou enseigné un mot bizarre.* (La Pretieuse, L 51, S. 128)

Hinsicht ein gewisser Hang zum Mittelmaß, der diesen Zirkeln eigen ist [136]. **Eine** Prinzessin in *Clelia* sagt in dem schon zitierten Gespräch über die Rolle der Frauen: *ich halte meines Theils darfür / es sey mir eine Ehre / daß mir meines Geistes Mittelmässigkeit zu meiner Zufriedenheit dienet / indem ich finde / daß mein Geschlechte tausend Vortheile über das andere hat. Dann aus allen Tugenden sind uns bloß die schweren verboten* (Clelia, L 58, S. 541). Harsdörffer adressiert folgende Verse an seinen Leser: *Bist du zu hochgelehrt / so taugt dir dieses nicht / Bist du seichtgelehrt / so gibts dir kein Bericht* [137]. Ähnliches könnte Harsdörffer von einem zu hohen Stand sagen.

Die allzu große Gelehrsamkeit kann in diesen Zirkeln als Pedanterie empfunden werden, die abzulehnen ist. Schon in dem oben zitierten Satz Degenwerts standen der Schulfuchs und der Philosoph nebeneinander. Sonst nennt Harsdörffer den Pedanten Klügelgeist oder einmal sogar Klügelmund von Dünkelwitz. Er richtet an ihn folgendes Gedicht:

Was mommelst du Mome / was brummst du hier?
  Was murrest du wider diß Spielebeginnen?
  Wie mancherley Fehler- Art kanst du besinnen?
Wie hönisch und hässig bringst du sie für?
  Dein' ecklende Nasen / dein sichtiges Aug
    bemerken dich Haasen
  im schüchteren / dornigten Gauchen-Strauch.
· · · · · ·
Ein jeder der richtet nach seinem Sinn' /
  ist etwan ein Buchstab im Drucken versehen;
  ist etwan die Meinung des Wortes zu drehen /
so würfst du das Büchlein mit Eckel hin.
  Du urtheilst von Sachen hoch über den Leist /
    es machet uns lachen
  die Schusterwitz welche sich Doctor heist.
Du achtest die Spiele für Feder schwer. (G-Sp. IV, 447 f.).

Herr Klügelmund sucht pedantisch die Fehler und erweist sich gerade dadurch als unwissend und dumm, obschon er sehr klug zu sein meint. Er kann eine Abhandlung nicht von einem Spiel unterscheiden und beurteilt beide gleich. Über die Beschaffenheit des Klügelgeists gibt auch ein Lobgedicht Moscheroschs für Harsdörffer Auskunft.

---

[136] vgl. S. 123 und Anm. 240 dieser Arbeit.
[137] G-Sp. III, 435. Pascal macht eine ähnliche Überlegung: *Bornés en tout genre, cet état qui tient le milieu entre deux extrêmes se trouve en toutes nos puissances. Nos sens n'aperçoivent rien d'extrême; trop de bruit nous assourdit* (Pensée 84).

Mein Freund lach des Klügel-Toren /
  Welcher deine klugen Spiel'
Hört mit seinen Midasohren /
  Nicht verstehend ihre Ziel'.
Und nur an der Schalen hucket /
  Frucht und Kernen übergucket [138].

Diese Verse zeigen noch besser als Harsdörffers Gedicht, wie der Klügelgeist oder, wie ihn hier Moscherosch nennt, der Klügeltor vom Kreis der Spieler ausgeschlossen bleibt. Er dringt nicht in den Kern der Sache ein, er kann sie nur von außen sehen. Harsdörffer bemüht sich denn auch immer wieder seine Spiele von der *Schulfüchserey* abzuheben. Er tut dies, indem er eine Reihe gekrönter Häupter anführt, die sich mit der Spracharbeit beschäftigt haben. So wird der Pedant auch mit einem niedern, nicht aristokratischen Stand identifiziert [139].

Den Preziösen sind die Pedanten genauso verhaßt wie Harsdörffer. In einer Unterhaltung, in der jede der Preziösen einen unentschuldbaren Fehler nennen muß, sagt eine der Preziösen, nicht zu entschuldigen sei *un chicaneur qui veut faire le galant, ... un Pedant qui veut frequenter la Ruelle.* (L 51, S. 46) In einem andern Gespräch, wo es darum geht, das größte Vergnügen zu nennen, sagt eine der Damen: *moy ie ne demande à mon destin que le plaisir de voir en contestation un Pedant habile et une Femme d'esprit et galante; et de voir les succès de l'une et l'embarras de l'autre.* (S. 173 f.) Der Pedant ist auch hier wie bei Harsdörffer dumm, die Preziösen sind ihm ohne Zweifel überlegen.

Hat Harsdörffer schon den Pedanten ausgeschlossen, ihn mit dem niedern Stand verquickend — eine Vorstellung, die sich auch bei den Preziösen nachweisen läßt: der Pedant kommt aus der Provinz —, so wird um so mehr der Pöbel in seiner Unwissenheit abgelehnt [140]. Der Pöbel versteht die geistigen Vergnügen dieser Gesellschaft überhaupt nicht. Die schärfste Formulierung findet eine Person in den *Gesprächspielen: Fürwar / alle die nicht ein Viehisch Leben führen / suchen ihre Wollust / in Ergetzung deß Gemüts / und nicht in Mastung ihres Leibs* (G-Sp. III, 35). Damit ist indirekt gesagt, daß der Pöbel von den Vergnügen, wie sie die Gesprächspiele bieten, ausgeschlossen ist. Harsdörffer hat eine seltsam zweideutige Haltung gegenüber dem Pöbel, einerseits verachtet er ihn, andererseits will er doch mit seinem Werk allen etwas bieten [141].

---

138 G-Sp. I, S. (335) Ein ähnliches Gedicht findet sich in der *Pretieuse*; es ist an den *Critique* gerichtet: *Toy qui pretens me censurer, / Oserois-tu bien me jurer, / D'avoir toute l'intelligence / Et la clef de mon sentiment.* (L 51, S. 182)

139 Siehe *Schutzschrift* im Anhang des ersten Teils der *Gesprächspiele*, S. 41.

140 Eine ähnliche Feststellung findet sich bei La Bruyère. *Les provinciaux et les sots sont toujours prêts à se fâcher, et à croire qu'on se moque d'eux ou qu'on les méprise; il ne faut jamais hasarder une plaisanterie, même la plus douce et la plus permise, qu'avec des gens polis, ou qui ont de l'esprit.* (L 41 De la société et de la conversation, Nr. 51)

d) Der Zirkel

Eine der Preziösen, Eulalie, hat außerhalb des Salons eine der Fragen gestellt, wie sie in den Salons häufig gestellt werden, nämlich ob eine Dame ihre Liebe zu einem Kavalier in aller Öffentlichkeit sehen lassen darf. Eulalie wurde wegen dieser Frage von den Anwesenden beleidigt und erzählt nun entrüstet den andern Preziösen ihr Erlebnis, worauf sie folgende Antwort erhält: *vous avez esté plus justement punie que vous ne pensez; et le genie de la Ruelle a bien voulu par cette petite disgrace vous faire voir qu'il n'approuve pas que vous liez ainsi conversation avec tout le monde, et que vous exposiez les miseres de nos imaginations au vulgaire qui n'en connoîst pas le prix, et n'en a pas l'intelligence.* (L 51, S. 192) Dasselbe Argument, das Harsdörffer verwendet, um den Klügelgeist und den Pöbel auszuschließen, wird auch hier verwendet: der Pöbel versteht diese Unterhaltungen nicht. Die Gesellschaft der *Gesprächspiele* ist gegen außen so abgeschlossen, daß nie eine fremde Person hinzukommt. Der Zirkel der Preziösen ist ebenso abgeschlossen, das zeigt sich im zweiten Teil des Romans, wo die Außenstehenden über diesen Zirkel richtiggehend belehrt werden müssen. Das zeigt sich auch im Titel des Romans, der vollständig lautet: *La Pretieuse ou le mystère des Ruelles.* *Mystère*, Geheimnis kann es nur geben, wo etwas gegen außen abgeschlossen ist. Das Wort *mystère* verweist in einen religiösen Bereich. Tatsächlich haben die Preziösen auch gewisse Gemeinsamkeiten mit religiösen Sekten. *On dit qu'il y a une espece de Religion parmy elles, et qu'elles font quelque sorte de voeux solennels et inviolables et qu'elles iurent en pleine conversation de garder toute leur vie* (L 51, S. 71). An einer andern Stelle nennt der Autor diesen Zirkel eine Sekte: *ie vais ... vous faire le récit d'une secte nouvelle, qui est la plus aimable qui fut iamais* (S. 67). Den Sektencharakter unterstreichen die Preziösen noch, wenn sie die Außenstehenden die Profanen nennen: *Mais ie pourrois bien vous faire une tres-humble priere, ... d'user du pouvoir que vous avez pour chasser et pour bannir a jamais ces prophanes des mysteres de nos Ruelles, et de la douceur de nos conversations.* (S. 381)

Wenn diese Sekte auch in ihrer Überlegenheit über die Außenstehenden eine gewisse Ähnlichkeit mit religiösen Sekten hat, so darf man die religiöse Bedeutung nicht zu sehr betonen, es handelt sich wirklich nur um eine Analogie. Das Wort „Sekte" bedeutet ja das Ausgeschnittene, womit wir wieder bei der Kreisstruktur angelangt sind. Diese Form findet ihre Bestätigung in einem Namen, den die Preziösen für ihre Zusammenkünfte erwägen: *L'idée du cercle* (S. 387). Harsdörffer betont in seinen *Gesprächspielen* den ein- und ausschließenden Kreis viel weniger stark. Er strebt, wie ich gezeigt habe, eine gewisse Offenheit an. Bei Harsdörffer ist das nur angelegt, was die Preziösen bis ins Extrem treiben.

e) Die Regeln

Ein Zirkel, eine Sekte ist im allgemeinen von gewissen Gesetzen bestimmt, unter die alle Mitglieder fallen. Diese Gesetze sind für die Preziösen jene uns unbekannten Gelübde [142]. Auch Harsdörffer gibt seiner Gesprächspielgesellschaft gewisse Gesetze. Man findet sie in der Vorrede zum fünften Teil.

I. *Die Feinde der Tugend / und der Teutschen Helden Sprache / sollen hier nicht zugelassen werden.*

II. *Du aber bet andächtig / studiere fleißig / sey fröliches Gemüts / beleidige niemand. Frage nicht nach fremden Händeln. Glaub deinem Wahn nicht. Laß dich ein fröliches Schertzwort nit betrüben.*

III. *Such Ehre bey deines gleichen. Lehr die Ungelehrten. Lerne von den Verständigen. Frag / was du nicht verstehest. Sey freundlich gegen jedermann.*

IV. *Wer wol redet / dem wird wol nachgeredet. Wer wol thut / dem wird wolgethan. Wer nach Lob strebet / muß sich löblich halten. Wer das wolgemeinte mißdeutet / kan nicht für fromm geachtet werden.* (G-Sp. V (98 f.)) [142a]

Diese Gesetze beziehen sich vor allem auf das Zusammenleben der Menschen in der Gesellschaft. Es sind ganz gewöhnliche Regeln, die angeben, wie man sich in der Gesellschaft benehmen soll. Sie haben keinerlei esoterischen Charakter. Man kann diese Gesellschaften, auch wenn sie abgeschlossen sind, nicht mit den esoterischen Zirkeln neuerer Zeit vergleichen.

Damit ist der gesellschaftliche Horizont, in dem diese Erscheinungen anzusiedeln sind, abgesteckt. Es gilt nun noch, den Inhalt und den Zweck solcher Zusammenkünfte zu betrachten.

f) Das Gespräch

Sowohl für Harsdörffers *Gesprächspiele* wie für die Preziösen ist die Grundlage der Unterhaltung das Gespräch. Das deutsche Wort sagt eigentlich zu wenig. Es ist jenes Gespräch, das wir im allgemeinen mit dem Fremdwort „Konversation" bezeichnen [142b]. In „Konversation" schwingen zwei Elemente mit: Der

---

[141] vgl. die Ausführungen S. 119 f. dieser Arbeit.

[142] vgl. das Zitat S. 68 dieser Arbeit.

[142a] Diese Regeln gleichen jenen der Fruchtbringenden Gesellschaft. „*Erstlich / daß sich ein iedweder in dieser Geselschaft erbar- nütz- und ergetzlich bezeigen / und also überal handeln solle / bey Zusammenkunften gütig / frölich / lustig und verträglich in worten und wercken seyn / auch wie dabey keiner dem andern ein ergetzlich wort für übel aufzunemen / also sol man sich aller groben verdrießlichen reden und schertzes darbey enthalten. Für andere / das man die Hochdeütsche Sprache ... erhalte* (Fürst Ludwig von Anhalt-Köthen: Kurtzer Bericht Von der Fruchtbringenden Geselschaft Zwecke und Vorhaben. In: Ders., Der Fruchtbringenden Gesellschaft Nahmen, Vorhaben, Gemähle und Wörter ... 1646. München 1971.) Vgl. dazu auch Martin Bircher, Soziologische Aspekte der Fruchtbringenden Gesellschaft. In: Neue Zürcher Zeitung Nr. 73 (13. 2. 1972), S. 49 f.

[142b] ‚Conversation' bedeutet noch im 17. Jahrhundert: ‚Fréquentation, commerce avec une ou plusieurs personnes.' (Dictionnaire de l'Académie, 1932), dieselbe Bedeutung hat ital. conversazione: ‚Conversazione dicesi specialmente per Riunione o Circoli di amici in casa di alcuno a fine di honesto passatempo;' (Vocabolario della Crusca, 1878) Das Bedeutungsfeld dieser Wörter in den beiden Sprachen zeigt den Zusammenhang von Gespräch und Gesellschaft.

Reichtum der Themen, über die man Konversation macht, und die Höflichkeit, ja Galanterie.

Für Harsdörffers Auffassung des Gesprächs möge eine bildliche Darstellung stehen, die er von dem italienischen Emblematiker Cesare Ripa übernommen hat und auf folgende Weise kommentieren läßt: *Ein freundlicher grünbekleidter Jüngling / (weil die grüne Farb auch die Vögel und alle wilde Thier erfreuet) bekrönet mit einem Lorbeerkrantz / zu bemerken ein tugendlöbliches Gespräch. In der Hand hatte er eine Schrift mit dem Wort; W e h d e m / d e r a l l e i n i s t. benebens einem Stab umwunden mit einem Myrten- un Granatenzweig / deren Frucht und Geruch eine grosse Verwand- und Freundschaft haben sol. Wie nun der Stab Mercurii oben zwey Flügel hat / also sind an diesem zwo Zungen angeheftet / zu bedeuten / daß dem Menschen die Rede gegeben mit andern / und nicht mit sich selbst / (welches er im Sinn thun kan) zu sprechen. Dieses Bild neiget sich mit höflichen Geberden* [143]. Das Gespräch ist ein Mittel der Geselligkeit, ja geradezu ihre Rechtfertigung. Wichtig sind die *höflichen Geberden,* die die Rede, wie sich schon an andern Stellen zeigte, erst vollkommen machen. Auch für die Preziösen ist das Gespräch ein konstituierendes Element. *Ces astres* (les prétieuses) *qui brillent sur la terre, ont deux sortes de ciel que la nouvelle philosophie a appellé Alcove ou Ruelle. L'un et l'autre ne composent qu' une sphere, et sont dans un mesme cercle que l'on appelle de Conversation* [144].

Das Gespräch ist die Sphäre, in der der Geist dieser Damen glänzen kann. Für Harsdörffer ist das Gespräch die vor allen andern ausgezeichnete Lehrart. *Unter vielen Lehrarten ist für die nutzlichste und anständigste erachtet worden diejenige / welche in Gesprächen bestehet: Weil der Verstand dardurch alles Zwangs fürgeschriebener Lehren entbunden / sich in seiner eingeschaffnen Freyheit befindet nachzusinnen / seine Gedanken zu eröffnen / fürwesendes zu betrachten / und gleichsam zu einem Richter aufgeworffen wird* (G-Sp. VIII, Zuschrift S. (9)). Der Unterschied zwischen Harsdörffer und den Preziösen besteht darin, daß Harsdörffer im Gespräch den Verstand üben will, während die Preziösen ihren Verstand glänzen lassen wollen. Doch scheint mir dies nur ein Unterschied des Akzents zu sein, denn bei näherem Zusehen zeigt sich ja, daß auch Harsdörffers Personen nicht so sehr den Verstand üben als sich an seinen Fähigkeiten freuen. Andererseits haben auch die Preziösen ein Programm, davon wird gleich zu sprechen sein.

---

[143] G-Sp. VII, 53. Derselbe Gedanke findet sich schon bei Guazzo, in der *Civil Conversatione*: *Se questa non basta, egli soggiunge, che la medesima natura ha dato la favella all'huomo; non già perche parli seco medesimo, il che sarebbe vano; ma perche se ne serva con altri.* (S. 16b)

[144] La Pretieuse, S. 66. Für ihre Zusammenkünfte erwägen sie den Namen: *Le modele de la conversation* (S. 387).

g) Der Inhalt der Gespräche

Aus dem Ideal des *Honnête Homme* läßt sich ableiten, daß die Themen der Gespräche sehr mannigfaltig sein müssen. Ein Blick auf Harsdörffers *Gesprächspiele* zeigt das sogleich, es gibt kein Thema, das nicht aufgenommen würde, betreffe es die verschiedensten Künste oder Handwerke, die Sprache oder Fragen des Umgangs. Vieles zu behandeln wird geradezu zu einem Programm. *Des Menschen Verstand ist ein Feuer / das von einem Holtz allein nicht lang brennen mag: er ist ein unsterblicher Geist / der sich in dieser hinfallenden Eitelkeit nicht ersättigen kan / und gleichsam gesetzet ist / die grossen Wunder Gottes / und sich selbsten zu erkundigen. Wer wil dann so hohem Vermögen Einhalt thun / als der solches in sich nicht erkennt* (G-Sp. VIII, S. (32)).

Die Preziösen sind durch dasselbe Streben nach umfassendem Wissen gekennzeichnet. *On voit, mais clairement dans une Ruelle, le mouvement de toute la terre; et trois ou quatre Pretieuses, debiteront dans un apres-midy tout ce que le Soleil peut avoir veu dans ses divers tours de diferentes saisons* (L 51, S. 67). Ich habe bei der Besprechung der Spiele gezeigt, wie Harsdörffer mit seinen Spielen eine Art manipulierbaren Mikrokosmos aufbaut. Dasselbe gilt für die Preziösen. Normalerweise ist die Bewegung der Erde nicht zu sehen. Bei den Preziösen aber sieht man sie ganz klar *(clairement)*. Zudem findet nicht nur eine Verkürzung des Raumes, sondern auch eine der Zeit statt, denn an einem Nachmittag behandeln sie das, was die Sonne in einem Jahr sieht. Die gleiche Verkürzung der Zeit gilt auch für die *Gesprächspiele*. Diese Verkürzung hängt mit dem Ideal der Kürze überhaupt zusammen.

h) Exkurs: Das Ideal der Kürze und der Abwechslung

Wenn man so vieles an einem Nachmittag behandeln will, kann man nicht lange bei demselben Thema verweilen. So wird die Kürze zu einem Ideal. *Il faut couper court, si l'on veut plaire,* sagt einmal eine der Prezösen (S. 203 f.), und Harsdörffer läßt eine seiner Personen sagen: *Die kürtzten Spiele sind mehrmals die allerlustigsten / weil die Veränderung und Abwechslung angenem.* (G-Sp. VIII, 420) An einer andern Stelle sagt sogar eine Person, daß sich der Leser bei allzu langen Spielen langweilen könne: *Etliche Sachen sind an unterschiedlichen Orten behandelt / umb den Leser mit langer Ausführung nicht verdrüßlich zu seyn / und so viel die Sache leiden wollen / die Kürtze zu beobachten.* (G-Sp. II, 307) Kürze und Mannigfaltigkeit gehen zusammen. Harsdörffer kann sich in der Mannigfaltigkeit seiner Spiele nicht genug tun und läßt sie auf acht Bände anwachsen, in denen immer wieder dieselben Themen aufgenommen werden. *Auf manche Art* ist denn auch Harsdörffers Maxime, die er von der Fruchtbringenden Gesellschaft erhalten hat. Sie erscheint in den *Gesprächspielen* oft mit dem Würfel zusammen, der als Vignette die Bände abschließt, oder mit den Welschen Bohnen, die in vielen Farben spielen. Harsdörffer muß bei seinen Zeitgenossen so sehr mit dem Begriff der Mannigfaltigkeit verbunden gewesen sein, daß ihn Birken einen *Wendeling* nennen kann. *Ich hab hören sagen / antwortete A l c i d o r* (eine Person in einem Schäfergedicht) / *daß der Name S t r e - p h o n* (Harsdörffers Schäfername) *zu Teutsch so viel heisse / als W e n d e l i n g/ und sey ihm deswegen zu einem Bey-Namen ertheilet worden / weil er seine S p i e l e auf m a n c h e A r t z u w e n d e n und zu gestalten pfleget. ... Dieses ist die rechte Art und Eigenschaft aller Glükk- und Kunstspiele / daß sie sich bald auf eine / bald auf die andere Seiten zu wenden pflegen; und möchte man sagen / daß solche wunderliche W a n d l u n g der Menschen Sinn gemäß / weil selbe noch das gute / noch das böse / noch den Zweiffelstand mit Geduld ertragen können / sondern fast täglich Neurung- und Veränderungen erwünschen* (G-Sp. V, S. (80)) [144a]. Es liegt im Charakter des Spiels selbst, mannigfaltig zu sein, davon wird im zweiten Teil der Arbeit noch zu sprechen sein. Das immer Neue interessiert auch die Preziösen allein. *Pour moy ... ie ne demande que la nouveauté. Lequel* (des livres) *est le plus récent? c'est ce que ie veux* (L 51, S. 147). Nebenbei sei darauf hingewiesen, daß das Ideal der Neuheit und der Kürze ein Grundbestandteil des Concetto ist. Nur das Neue kann Verwunderung hervorrufen, und die Kürze der Ausdrucksweise bringt den Zug des Geistreichen ins Concetto.

Birken brachte die Freude des Menschen an der Mannigfaltigkeit mit seiner Flüchtigkeit zusammen, die es dem Menschen unmöglich macht, irgendwo zu bleiben. Die Flüchtigkeit ist hier aber keineswegs negativ gesehen, sie gibt im Gegenteil Anlaß zur Freude. Dies mag zunächst erstaunen, sind wir doch gewöhnt, die Flüchtigkeit aller Dinge als Zeichen der Vanitas alles Irdischen und damit als Fluch des Menschen aufzufassen. Nun hat Jean Rousset gezeigt, daß es neben der ‚Inconstance noire‘, die von den Dichtern als ein Fluch des Menschen empfunden wird, eine ‚Inconstance blanche‘ gibt, die Freude verursacht.[145] ‚Inconstance noire‘ und ‚Inconstance blanche‘ sind zwei Perspektiven desselben Phänomens, der Vergänglichkeit aller Dinge. Ich lege Wert auf den Ausdruck „Perspektive", ist der Begriff der Perspektive doch ein Schlüsselbegriff des 17. Jahrhunderts, in dem alle Dinge je nach Perspektive viele Gesichter annehmen können und in dem man es liebt, mehrere Perspektiven auf einmal darzustellen, mit ihnen zu spielen. Rousset hat den Zusammenhang zwischen Vielfalt

---

[144a] στρεφων bedeutet ‚der sich (hin- und her) Wendende‘. Es wäre noch zu beachten, daß Harsdörffer seinen Hirtennamen, wie seinen Namen in der Fruchtbringenden Gesellschaft und in der Teutsch gesinnten Genossenschaft den *Gesprächspielen* verdankt.

[145] In der Einführung zu seiner Anthologie de la poésie baroque française (1961), L 111. Ich glaube, daß die ‚Inconstance blanche‘ nicht identisch ist mit dem uns geläufigen ‚Carpe-Diem‘-Gedanken. In der ‚Inconstance blanche‘ wird die Flüchtigkeit aller Dinge gesehen, jedoch ohne den Vanitas-Gedanken. Im Carpe-Diem steht der Vanitas-Gedanke immer im Hintergrund, er ist der Anlaß zum Genuß. Während im Gedanken der ‚Inconstance blanche‘ die Flüchtigkeit der Dinge an sich Freude bereitet.

und Flüchtigkeit hergestellt und in die zwei Bilder von Kirke und Proteus gefaßt: „c'est le monde des formes en mouvement, auquel commande Circé, déesse des métamorphoses." [146] „Protée, c'est l'homme qui ne vit que dans la mesure où il se transforme; toujours mobile, et voué à se fuir pour exister, il s'arrache continuellement à lui-même; son occupation est de se quitter" [147]. An einer anderen Stelle schreibt Rousset: „Protée est le premier emblème de l'homme baroque, il désigne sa passion de la métamorphose jointe au déguisement, son goût de l'éphémère, de la ‚volubilité' et de l'inachevé. Il incarne l'inconstance foncière." [148]

Man kann weder von Harsdörffers Personen noch von den Preziösen sagen, daß sie Proteustypen sind, denn sie sind seltsam unbeweglich, vergleicht man sie etwa mit dem immer reisenden Don Juan oder den sich ständig verändernden Helden der Schelmenromane. Alle andern Kennzeichen treffen aber sowohl auf Harsdörffers Personen wie auch auf die Preziösen zu: der Goût für das Flüchtige, das Schnell-Hingeworfene, das Vergängliche, das Unvollendete. So kann Rousset sagen: „Le précieux c'est le baroque moins le mouvement" [149].

Von hier aus gesehen, erhalten jene Feststellungen, daß das Werk in *großer Unvollkommenheit* bestehe, wie Harsdörffer schreibt, eine neue Bedeutung. Nicht nur fordert die Unvollkommenheit den Leser dazu auf, es besser zu machen, sondern sie ist als positiver Wert mit dem Ideal der Kürze verknüpft. Alle jene Fragen, die nie eine endgültige Antwort erhalten, sind nicht nur Ausdruck einer rhetorischen Haltung, der es ums Zeigen geht, sie sind auch Ausdruck dieses Ideals des Unvollendeten. Auch die Preziösen lieben das Unvollendete. In einem Gespräch, in dem man die Frage behandelt, ob Mann und Frau sich ebenbürtig sein sollen oder nicht, sagt eine der Damen: *Croyez-vous ... d'avoir tenu ce que vous avez promis, et d'avoir résolu la question? il s'en faut bien, et si le temps le permettoit, ie vous ferois bien voir que nous ne sommes pas au bout de la difficulté; mais il se fait tard, et je crains que cette matiere ne devienne importune* (L 51, S. 203).

Ein Geist, der so viele Dinge und immer neue Dinge fassen will, muß ebenso leicht sein wie die Bewegung der Dinge. *Nechst diesem wird auch erfordert eine natürliche Fähigkeit / alles leichtlich zu fassen / zu verstehen und zu beantworten.* (G-Sp. VIII, 41) Die Redegewandtheit (‚la volubilité'), die Schlagfertigkeit, die schnellen Antworten werden erwünscht. Die Bewegung, die sich bei Don Juan und Proteus im Äußern zeigt, ist bei Harsdörffer und den Preziösen ganz in den Geist verlegt. Harsdörffer beschreibt den Geist einmal auf folgende Weise: *Die Sonne ist ein schönes Bild Menschliches Sinnes und Verständniß / beedes be-*

---

[146] Rousset: L'âge baroque, L 110, S. 16.
[147] Rousset: L'âge baroque, L 110, S. 22.
[148] Rousset: Introduction zur Anthologie, L 111, S. 6.
[149] Rousset, Jean: Le baroque. In: Histoire des littératures. Paris, Pléiade 1956, II, S. 93 f.

stehet in beharrlicher Unruhe / ... und auff solche Meinung möchte man darzu schreiben: Ohn Auffenthalt (G-Sp. II, 20). Auch bei den Preziösen wird die Leichtigkeit und Schnelligkeit des Verstandes gefordert: *Ie demeure d'accord,... que les bons Esprit doivent estre prompts, vifs, brillans, féconds,... cela est bon dans les conversations, dans la promenade, dans la Ruelle.*[150] An einer weitern Stelle lesen wir: *dans la conversation ,... le vif, le prompt, l'ardent, sans doute est le suprême agreable. Les choses en sortent avec liberté; les ruisseaux coulent en abondance, le debit se fait avec facilité, la conversation se passe avec plaisir. Un esprit prompt paye sur le champ; c'est de l'argent comptant ... et pour le comble du merite de leur talent, c'est qu'aupres d'eux seulement vous goustez ces riches surprises qui frappent les esprits de traits impreveus et inopinez, qui disent des choses inoüies, font briller des feux inconnus, et repaissent l'ame de choses extraordinaires* (L 51, S. 55).

Sehr schön ist hier das Bild des Baches, der schnell und leicht dahinfließt und daher ein häufig auftretendes Bild für die Flüchtigkeit ist. *L'argent comptant* ist das, was Rousset ,volubilité' nennt, die Schlagfertigkeit, die Erstaunen hervorruft. Bei Harsdörffer konnte der Effekt des Unerhörten, des Außerordentlichen mehrfach nachgewiesen werden, ohne daß Harsdörffer sich darüber einmal theoretisch aussprechen würde. Der Autor der *Pretieuse* tut uns hier den Gefallen, die Leichtigkeit und Flüchtigkeit mit dem Effekt der Überraschung in Zusammenhang zu bringen.

Wenden wir uns nun dem Hauptzweck dieser Zusammenkünfte zu. Es lassen sich vor allem zwei Zwecke erkennen: die Pflege der Muttersprache und die Pflege der Sitten.

i) Die Pflege der Muttersprache
Unser Absehen aber ist sonderlich / die Teutsche Sprache / ... außzuüben [151]. Ich habe bei der Besprechung der Spiele gezeigt, daß es Harsdörffer nicht um gewöhnliche Sprachübungen geht. Er strebt die Verfeinerung der Sprache an, deshalb beschäftigt er sich vor allem mit dem Überflüssigen, mit dem Schmuck. Auch die Preziösen wollen mehr als nur Sprachübungen für den Alltag machen. Dies zeigt sich in den Namen, die sie für ihre Zusammenkünfte suchen: *Les regles du bien dire, L'art du beau style, La Reforme de la langue françoise* (L 51, S. 387). Es geht in diesen Zusammenkünften um jenen Teil der Dichtung, der lehr- und lernbar ist, das heißt um die Eleganz des Stils, um die gewählte Ausdrucksweise, um alle jene Probleme, die in den zahlreichen Poetiken des Jahrhunderts abgehandelt werden. Mit dieser Sorge um die Sprache gehören die *Gesprächspiele* und die Preziösen in den großen Zusammenhang der Sprachbewegungen des 17. Jahrhunderts, die in den Sprachgesellschaften wie der Frucht-

---

[150] La Pretieuse, S. 54. Man beachte, daß hier wie bei Harsdörffer der Spaziergang in einem Atemzug mit dem Gespräch genannt wird.
[151] G-Sp. III, 288. Vgl. die Ausführungen S. 7 u. S. 9 dieser Arbeit.

bringenden Gesellschaft, in einem Grammatiker wie Schottel, in einem Wörterbuch wie dem Stielers, endlich in der mächtigen Académie Française ihren Ausdruck finden.

k) Die Pflege der Sitten

Offenbar waren mit der Sprache auch die Sitten in die Barbarei zurückgefallen.

Wie ich dann verhoffen will / daß durch Lesung oder Gebrauch folgender Gesprechspiele die Jugend ... zu wolständiger Höflichkeit veranlast werden solle (G-Sp. I, S. (18)).

Die Höflichkeit hat noch deutlicher als die Sprachpflege eine soziale Reichweite. Höflichkeit, das darf nie vergessen werden, ist eine Art Schmuck, sie dient der Verschönerung des Lebens [152]. Auch sie reicht weit über das zum Leben Notwendige hinaus und ist parallel zu sehen mit jener *spiritualité*, die, wie eine der Preziösen sagt, diesen Zirkel vom Alltag abtrennt. *Ce n'est pas un petit bien,... de bannir de la société l'impureté des mots aussi bien que des choses, de reduire les conversations à ce poinct de spiritualité où vous les voyez, d'avoir tiré la Ruelle des mains des barbares qui s'en estoient emparée et d'avoir la liberté de faire la Cour aux lettres qui gemissoient depuis tant de siecles sous la rude tyrannie des Pedans* (L 51, S. 380). Wir finden hier wieder alles beisammen, den Barbaren neben dem Pedanten, die beide eine Bedrohung für feinere, höflichere Umgangsformen, für eine raffiniertere Sprache darstellen. Dieses Lebensideal schließt in seiner Tradition an dasjenige des Mittelalters an. Nicht umsonst brauchen wir zur Charakterisierung dieses Benehmens das im Mittelalter geprägte Wort „höflich", resp. „courtois". Das Leben wird hier so geformt, daß es selbst zum Kunstwerk wird. Die Umgangsformen werden gelernt, wie man lesen und schreiben lernt. Es gibt von unserm Standpunkt aus gesehen überflüssige Gebärden. Man denke an die Haltung der Damen auf den Sofas, man denke an Knickse und Verbeugungen, an den Handkuß, an die Bewegungen der Herren, wenn sie einer Dame den Arm reichen. Dies alles gehört wie der Schmuck der Kleider, der Schmuck der Sprache, der Dekor in der Architektur und endlich auch die vielen Verzierungen in der Musik zur Lebenskunst. Alles ist dazu da, das Leben zu verschönern, es zum Fest zu machen, Freude zu machen [153].

---

[152] Daß Höflichkeit auch heute noch unter anderem als Schmuck empfunden wird, zeigt sich im frappanten Zurückgehen der Höflichkeit, was in der schmucklosen Sprache und Architektur eine Parallelerscheinung findet.
Dyck zeigt, daß die Komplimente, die öfters Gegenstand rhetorischer Lehrbücher sind, vor allem sprachlichen Schmuck aus *schönen / auserlesenen / iedoch gebrauch- und verständlichen worten / und der geschicklichen / fertigen Erfindung des decori, oder der geziemlichkeit und Wolstandes* erfordern. (Dyck, Ticht-Kunst L 82, S. 167 f., das Zitat stammt aus Kindermann-Stieler, Teutsche Wolredenheit, S. 41)
[153] An einer Stelle in der *Schola Ludus* von Comenius, von der noch zu reden sein

Mit diesen Überlegungen schließe ich den Vergleich von Harsdörffers *Gesprächspielen* mit der Bewegung der Preziösen ab. Man könnte noch einige Spiele anführen, die in gleicher Form in beiden Werken auftauchen. Das liefe aber auf eine Aufzählung hinaus und würde kaum Neues bringen.

l) Zusammenfassung

1. Eine Gemeinsamkeit Harsdörffers und der Preziösen ist die Vorliebe für das Formale, sei es in einzelnen Wörtern, Redewendungen oder im Vers und Reim. Selbst Ideen werden wie formale Elemente verwendet. Sie dienen der Konversation und nicht der Darlegung irgendeiner Weltanschauung.

2. Sowohl die Preziösen wie Harsdörffer zeigen eine Vorliebe für kurze Formen. Sie lieben die Abwechslung und sind deshalb den kleinen Gattungen zugetan. Die Liebe zur Mannigfaltigkeit bringt auch eine große Breite der Themen mit sich, welche ihrerseits dem Ideal des *Honnête Homme* entspricht.

Rousset beschreibt die Erscheinung der Préciosité auf folgende Weise: „la Préciosité réduit l'invention à l'ingéniosité, à la prouesse; elle développe des situations déjà connues et admises dans le cercle;... aussi la perfection de cet art et le suprême plaisir sont-ils la conversation; c'est un art d'allusions et de mots de passe, de variations sur un thème reçu, une littérature à partir de la littérature, une poésie qui est d'abord esprit et bel esprit" [154]: Jeder einzelne Zug dieser Beschreibung paßt auf Harsdörffers *Gesprächspiele,* wie ich sie im ersten Kapitel darzustellen versucht habe. Im Vergleich zum Barock ist die Préciosité menschlicher, alles ist auf das Maß des Menschen zugeschnitten, wie sich das auch in den *Gesprächspielen* zeigt, wo die Welt manipulierbar wird. Rousset nennt die Préciosité „la pointe mondaine du Baroque" [155]. So ist auch das Spiel Harsdörffers, was später noch zu zeigen sein wird, ein menschliches Spiel.

---

wird, werden die Kleider verschiedener Völker vorgestellt. Dabei fällt es auf, daß die Europäer als einziges Volk nicht nur nützliche, sondern auch geschmückte Kleider haben. Lappo: *Ad tegendam nuditatem, et adversus aeris iniurias, nobis amictu opus est. Quo antiquitas simplici acquiescebat, et nos adhuc simplices gentes acquiescimus.* Dagegen sagt der Germanus: *Nostro aevo, et in gentibus cultis omnia alius modi, usque ad luxuriem nitidè, et multiformi habitu, segmentato etiam, acupicto, plumato.* (L 28, S. 284 f.)

[154] Rousset: L'âge baroque, L 110, S. 241 f.
[155] Rousset, L 110, S. 241.

IV. Die Tradition der Gesprächspiele

1. Einleitung

Wenn ich nun trotz meiner Ansicht, daß es wenig Sinn habe, direkte Abhängigkeiten festzustellen, auf Harsdörffers Vorlagen eingehe, so darum, weil seit Narciss in dieser Frage Verwirrung herrscht und weil sich Harsdörffers Originalität, die nur eine Originalität der Form sein kann, im Vergleich mit den Vorlagen besser herausstellen lässt.

Es geht mir im folgenden nicht darum, einfach die Spiele aufzuzählen, die Harsdörffer von seinen Vorbildern übernommen hat [156], sondern darum, die Konstanten der Gattung zu erfassen, um dann Harsdörffers Übereinstimmungen und Abweichungen besser sehen zu können. Harsdörffer nennt selbst mehrmals seine Vorbilder:

Im Fall auch / günstiger Leser / unter diesem allen dir nichts belieben solte / so wirst du doch leichtlich etwas anderes / und vieleicht bessers nach diesem ersinnen können / welches meistentheils aus den Senesischen Spielen / und des Scipio Bargali Innocentia (sic!) / Ringhier und eines unbekanten Scribentens Buche / welches betitelt ist / das Spielhaus / genommen [157].

Die Gesprächspiele, sagt er an einer andern Stelle, seien von den *Senesischen von Adel,* womit er wohl die Intronati meint, erfunden [158] oder besser wieder

---

[156] Harsdörffer gibt bei den meisten Spielen, die er übernommen hat, die Quelle am Rande an. Crane, Italian Customs L 80 führt diese Stellen S. 560—563 auf.

[157] G-Sp. I, S. (18), in G-Sp. VIII, 45 wird das *Maison des Ieux* nochmals erwähnt. G-Sp. III, 98, 121, 123, 131 f. ist von den italienischen Vorbildern die Rede.

[158] *„Unter andern aber haben die Gesprächspiele wider herfürgesucht die Senesischen von Adel und sind billich für derselben Erfinder zu schetzen / wie Columbus der newen / aber vormals bekanten Welt.* (G-Sp. III, 101) Anderer Meinung ist Fischart um satirischer Absichten willen. Er behauptet nämlich, diese Spiele seien durch die italienischen Akademien von Gargantua übernommen worden. *Solche bossierliche Rockenstubnarrische Spil, unnd Schlafftrünckliche übungen, sampt eim gantzen Wald mit Rhätersch, kont er (Gargantua) so meisterlich zu paß bringen, daß ihm ein lust zu zusehen, unnd zu zuhören war. Es haben heut die neuen Academien der Intronater unnd Illustrater zu Siene unnd Casale ihr Muster daher genommen: was dörffen sie uns dann mit dem Socrate kommen, was er mit der Diotima gespielt hat?* (J. Fischart: Geschichtklitterung (Gargantua) Text der Ausg. letzter Hand von 1590. Mit einem Glossar herausgegeben von Ute Nyssen. Düsseldorf 1963, S. 249.) Ein Hinweis im entsprechenden Kapitel bei Rabelais fehlt wohl aus chronologischen Gründen. Ob Harsdörffer Fischart gekannt hat, kann ich nicht er-

gefunden worden. Die Gesprächspiele haben nämlich in der Antike in der Form von Platons Dialogen und Simsons Rätseln schon bestanden. Der Nutzen der Gesprächspiele zeige sich schon darin, sagt er an einer andern Stelle, daß *solche von den ältesten und auch von den neusten Scribenten beharrlich gebrauchet worden / wie zu sehen in Platone,... Tasso, Bargagali* (sic!), *Guazzo ... und vielen andern* (G-Sp. VIII, S. (10)). Girolamo Bargagli sieht die italienischen Akademien auch in dieser Tradition. Den Angriff, die Akademien verbreiteten nicht die richtige Wissenschaft, weist er mit folgenden Worten zurück: *Che non d'altrone sono derivate le vere scienze, che da quelle Academie, che sotto l'insegna di Socrate prima,... fiorono in Grecia.* (Dialogo L 19, S. 143)

Daß die Griechischen Akademien mit den Akademien des 16. und 17. Jahrhunderts nicht gleichzusetzen sind, springt uns heute in die Augen, und man mag sich fragen, wie die antiken Akademien im 16. und 17. Jahrhundert gesehen wurden.

Rémond de Saint-Mard Toussaint (1672—1757) stellt in seinem 1711 in Amsterdam anonym erschienenen Werk mit dem Titel: *Discours sur la nature du Dialogue* einen mit den Vergnügen des Hofes vertrauten Platon vor. *on est convenu de tout temps d'en regarder Platon comme le pere* (des dialogues). *L'agrément qu'il jetta dans ces sortes d'entretiens devoit meriter l'honneur de l'invention ... Une grande élégance, et beaucoup de douceur dans le stile lui ont attiré l'admiration de tous les siecles, ses ouvrages donnent à l'esprit de grandes vûës* (L 6, S. 8 f.). Eleganz, Anmut und Lieblichkeit sind Ausdrücke, die einen Dichter, aber nicht einen Philosophen charakterisieren. So zögert denn der unbekannte Verfasser auch nicht, Platon einen Dichter, ja einen *honnête homme* zu nennen: *la qualité de Philosophe, dont il se pique, ne le fait point renoncer au langage de Poëte ... et s'il est vrai que le langage des Auteurs nous soit en quelque sorte la caution de leurs moeurs, on peut dire que Platon étoit encore plus honnête homme que bon esprit* [159]. Dieser Text zeigt, daß sein Autor noch dem gesellschaftlichen Ideal des 17. Jahrhunderts verpflichtet ist, in dem ein Honnête Homme einem Philosophen vorgezogen wurde.

Bestimmte Formelemente werden denn auch von Platon übernommen. Es scheint zunächst, als ob Platon den Locus amoenus, der so sehr zu den Gesprächspielen gehört, nicht kenne. Aber so sah es Harsdörffer nicht, wenn er Reimund sagen läßt: *Welche unter den Vernunftlehreren von dem hin- und widerspatziren den Namen bekommen / sind die allervortrefflichsten gewesen* (am Rand: *Peripathetici, Pythagoraei, Platonici*) / *und denen anderen / so alle Wissenschaft durch der Fische Sprache / das Stillschweigen zu ergründen*

---

mitteln. Hinweise gibt es weder im Text noch im Literaturverzeichnis der *Gesprächspiele*. Hingegen weist er mehrmals auf dieses Spielkapitel bei Rabelais hin.

[159] Discours, L 6, S. 10, 15. *Au reste, Platon étoit galant, et ne se défendoit point de l'être.* (S. 17)

vermeinet / oder ihre Unterweisung in einem gewiesen Schulort vorgetragen / weit vozuziehen. (G-Sp. IV, 357) Platons Unterweisung hat nichts von der *Schulfüchserey* an sich, die so sehr verpönt ist in den *Gesprächspielen.* Wenn Harsdörffer in dem oben zitierten Text behauptet, die Gesprächspiele seien von den Intronati wieder erfunden worden, so scheint er nichts von der nie abgebrochenen Tradition dieser Form zu wissen. Ich behandle im folgenden zwei Werke, die von dieser Tradition auch im Mittelalter zeugen. Gerade in der hochkultivierten höfischen Atmosphäre kann man sich diese geistreiche Unterhaltung gut vorstellen. Wenn uns fast keine derartigen Spiele überliefert sind, so vielleicht auch deshalb, weil sie nicht für wert erachtet wurden, überliefert zu werden.

2. De Amore (2. Hälfte 12. Jh.)

Ein Werk dieser Tradition ist *De Amore* des Andreas Capellanus. Ganz allgemein gleicht die Atmosphäre, die uns in diesem Werk entgegentritt, derjenigen bei Harsdörffer. Das zeigt sich schon im Ideal des Liebhabers, von dem verlangt wird, daß er eine schöne Gestalt und ausgezeichnete Eigenschaften habe, daß er begabt sei zum Sprechen, womit das Thema der Konversation angeschlagen wird. Solche Fragen des Verhaltens in der Gesellschaft, Fragen wie man Konversation macht, bilden den Inhalt des Werks. Jeder Dialog beginnt mit der Frage, wie man eine Konversation zwischen zwei ganz bestimmten Typen beginnen soll. Es sind dies Fragen des höfischen Umgangs, wie wir sie auch bei Harsdörffer finden [160]. Diese Gesellschaft wird, wie ich es für die von Harsdörffer entworfene Gesellschaft gezeigt habe, von Regeln bestimmt, die lehr- und lernbar sind.

In *De Amore* ist auch einmal von einem Liebesgericht die Rede, dem spitzfindige Fragen vorgelegt werden. Dieses Liebesgericht ist Zusammenkünften, wie wir sie aus dem Roman *La Pretieuse* kennen, vergleichbar. Ein Schiedsrichter entscheidet zuletzt die strittige Frage. Auch bei Harsdörffer findet sich ein solches Gericht, allerdings ist der Fall, der vorgelegt wird, ein literarisches Problem [161].

Solche Gespräche, wie sie in *De Amore* wiedergegeben werden, finden manchmal an einem Locus amoenus statt. *Quadam ergo die, dum sub mirae altitudinis et extensae nimis latitudinis umbra pini sederemus et amoris essemus penitus otio mancipati eiusque suavi et acerrimo disputationis conflictu studeremus investigare mandata, duplicis dubitationis nos coepit instigare* [162]. In dieser

---

160 z. B. Spiel XLIX, wo Fragen behandelt werden wie: *C. Ich frage / ob die Jungfrauen jedesmal sollen vor gehen?* (I, 276).
161 Spiel XLVII.
162 De Amore, L 15, S. 151. *Eines Tages, als wir unter dem Schatten einer weit ausladenden Fichte von erstaunlicher Höhe saßen, ganz der Liebe Müßiggang hingegeben, wetteiferten wir in einem gutgelaunten und geistvollen Gespräch über*

Atmosphäre der Muße, die zur Tradition der Gesprächspiele gehört und die im leichten Hin- und Herspazieren Platons und seiner Schüler ihr Vorbild zu haben scheint, sind diese geistreichen Gespräche möglich, wo es um nichts anderes geht, als seinen Geist spielen zu lassen.

3. Ein niederländisches Fragespiel

Aus dem 15. Jahrhundert ist uns ein niederländisches Fragespiel überliefert, das noch einmal die uns bekannten Elemente zeigt. An einem angenehmen Ort treffen sich zur Sommerszeit, zur Zeit, wo die Blumen blühen, einige junge Adlige, um sich die Zeit mit einem Fragespiel zu vertreiben [163]. Ein Junker stellt einem Mädchen eine Frage, die es auf möglichst geistvolle Art beantworten muß. Es handelt sich um Fragen, die die Liebe betreffen, so daß das Element der Galanterie hervortritt. Es wird zum Beispiel gefragt, welchen von drei Liebhabern eine Frau am meisten liebe, wenn sie den ersten mit dem Fuß tritt, dem zweiten die Hand gibt und dem dritten ihre Liebe mit Blicken bedeutet (V 192 ff.). Bei einer solchen Frage zeigt sich wie im Liebesgericht und bei gewissen Fragen Harsdörffers die Freude an der Spitzfindigkeit und am wendigen Geist desjenigen, der die Frage beantwortet. Diese geistige Beweglichkeit gehört zu einer raffinierten Gesellschaft.

Als Anmerkung verdient noch ein Vers unsere Aufmerksamkeit. Eines der jungen Mädchen beklagt sich über Liebeskummer, worauf ihr ein Jüngling antwortet: *hiebi es gheselscop goet / want het gheeft der qualen boet* (V 104 f.). (Dazu ist Gesellschaft gut, denn sie setzt den Qualen ein Ende.) Gesellschaft ist hier wie bei Harsdörffer Arznei für trübe Stunden.

---

die Aufgaben der Liebe und kamen dadurch auf den folgenden Zweifel. (Nach der engl. Übersetzung, L 16).

[163] *het gheschiede in enen somertijt, / als over al die werelt wyt / die lover an dien bomen bloeiden / ende bloemen uter aerden groeiden: / die lucht verbaerde ghelijc cristal: / nachtegalen ende calanderen, / die leweriken mit dien anderen / die cleine voghlkijns ende groot / songhen daer wael menighe noot / van so soeter melodie, / dat jongher lude een partie / in een prieel te samen ghinghen, / om dat si aldaer sonderlinghen / driven willen haer jolijt, / onbeducht van nidersnijt."* (Niederländisches Fragespiel, L 5, V 1—15)

4. Castiglione, Bargagli, Ringhieri, Guazzo [164]

In dieser Tradition, die von Platon über *De Amore* bis ins Spätmittelalter reicht, stehen auch die italienischen Gesprächspiele [165]. Sie haben neben Platon noch ein anderes Vorbild, nämlich Boccaccios *Decamerone* (1348—1353). Bei ihm finden sich jene Elemente, die zur Gattung der Gesprächspiele gehören: Den Hintergrund der fröhlichen Unterhaltung bildet die Pestzeit, die die Leute zwingt sich aufs Land zurückzuziehen, der mit der unsicheren Zeit zusammenhängende Zerfall der Sitten [166], dem in der kleinen Gesellschaft entgegengewirkt wird. Die Mitglieder dieser Gesellschaft kennen einander, sie sind zum Teil verwandt miteinander, zum Teil machen die jungen Herren den Damen den Hof [166a]. Der Dichter gibt den Personen, ihrem Charakter entsprechende Namen [166b]. Die Gesellschaft zieht sich an einen angenehmen Ort zurück [166c], wo sie sich dem Müßiggang hingibt. Sie lebt unter eigenen Gesetzen, die von einem König oder einer Königin gegeben werden. Den Inhalt der Unterhaltung, das Ezählen von Novellen wird von den späteren Gesprächspielen nicht übernommen. Für den Inhalt der späteren Werke mag eher Castigliones *Cortegiano* als der *Decamerone* das Vorbild gewesen sein.

[164] Es handelt sich um folgende Werke:
Castiglione: *Il Cortegiano*. 1518—24, L 27.
Bargagli, Girolamo (Il Materiale): *Dialogo dei Giuochi che nelle vegghie sanesi si usano di fare*. 1574, L 19.
Bargagli, Scipione: *I Trattenimenti di Scipione Bargagli* . . . . . 1591, L 20.
Guazzo, Stefano: *La civil Conversatione*. 1580, L 32. (Zur Bedeutung von ‚conversazione' vgl. Anm. 142a)
Ringhieri, Innocentio: *Cento Giuochi liberali et d'Ingegno* . . . 1551, L 52.

[165] Crane und dann auch Hasselbrink sehen noch eine andere Tradition, in der die Gesprächspiele stehen, nämlich die provenzalischen Joc-partit, wo zwei hypothetische Situationen als Frage vorgebracht werden, z. B. ob es besser sei eine Dame zu lieben, die den Liebhaber wiederliebt oder von einer Dame geliebt zu werden, die man nicht liebt. Diese Fragen werden von zwei fiktiven Personen in der strengen Gedichtform der „Cansone" gelöst und vor einen Richter gebracht, der dann die Frage endgültig entscheidet.

[166] *E in tanta afflizione e miseria della nostra città era la reverenda autorità delle leggi, così divine come umane, quasi caduta e dissoluta tutta* (G. Boccaccio: Decameron. A cura di E. Bianchi, C. Salinari, N. Sapegna. Milano/Napoli 1952, S. 9).

[166a] Die Herren treffen zufällig in der Kirche ihre Damen: *e andavano ... di vedere le lor donne, le quali, per ventura tutte e tre erano tra le predette sette, come che dell' altre alcune ne fossero congiunte parenti d'alcuni di loro*. (ebda S. 19)

[166b] *per nomi alle qualità di ciascuni convenienti o in tutto o in parte, intendo di nominarle*. (Pampinea, Fiametta, Filomena etc.) (ebda S. 15).

[166c] *e così se n'andarano in uno pratello, nel quale l'erba era verde e grande, ne vi poteva d'alcuna parte il sole; e, quivi, sentendo un soave venticello venire, sì come volle la lor reina, tutti sopra la verde erba si puosero in cerchio a sedere* (ebda S. 24).

a) Die Spiele

Die Spiele, die den geistreichen und gebildeten Menschen des italienischen
16. Jahrhunderts zur Unterhaltung dienen, sind nur teilweise dieselben wie bei
Harsdörffer.

Die Hauptunterhaltung im *Cortegiano* besteht in einem Streitgespräch, in
dem die Eigenschaften des vollkommenen Hofmannes ermittelt werden sollen.
Wie bei Harsdörffer wenden die Personen oft etwas um der Opposition willen
ein. Am Ende des *Cortegiano* wird von Spielen gesprochen, wie wir sie auch bei
Harsdörffer finden. Man erzählt lustige Geschichten, findet Aussprüche, die
auf doppelsinnigen Wörtern beruhen [167], erklärt Spiele mit Wörtern, wo man
durch Hinzufügen oder Wegnehmen eines Buchstabens eine neue Bedeutung
erhält [168]. Man spricht auch vom Ausdeuten der Namen. Diese Art von sprachlichen Spielen findet eigentlich kaum Nachfolge bei den Verfassern von Gesprächspielen im 16. Jahrhundert.

In den *Senesischen Spielen*, wie sie uns von Girolamo Bargagli überliefert
werden, finden wir als solche sprachliche Spiele das ABC-Spiel und das Nachahmen von Tierstimmen.

Ringhieri, dem es um eine Art Gedächtnisübungen zu gehen scheint, verteilt
meistens gewisse Wörter unter die Spieler, wobei, wenn ein bestimmtes Wort
genannt wird, derjenige der das damit in Beziehung stehende Wort hat, auf-
stehen muß und sein Wort nennen muß. Zum Lösen der Pfänder gibt Ringhieri
eine Reihe von spitzfindigen Fragen auf.

In den *Trattenimenti* werden fast nur Fragen und Spiele behandelt, die ga-
lanten Charakter haben. Ein Vergleich des Inhalts der Spiele mit denen von
Harsdörffer liefe auf eine bloße Aufzählung hinaus. Fruchtbarer ist es wohl, die
Atmosphäre zu betrachten, in der diese Spiele gespielt werden.

b) Die Gesellschaft

Hintergrund dieser Literatur ist eine hohe Gesellschaftskultur, wie wir sie
aus dem französischen 17. Jahrhundert kennen, wo das Leben selbst strenge Formen der Kunst annimmt. Zu diesen Spielen gehört immer die Gesellschaft, Einsiedlerspiele werden nicht beschrieben.

Das Ideal dieser Gesellschaft: das Leben in Freude und Unterhaltung, kann
nur durch diese Gesellschaft erreicht werden. Die Gesellschaft kann geradezu die
heilende Wirkung eines Arztes haben wie in Guazzos *Civil Conversatione*, wo
sich der Cavaliere krank in die Einsamkeit zurückgezogen hat und nur dank der
Gesellschaft Annibales wieder genest. *Voi sapete, che in questa mia infermità*

---

[167] *Delle facezie adunque pronte, che stanno in un breve detto, quelle sono acutissime,
che nascono dalla ambiguità* (Cortegiano, L 27, II, 58).
[168] *Un' altra sorte è ancor, che chiamiamo bischizzi, e questa consiste nel mutare ovvero
accrescere o minuire una lettera o sillaba* (Cortegiano, L 27, II, 61).

io usava la solitudine per rimedio . . . onde m' avete fatto riconoscere questo errore, col quale io fabricava a me stesso la sepoltura, et facendomi chiaro, che la conversatione è la vera medicina di cosi fatte indispositioni (S. 254 a). Die *Gesprächspiele* sind ebenfalls aus dem Wunsch entstanden, die trüben Gedanken zu verscheuchen. *Obgleich bey heutiger Zerrüttung alles Wolstandes / uns die Ursachen der Freuden und Ergetzlichkeiten gleichsam aus den Händen gewunden werden: So belustigt mich doch das süsse Andenken meiner blüenden Jugend* [168a], sagt Vespasian. Zur Erinnerung seiner Jugend gehören auch die Gesprächspiele, die er der Gesellschaft zur Unterhaltung vorschlägt.

Die sechs Personen in Bargaglis *Trattenimenti* versammeln sich, um die trüben Gedanken zu verscheuchen; Ringhieri wünscht, den Damen etwas für ihre Unterhaltung zu geben, was sie aus der Einsamkeit herausführt [169]. Dieser Gedanke findet sich auch in den *Gesprächspielen*, wo Vespasian einmal sagt: *Ich für mein Person finde keine bessere Artzney für traurige und melancholische Gedanken welche mich zu Zeiten kränken / als annemliche Gespräche guter Gesellschaft* (I, 295).

Wie sieht nun diese Gesellschaft aus? Sie soll wie diejenige Harsdörffers bunt gemischt sein. Bei Castiglione lesen wir, daß sich am Hof von Urbino die verschiedensten Leute versammelt haben: *di modo che sempre poeti, musici, e d'ogni sorte omini piacevoli, e li più eccellenti in ogni facultà che in Italia si trovassino, vi concorrevano* (I, 5). Auch für Guazzo besteht die Gesellschaft aus der Zusammensetzung der verschiedensten Begabungen, denn ein einzelner Mensch kann nicht alles wissen. Wenn sich aber mehrere zusammentun, werden sie einen *huomo perfetto* (S. 148 b) bilden.

Der *huomo perfetto* ist das Ideal dieser Gesellschaft. Der Hofmann, wie Castiglione ihn schildern läßt, ist ein sehr gebildeter Mann, der sich nicht nur im Waffenhandwerk auskennt, sondern auch in der Musik und Literatur. Die Gesellschaft, die in Urbino versammelt ist, versteht ihre Argumente aus den antiken und modernen Schriftstellern zu stützen.

Ringhieri kann man ein gewisses Vergnügen, das er daran findet, die Seltsamkeiten der Erde und der Meere auszubreiten, nicht absprechen [170]. Das Spiel vom Stummen rechtfertigt er damit, daß es nützlich sein könne, zu schweigen: *ma si*

[168a] G-Sp. I, S. 1 f. Man beachte nebenbei, daß die Klage über die schlechte Gegenwart, die Anlaß zu einem literarischen Werk gibt, das eine bessere Zeit hervorruft, ein Topos ist, der im Mittelalter häufig vorkommt, z. B. Anfang des Iwein.

[169] *dono volontieri, il magnifico Giuoco de Mari, accio che stando talhora otiose, vi sia concesso dalla solitudine delle vostre camere alquanto rittrarvi, et tra solazzevoli compagnie il Tempo dolce spendendono, non poco riconfortavi.* (Ringhieri, L 52, S. 19a)

[170] z. B. Spiel XI, wo er von den Eigenheiten der Meere und der Ozeane spricht. Spiel XII, wo er sogar von Belehrung spricht: *Quinci m'è caduto nel animo, disarvi un Giuoco de Monti, in quello come in tutti gli altri mi sono isforzato di fare ammaestravi accio che per voi si conosca quanto degna cosa* (S. 20a).

truovano molte cose nelle quali è saviezza grande il tacersi et infingersi Mutolo
(L 52 S. 30 a) [171]. So soll diese Unterhaltung noch einen gewissen Nutzen für das
Benehmen in der Gesellschaft haben.

Guazzo läßt von Annibale die Meinung vertreten, daß man gerade in der Gesellschaft besonders leicht lerne, denn man lerne leichter durch das Ohr als durch
das Auge. Guazzos Ideal ist denn auch der *huomo universale*, vergleichbar dem
Ideal des *Honnête Homme* der französischen Salons, ein Mensch, der jenem
huomo perfetto am nächsten kommt.

Io ho con lunga prova osservato, che poco grati riescono per lo più nelle con-
versationi quei, che hanno posto tutto il loro studio in una sola professione; per
cioche come li tirate fuori di quella, voi li trovate come sciocchi, et inetti; dove
per lo contrario acquistano maraviglioso credito quei, che oltre alla loro principal
professione, sanno ragionar mezanamente, et con discretezza d'altre parti; anzi
da questi accessorij; riportano tanto maggior honore, quanto più sono fuori del
loro studio ordinario. (Conversatione, L 32, S. 148 a) Das Kennzeichen dieses
huomo universale ist, wie das des *Honnête Homme* und der Gesprächspielgesellschaft von Harsdörffer, neben dem großen Wissen die Fähigkeit sich in der Gesellschaft benehmen zu können. Der Mensch soll sich davor hüten, daß er *col*
poco non rappresenti l'immobilità delle statue, et col troppo l'instabilità delle
simie, schreibt Guazzo (L 32, S. 80). An einer andern Stelle sagt er, daß das Benehmen die Gesellschaft zu dem mache, was er eine *Conversatione civile*
nennt [172]. Das ist nur möglich in einer hohen Gesellschaftskultur. Der Mensch
dieser Gesellschaft ist vor allem auch geistreich, was schon im Titel von Ringhieris Spielen angedeutet ist, wenn er sie *Giuochi liberali et d'ingegno* nennt.

c) Ort und Zeit der Spiele

Nicht nur die Gesellschaft, sondern auch ihre Umgebung hat etwas Ausgezeichnetes, ja Vollkommenes. Urbino sieht in der Beschreibung Castigliones
so aus:

Alle pendice dell'Appennino, quasi al mezzo della Italia verso il mare Adriatico,
è posta, come ognun sa, la piccola città d'Urbino; la quale, benchè tra monti sia,
e non così ameni come forse alcun' altri che veggiamo in molti lochi, pur di
tanto avuto ha il cielo favorevole, che intorno il paese è fertilissimo e pien di
frutti; di modo che, oltre alla salubrità dell'aere, si trova abbondantissima
d'ogni cosa che fa mestieri per lo vivere humano. (I, 2)

---

[171] Hasselbrink ist hier anderer Meinung, er glaubt, daß Ringhieri sein Publikum
nicht zu bilden versuche (L 88, S. 70). Ich glaube, daß die Frage falsch gestellt ist,
da es nicht um Bildung, sondern um Ausbreiten von Wissen und Kuriositäten
geht.

[172] *Cosi intendo la conversatione civile, non per rispetto solo della Città, ma in con-*
sideratione de' costumi, et delle maniere, che la rendono civile. (L 32, S. 30b)

Die Stadt, wie sie Castiglione beschreibt, ist so etwas wie ein irdisches Paradis. Bei Girolamo Bargagli finden die Gespräche auf der großen Wiese des Gastgebers statt, in der angenehmen Atmosphäre der untergehenden Sonne. *Percioche se ben noi siamo nell'entrare dell'Autumno non dimeno l'huomo prende diletto della dolcezza dell'aria la sera nello inclinare del sole* (L 19, S. 25).

Die *Trattenimenti* von Scipione Bargagli finden im Hause statt, und zwar während der Belagerung von Siena. Auf diese Weise wird das Haus zu einem eingeschlossenen Bezirk, in dem trotz der traurigen Lage Fröhlichkeit möglich ist. Das Haus wird, gerade weil rundherum Krieg ist, zu einem ausgezeichneten Ort. Bei Guazzo ist die Gesellschaft nach dem Essen versammelt zum Gespräch, zu einer Zeit also, die auch Harsdörffer als für die Gesprächspiele besonders geeignet ansieht.

Ist die Gesellschaft um den Tisch versammelt, versteht sich fast von selbst, daß sie in einem Kreis sitzt. Aber auch wenn die Spiele nicht am Tisch stattfinden, ist die Gesellschaft im Kreis versammelt [173].

d) Vergleich mit Harsdörffers Spielen

Die äußere Form der Spiele ist bei Harsdörffer und bei den Italienern dieselbe. Ein Spielleiter wird gewählt, der die Themen anschlägt und auch die Reihenfolge der Spieler bestimmt. Dieser Spielführer hat die Rechte im Spiel, die sonst dem Regenten eines Staates zukommen. So tritt die Herzogin im *Cortegiano* alle ihre Rechte an die Spielführerin Signora Emilia ab [174]. Als Wichtigstes gehören zu diesen Spielen die Regeln, die die ungeordnete Unterhaltung zu Spielen machen.

Ein entscheidender Unterschied zu Harsdörffer ergibt sich aber aus dem Inhalt der Spiele, fällt doch bei den Italienern eine ganze Kategorie von Spielen weg, nämlich diejenige, die die verschiedenen Sprachspiele umfaßt. Wortspiele im engern Sinn kommen auch bei den Italienern vor, jedoch nicht jene Spiele, in denen Harsdörffer seine Personen Elemente der Sprache zusammensetzen läßt, wo er sie neue Wörter zu einem Thema oder Vergleiche zu möglichst verschiedenen Dingen finden läßt. Diese Spiele haben, wie ich oben zu zeigen versucht habe, den engsten Zusammenhang mit der Rhetorik.

Harsdörffer hat eine Absicht mit seinen Spielen, die den Italienern ferner zu liegen scheint. Hasselbrink meint in einem harten Urteil gegen Harsdörffer, daß „der ‚wissenschaftliche' Anstrich seines Werkes" ihn grundsätzlich von allen

---

[173] *Castiglione: E l'ordine d'essi era tale, che, subito giunti alla presenza della signora Duchessa, ognuno si ponea a sedere a piacer suo, o come la sorte portava, in cerchio* (L 27, I, 6).
Ringhieri: *una volta girato il cerchio* (L 52, S. 92a), *Primieramente un bel cerchio di leggiadrette, et affabili persone fatto* (S. 84b).

[174] *poi, come alla signora Duchessa pareva si governavano la quale per lo più delle volte ne lasciava il carico alla signora Emilia.* (L 27, I, 6)

seinen Vorbildern unterscheide. (L 88, S. 91) Seit Bischoff in der „Festschrift zum 250jährigen Bestehen des Pegnesischen Blumenordens" (L 84) die didaktischen Absichten von Harsdörffer betont hat, werden diese immer wieder in den Vordergrund gestellt. Ich habe im ersten Teil zu zeigen versucht, daß Harsdörffers Absichten nicht so didaktisch sind, wie man meinen könnte, wenn man seine Vorreden liest, sind doch seine Personen viel zu virtuos, um als Vorbilder für das einfache Lernen gelten zu können. Den Unterschied zwischen Harsdörffer und den Italienern würde ich nicht in den didaktischen Absichten des einen und im Fehlen dieser Absichten bei den andern sehen, sondern im Willen Harsdörffers, möglichst viel Wissen auszubreiten, ja mit seinen *Gesprächspielen* einen Mikrokosmos aufzubauen — ein Wille, der sich bei den Italienern nicht nachweisen läßt. Als eine Art Mikrokosmos wurden die *Gesprächspiele* denn auch von den Zeitgenossen Harsdörffers aufgefaßt, wie wir einem Brief von Hofmannswaldau entnehmen können. *was bey den ausländern in wissenschaft und künsten, sinnreich, anmuttig und möglich zu finden,* (ist) *nunmehr in einem kurzen begrife unserem vaterlande so reichlich und treulich mittgeteilt worden, das ein ietweder vieler köpfe und zeiten werck in wenig tagen durchwandern . . . kan* [175].

In diesem Willen zur Enzyklopädie ist Harsdörffer nicht mit den Italienern, sondern mit Comenius zu vergleichen.

e) Harsdörffer und Comenius (Exkurs)

Ich denke hier vor allem an die *Schola ludus* und die *Janua linguarum* von Comenius. Beide Werke führen durch die Gesamtheit der Wissenschaften und Künste und damit durch die ganze Welt, wobei die *Janua linguarum* dies in Form von kurzen Lehrsätzen tut, die *Schola ludus* in Form einer Art Schauspiel, in dem die Vertreter der verschiedenen Wissenschaften ihre Wissenschaft dem König und seinen Philosophen vorstellen. Den Vertretern dieser Wissenschaften werden von den Anwesenden Fragen gestellt, die zur Darstellung der Wissenschaft führen. Comenius sieht sich wie Harsdörffer in der Tradition von Platons Gesprächen [176]. Das Lernen soll mühelos vor sich gehen, darum wird der Stoff in der Form des Spiels präsentiert. Die Dichter, läßt er eine Person sagen, belustigen nicht nur, manchmal sticheln sie auch, während die Lehrmeister immer den Unterricht mit der Belustigung verbinden. *At Praeceptores nostri cum Scholasticos Ludos nobiscum instarunt . . . velunt revéra et prodesse et delectare.* (Schola ludus, L 28, S. 216 f.)

---

[175] Zeitschrift für vergleichende Literaturwissenschaft NF 4 (1891), S. 100.
    Diese Stelle gleicht der Stelle in *La Pretieuse,* wo gesagt wird, in den Konversationen der Preziösen könne man an einem Nachmittag die ganze Welt sehen. Vgl. Zitat S. 71 dieser Arbeit.
[176] *Primus etiam* (Platon) *Dialogum illustravit, ostendens hominem sapienti colloquio quoqunque posse deduci.* (Schola ludus, L 28, S. 7 f.)

Comenius versucht die Lehre mit dem Vergnügen zu verbinden, während die Dichter immer schon vesuchten, das Vergnügen mit der Lehre zu verbinden.

In der *Schola ludus* zeigt sich aber mehr als nur der Wille zu belehren. Das Werk will eine Art Enzyklopädie sein. Die Enzyklopädie ist seit dem Beginn des 17. Jahrhunderts, als Alsteds Enzyklopädie [177] zum erstenmal erschien, bis ins 18. Jahrhundert, wo sie in der Encyclopédie Diderots einen ersten Abschluß fand, immer wieder umworben worden. Auch Leibniz hat während seines ganzen Lebens am Plan einer Enzyklopädie gearbeitet. Die Enzyklopädie ist für die Menschen des 17. Jahrhunderts mehr als nur eine Ansammlung von Wissen. Sie macht dieses Wissen verfügbar und überblickbar.

Comenius läßt den König die Ratschläge der Philosophen, alle Wissenschaften durchzugehen, auf folgende Weise zusammenfassen: *Amici, suadetis Scholam Paradisi aperiri? et universale lustramen Rerum suscipi?* (L 28, S. 16) Der deutsche Übersetzer überträgt *Paradisi* mit *Lustgarten*. Dieses Wort erinnert an Harsdörffers Lustgarten im vierten Teil der *Gesprächspiele*. Hier wie dort ist der Lustgarten ein Abbild der großen Welt. Die Enzyklopädie will Abbild sein, ein Abbild, das der Mensch erfassen kann. Comenius' *Lustgarten* kann man ebenso wie Harsdörffers *Gesprächspiele* in wenigen Tagen durchwandern [178].

Wenn ich auf diese Weise Harsdörffer mit dem Pädagogen Comenius vergleiche, scheinen jene Leute recht zu erhalten, die Harsdörffers didaktische Fähigkeiten so sehr betonen. Aber gerade der Vergleich mit Comenius zeigt auch die Unterschiede in diesem Punkt. Als Beispiel möge ein Vergleich der Behandlung der Astronomie bei beiden Autoren stehen.

Bei Comenius erzählt der Astronom, wie er die Sterne beobachte, er erklärt die verschiedenen Linien am Himmel, die Umlaufzeiten der Planeten. Er teilt Fakten mit, die in jedem einfachen Astronomiebuch stehen könnten. Anders Harsdörffer, der zweimal ein ganzes Spiel den Sternen widmet. Im Spiel von den Planeten (LX) werden die Planeten samt den mit ihnen verbundenen Zeichen, verteilt, wie zum Beispiel Merkur mit Stab und Flügel. Wenn einer der Planeten aufgerufen wird, muß der betreffende Spieler das zugehörige Attribut nennen. Es geht hier nicht darum, etwas zu lernen, sondern das Bekannte zu verbinden.

Im Spiel CI, wo sich die Gesellschaft mit der Betrachtung des nächtlichen Himmels beschäftigt, deutet man alle Erscheinungen allegorisch. So ist z. B. die Tatsache, daß wir das Licht der Sonne nur abgeblendet sehen können, ein Hinweis darauf, daß wir die Wahrheit nur *verdeckter Weiß* erkennen können. Im folgenden werden dann viele Kuriositäten über die Sterne angeführt. Nichts von dem, was in einem Lehrbuch stehen könnte, wird vorgebracht. Der Akzent

---

[177] siehe L 13.
[178] Zum Verhältnis von Mikrokosmos und Makrokosmos vgl. meine Überlegungen im Kap. Literatur als Spiel, S. 127 ff.

liegt auf den Merkwürdigkeiten, die Erstaunen erwecken. Frau Julia und Cassandra wehren sich auch dagegen, zu Sternsehern ausgebildet zu werden. (G-Sp. III, 14) Das einzige, was wir lernen, sind Name und Figuration der Sternbilder, wobei die Spieler sich diese anhand bekannterer Figuren aus der Bibel merken, so daß der Reiz des Spiels eher in der Verbindung der heidnischen Sternbilder mit Figuren aus der Bibel besteht als in den Fakten [179]. Ich habe im ersten Teil dieser Arbeit gezeigt, daß die sprachlichen Spiele bei Harsdörffer nicht als Sprachübungen betrachtet werden können. Bei Comenius hingegen werden eigentliche Sprachübungen veranstaltet; da werden die Deklination, die Steigerung und andere grammatikalische Formen geübt. Comenius' Schüler kennen auch ab und zu die Antwort nicht. Nach diesem Exkurs kehre ich zu den italienischen Gesprächspielen zurück, um noch eine Frage, nämlich die der Fiktion zu behandeln.

f) Die Gesprächspiele als literarische Fiktion

Allen italienischen Gesprächspielautoren außer Ringhieri ist gemeinsam, daß sie behaupten, sie gäben Gespräche wieder, die tatsächlich stattgefunden haben. Es stimmen auch alle darin überein, daß der Autor des betreffenden Werkes nicht an den Gesprächen teilgenommen hat. Dies mag eine formale Eigenheit sein, die auf Platon zurückgeht, der ja selbst auch nicht an den von ihm verfaßten Gesprächen teilgenommen hat. Die Autoren versichern auch immer, daß sie die Gespräche ganz genau wiedergeben, dank jemandem, der an den Gesprächen teilgenommen und sie dem Autor ganz genau berichtet habe [180]. Dies erinnert an den aus dem Mittelalter bekannten Topos der Quellenfiktion. Castiglione verwickelt sich denn auch in dieser Beziehung in einen Widerspruch, wenn er sagt, daß der Präfekt, der zu spät zur Unterhaltung gekommen ist, sich kein richtiges Bild vom Vortag habe machen können, weil *ad ognuno non erano restate nella memoria così compiutamente le cose dette* (II, 5). Wenn die Personen schon am andern Tag nicht mehr genau wissen, wie es gewesen ist, wie sollten sie es dann nach viel längerer Zeit noch genau wissen! Mit dieser Argumentation möchte ich keineswegs bestreiten, daß solche Gespräche tatsächlich stattgefunden haben. Sie sind uns aber nicht genau überliefert, sondern sie sind literarisch geformt worden.

[179] z. B. V. *Das Zeichen der Z w i l l i n g oder J a c o b i / obersich habend den großen Beeren / Heerwagen / oder S i e b e n g e s t i r n e angedeutet / durch die s i e b e n L e u c h t e r in der Offenbarung Johannis / deren der erste nur über diesem Zeichen (. . .) gesehen wird. Abwarts ist der k l e i n e und g r o ß e H u n d / jener ist durch deß T o b i a e / dieser durch deß L a z a r i H u n d in Gedächtnis zu behalten.* (G-Sp. III, 18)

[180] Als Beispiel diene Guazzos Beschreibung seiner Quelle: *Di questo io ne ho pieno ragguaglio, per bocca del Cavalier Bottazzo che vi fu presente et gli ha fedelmente registrati nella sua felice memoria, et sono ben degni, ch'egli ò altro polito scrittore li ponga in luce a beneficio del mondo.* (L 32, S. 167)

Harsdörffer kann im Gegensatz zu seinen italienischen Vorbildern keine Quellenfiktion aufrechterhalten, da er weiß, daß in der deutschen Gesellschaft solche Spiele nicht üblich sind. Er gibt von Anfang an zu, alles erfunden zu haben, aber er hat es so erfunden, als ob es wirklich vor sich gegangen wäre[181]. Ringhieri, der mit seinen Spielen offenbar am Anfang dieser Formen in Italien steht, hat als einziger nicht die Fiktion gewählt, daß die Spiele tatsächlich stattgefunden haben. Er leitet jedes seiner Spiele mit einer Art Brief ein, in dem er das Spiel mit den Damen, denen er es widmet, in Verbindung bringt[181a]. Manchmal fällt ihm das leicht, manchmal ist es aber auch schwierig, wie beim Spiel *Il Banditore,* wo die Zusammenstellung von Räuber und Damen wohl das Erstaunen des Lesers erweckt hat[182].

So darf man doch wohl behaupten, daß diese Werke nicht nur Gebrauchsanweisungen zur gesellschaftlichen Unterhaltung sind, sondern die Absicht haben, literarische Werke zu sein.

5. „Maison des Ieux" (1642)

Harsdörffer gibt in dem zu Anfang dieses Kapitels zitierten Text (S. 77) als weitere Quelle neben den Italienern das französische *Spielhaus* eines *unbekannten Scribenten* an, das 1643 in Paris gedruckt worden sei. Narciss schreibt dieses Spielhaus Jean Demarest de St. Sorlin zu und beschreibt es auf folgende Weise: „Das ‚Maison des jeux' gibt auch Anleitung zu einer ganzen Reihe von Karten- und Brettspielen, versucht überhaupt Stoffe zu bieten für jede Art geselliger Unterhaltung." (L 105, S. 57) Damit ist das Kapitel bei Narciss abgetan. Sucht man diese *Maison des Ieux,* so gibt es nur eine, die 1643 anonym erschienen ist und nun Charles Sorel zugeschrieben wird[183]. Narciss hat gleich zwei Fehler

---

181 Vgl. das Zitat auf S. 51 dieser Arbeit.

181a Den Damen ist auch Boccaccios *Decamerone* gewidmet.

182 *Parravi strano, magnifiche, et per fama molto honorate Madonne, che nome cosi vile, et abicto, alla vostra altezza mi sia posto à dedicare, ... o crudeli, Amore, il vostro bello amore, non è egli gratissimo Banditore, che ...* (L 52, S. 104a)

183 Am Rand des Zitates (G-Sp. I, S. (19)) steht die Jahreszahl 1643 mit Bezug auf die *Maison des Ieux.* Zur Zuschreibung zu Ch. Sorel vgl. A. Cioranescu: Bibliographie de la littérature française du 17e siècle, Paris 1966, Bd. III, S. 1871 (Nr. 63387).
Charles Sorel (1582—1674) hat verschiedene Romane geschrieben, u. a. den *Berger extravagant,* den Harsdörffer gekannt hat. Während einer gewissen Zeit war er französischer Geschichtsschreiber.
Auf der Bibliothèque Nationale in Paris gibt es eine Ausg. der *Maison des Ieux* von 1642, zwei Ausg. von 1643 und eine Ausg. von 1657. Das Buch befindet sich auf keiner andern französischen und schweizerischen Bibliothek, bisher konnte ich es auch in Deutschland nicht finden. (Crane, der das Werk nach seinen eigenen

gemacht, indem er, nachdem Crane bereits 1920 die *Maison des Ieux* richtig
Sorel zugeschrieben hat, dieses Werk noch Demarest zuschreibt. Narciss hat
aber dieses *Spielhaus* auch nicht in den Händen gehabt und hat sich deswegen
durch den Titel irreführen lassen, denn tatsächlich laufen unter dem Titel
Maison des Ieux Spielsammlungen, wie sie Narciss beschreibt. Sie enthalten
Beschreibungen von Spielen, wie sie in den Spielhäusern gespielt wurden. Harsdörffers Spiele wie auch die Spiele in Sorels *Maison des Ieux* sind aber gerade
nicht Brett- und Kartenspiele.

In Narciss' Gefolge betrachtet auch Hasselbrink das Werk als eine unwichtige
Quelle, obschon er nun dank Crane das richtige Werk meint. Wenn es um mehr
als einfache Übernahmen von Spielen geht, muß man die *Maison des Ieux* doch
betrachten.

In seinem *Advertissemens aux Lecteurs* schreibt Sorel: *Il n' y a point eu
aussi d'Autheurs qui ayent inseré de tels divertissemens dans une Histoire
comme celle de la Maison des Ieux, ny qui les ayent fait pratiquer à une Compagnie comme l'on fait en ce lieu cy.* (unpag.) Harsdörffer schreibt sich auch dieses Verdienst zu, die Spiele ausführen zu lassen. *Weilen aber wenig unter berührten Academien* (welche die Spiele erfunden haben) *von Gesprächspielen
gehandelet / hat er mehr zu nützlichem Lesen / als zu kurtzweiligen Spielen /
alles doch zu angenemen Gesprächen / gerichtet* (G-Sp. IV, (41)). Hierzu gehört
auch die oben (S. 51) schon zitierte Stelle, wo er sagt, er habe die Rede der
Personen erfinden müssen. Wie alle seine Vorbilder gibt auch der Autor der
Maison des Ieux vor, daß das, was er erzähle, wirklich stattgefunden habe. *De
telles considérations firent lier plusieurs parties differentes, entre lesquelles, il
y eut une qui réussit si heureusement, qu'elle mérite que l'on remarque toutes
les circonstances pour servir de modelle à ceux qui voudroit gouster de semblables plaisirs.* (S. 6)

Wie Harsdörffers Werk soll auch Sorels Werk als Modell dienen. Man muß
sich aber fragen, was es mit dieser Originalität auf sich hat, auf die sich Sorel
so viel zu gute tut. Betrachten wir die Einkleidung der Spiele. Die Personen,
die die Spiele spielen werden, finden sich nach einer Hochzeit in einem der
Mutter der Braut gehörenden Landhaus ein. Den Personen werden andere Namen gegeben. *Ie ne mettray pas en ce lieu des noms à la Françoise, qui estans
trop communs ou trop rudes, n'ont point de grace dans une narration comme
doit estre celle-cy où l'on ne demande rien que d'agréable* [184]. In den angenommenen Namen werden auch alle Standesunterschiede ausgelöscht. *Et afin que la
condition semblast estre esgale entre ceux qui seroient de profession differente,*

Angaben nicht gesehen hat, täuscht sich, wenn er S. 482 glaubt, das Werk sei
zweimal gedruckt worden).

[184] Maison des Ieux, L 63, S. 10. Die Namen lauten Lydie, Olympe, Hermogene,
Ariste, Pisandre, Isis, Floride, usw.

et que le divertissement fust plus grand lorsque de tels noms apporteroient plus de familiarité, l'on prit resolution d'en donner de semblables à tous ceux qui se rangeroient de leurs parties (S. 13). Der Begriff der *familiarité* erinnert an die Verwandtschaft, die man in den Namen der sechs Personen bei Harsdörffer erkennen kann. Auch Harsdörffer bittet die Spielgesellschaften, andere Namen anzunehmen.

Als bittet (der) *Verfasser die Spielgenossen / (unter welchen er auch die Leser verstanden haben wil) ihre erzehlte Gesetze in würcklicher Beobachtung zu belieben / und für angenem zu halten / daß benebens denselben die Gesellschafts-Namen in solchen Sachen / welche die Sprache betreffen / gleichwie bey ihnen* (d. h. bei den Sprachgesellschaften) / *gebrauchet und behalten werden* [185].

Dieses Motiv der Aufhebung der Standesunterschiede findet sich bereits bei Guazzo. Der Fürst Vespasiano Gonzaga wehrt sich energisch dagegen, daß man ihn mit dem Titel anspricht [186].

Die Zusammensetzung der Personen in der *Maison des Ieux* entspricht derjenigen bei Harsdörffer.

Et son gendre (der Schwiegersohn der Gastgeberin) *l'ayant accompagnée; mena avec luy, deux de ses intimes amys, l'un homme de lettre, et l'autre homme d'espée, mais tous deux parfaitement instruicts en tout ce qui pouvoit rendre une conversation agréable.* (S. 7)

Der *homme de lettre* entspricht Reimund, der *homme d'espée* entspricht Degenwert. Die Bemerkung, daß beide für die Konversation geeignet seien, kann man verstehen, wenn man bedenkt, daß der *homme de lettre* in Gefahr steht, ein Pedant zu sein, und der *homme d'espée* dazu neigt, ein Barbar zu werden. Was in den Namen von Harsdörffers Personen zum Ausdruck kommt, nämlich eine hervorragende Eigenschaft der Personen, gehört auch zu den Personen der *Maison des Ieux. Les autres personnes qui se devoient joindre à une compagnie si aymable, avoient chacun quelque qualité excellente qui les devoit faire estimer.* (S. 9)

Das Milieu, dem diese Personen angehören, ist das der Aristokratie, entspricht also jenem bei Harsdörffer. Sorel wirft seinen Vorgängern vor, daß sie oft zu schwierige Spiele erfunden hätten, *où il y a trop de ceremonies pour peu de chose, et trop de mots de science ou de Poesie à retenir pour ceux qui n'ont pas estudié, rendant cela trop pedantesque, pour estre exercé parmy les gens de Cour, et parmy des femmes, sans lesquelles cet esbat seroit fade, et les conversations se trouveroient mal assorties.* (unpag.) Auch dieser Autor schließt den Pedanten von der Gesellschaft aus, auch er räumt der Galanterie, die durch die

---

185 G-Sp. V, S. (99). Auch die Preziösen nahmen andere Namen an. So hieß Mme de Rambouillet z. B. Arthénice.

186 *Nò, nò, disse il Signor Vespasiano: Fate pur conto, che i miei titoli siano restati a casa, et che qui non vi sia altro, che Vespasiano, huomo privato come gli altri* (Civ. Convers. L 32, S. 258).

Anwesenheit der Damen ermöglicht wird, einen wichtigen Platz ein. Es herrscht dieselbe Atmosphäre wie bei den Italienern und Harsdörffer. Wie die italienischen Gesprächspiele und Harsdörffer stellt Sorel gewisse Anforderungen an seine Gesellschaft. *Mais en ce qui est des Ieux dont nous parlons, la pluspart ne peuvent plaire qu'à des personnes de bonne condition, nourries dans la civilité et la galanterie, et ingenieuses à former quantité de discours et de reparties pleines de iugement et de sçavoir, et ne sçauroient estre accomplys par d'autres.* (Advertissemens, unpag.) Höflichkeit, Galanterie und geistige Beweglichkeit werden von den Gesellschaftsgenossen erwartet. Was nun die Umgebung betrifft, in der sich die Gesellschaft aufhält, so ist sie duch das Landhaus der Gastgeberin bestimmt. Dieses Haus hat man sich wohl dem Vespasians ähnlich vorzustellen; es heißt von ihm: *Le logement n'eust pas possible esté assez grand pour un Prince, mais il estoit assez magnifique pour une personne particulière* (S. 178). Ein Garten sowie ein Wald umgeben das Haus. Auf der Terrasse hat es Springbrunnen wie vor Vespasians Haus. *Un autre plaisir de la veüe estoit celuy de voir les jets d'eau qui estoient au milieu de chaque parterre* (S. 183). Das Haus hat dem Buch den Namen gegeben: *et cela s'apelloit La Maison de Plaisance; d'un nom que l'on donne vulgairement à toutes les belles maisons de la campagne ... nous avons trouver bon de l'appeler aussi, La Maison des Ieux* (S. 186). Es ist bedeutsam, daß sich hier die Wörter *Plaisance* und *Ieux* austauschen lassen. Spiel ist eben in erster Linie Vergnügen. Ein Landhaus bildet immer einen angenehmen Ort, der sich bei Harsdörffer mit dem Bild im vierten Teil der *Gesprächspiele* als eigentlicher Locus amoenus erweist. Ein Landhaus ist auch ein exzeptioneller Ort, allein in den Feldern und Wäldern, weit ab von den Behausungen und Geschäften der Menschen. Man begibt sich dahin, um den Lasten des Alltags zu entfliehen. Das Außerordentliche wird bei Sorel noch unterstrichen durch ein außerordentlich fruchtbares Jahr. *En cette année remarquable dont toutes les saisons furent belles, il sembloit qu'il y eust tant de bonheur par tout, que les maux passez deussent estre entierement bannys de la memoire des hommes. La Terre recompensoit si avantageusement le travail de ceux qui l'avoient cultivée qu'elle surpassoit leurs esperances. Les granges ordinaires ne suffisoient pas à mettre les gerbes* (S. 1). Sorel malt hier einen wahrhaft paradiesischen Zustand, der seine Entsprechung bei Harsdörffer in dem Paradies hat, das Degenwert beschreibt [187]. Für diesen Kreis in dieser Abgeschlossenheit gibt es kein Übel mehr. Sorel beschreibt nun, und das ist wohl die Originalität, auf die er sich so viel zu gute tut, die Tätigkeit dieser Gesellschaft, auch wenn sie nicht gerade spielt. Er beschreibt, wie die einzelnen Spieler den Tag verbringen, bis sie wieder zusammenkommen. Er läßt sie dann Spiele wirklich

---

[187] *Jedoch ist das freye Gespräch dieser Jungfrauen allen anderen weit vorzuziehen. Die Unschuld / mit welcher man allhier umgehet / setzet uns ausser Zweiffel / wo das irdische Paradis anzutreffen sey.* (G-Sp. IV, 365)

ausführen. Tatsächlich lassen die Italiener ihre Spiele kaum ausführen. Ringhieri gibt nur Spielanweisungen, die oft schwer zu verstehen sind. An ihn mag Sorel denken, wenn er schreibt, daß die einen die Spiele *bref et obscurement* behandelt hätten. Guazzo läßt nur ein einziges Spiel ausführen. Scipione Bargagli läßt die wenigen Spiele, die er beschreibt, ausführen. Da es sich aber oft um Bewegungsspiele handelt, braucht er viel Raum, um die Spiele darzustellen. Degenwert wirft denn auch Bargagli vor, daß er sehr *umschweiffig* sei [188]; Sorel mag ebenfalls an S. Bargagli gedacht haben, wenn er schreibt, daß in einigen Spielsammlungen *trop de ceremonies pour peu de chose* sei. Girolamo Bargagli läßt seine Spiele nicht ausführen. Die Spiele ausführen zu lassen, bedeutet ja eine weitere Leistung, muß doch der Autor diese Ausführung selbst ausdenken. Sorel führt bei weitem nicht alle Spiele aus, viele läßt er durch eine Person erklären, wie das auch bei Harsdörffer vorkommt. Im Vergleich mit den Italienern werden aber, hier hat Sorel recht, viel mehr Spiele ausgeführt. Trotz dieser Übereinstimmung in der Form ist eine direkte Abhängigkeit ausgeschlossen, da die erste Auflage der *Gesprächspiele* bereits 1641, die *Maison des Ieux* erst 1642 erschienen ist.

Zusammenfassung

Zusammenfassend kann man sagen, daß Harsdörffers *Gesprächspiele* mit den entsprechenden Werken der italienischen Autoren in folgenden Punkten übereinstimmen: Die Umgebung, in der sich die Gesellschaft trifft, ist ein Landhaus, ein Schloß, eine Wiese, auf jeden Fall ein von der Umwelt abgeschlossener Raum. Die Gesellschaft, deren Ideal der umfassend gebildete Mensch ist, der sich in der Gesellschaft zu benehmen weiß und kein Pedant ist, ist die notwendige Voraussetzung für diese Art Literatur.

Der Wille, nicht nur eine Gebrauchsanweisung zu geben, sondern ein literarisches Werk zu machen, läßt sich bei allen Autoren erkennen.

Harsdörffer unterscheidet sich von seinen Vorbildern in den sprachlichen Spielen und in seinem Willen zur Enzyklopädie. Darin trifft er sich mit Comenius [189]. Die *Gesprächspiele* sind wie die gleichzeitige *Maison des Ieux* in dem Punkt der Darstellung der Spiele originell. Diese beiden Werke können daher auch fortlaufend wie ein Roman gelesen werden, was bei den italienischen Gesprächspielen nur zum Teil möglich ist.

---

[188] *Sonsten ist er in Worten sehr umschweiffig/(wie gedacht) und füllet mit wenig Sachen ein gantzes Buch* (G-Sp. III, 132).

[189] Hasselbrink sieht andere Unterschiede. Er findet, daß bei Harsdörffer im Gegensatz zu den Italienern alles ernst genommen werde, daß Harsdörffer der Witz der Italiener fehle (S. 91). Der Witz der Italiener ist aber in den uns überlieferten Werken nicht leicht zu erkennen, weil die Spiele nicht ausgeführt werden.

V. Das Fortleben der Gesprächspiele nach Harsdörffer

Nachdem ich Harsdörffers Vorbilder behandelt habe, möchte ich auf einige Werke eingehen, die nach Harsdörffer entstanden sind, wobei nicht der Inhalt zu referieren ist [190], sondern einige Konstanten, die zur Gattung gehören, nachgewiesen werden sollen.

1. Die ‚Conversations‘

Die Salons lieferten wohl eine Unmenge Stoff, sie verbrauchten aber auch viel Stoff. So erstaunt es uns nicht, daß das 17. Jahrhundert eine ganze Reihe von sogenannten *Conversations* hervorbrachte. Besonders Mlle de Scudéry, die ja ein berühmtes Mitglied preziöser Salons war, hat mehrere solcher *Conversations* verfaßt.

In diesen *Conversations* unterhalten sich mehrere Personen über die verschiedensten Themen, nicht selten wird die Konversation selbst zum Gegenstand des Gesprächs. Die Personen treffen sich an einem angenehmen Ort, der zwar nicht beschrieben wird, als Hintergrund aber in der folgenden Bemerkung zum Ausdruck kommt: *nous nous contentons depuis deux heures de cette belle et agréable Terrasse sans rien voir de tout le reste.* (Conversations, L 59, II, S. 106). Diese Bemerkung zeigt auch zugleich die Zirkelform: die Personen nehmen während des Gesprächs nicht wahr, was außerhalb vorgeht. Deutlicher tritt der angenehme Ort in dem *Les Bains des Thermopiles* betitelten Teil der *Conversations* zutage. Eine Person erzählt in diesem Text der Prinzessin von Milet Gespräche, die in diesen Bädern stattgefunden haben. Diese Bäder befinden sich auf einer großen Wiese, die von regelmäßig angepflanzten Bäumen umrahmt ist. Die Bäder bilden einen abgeschlossenen Ort, sie sind auf der einen Seite durch einen Berg, auf der andern Seite durch einen Sumpf begrenzt. Dieser abgegrenzte angenehme Ort [191] bedeutet auch, daß man den Alltag, die Sorgen und selbst die eigenen Bräuche draußen läßt, was wieder daran erinnert, daß die Gesprächspielgesellschaften unter eigenen Gesetzen leben. *Car en entrant à*

---

[190] Crane und Hasselbrink geben lange Inhaltsangaben von den vorher besprochenen und noch zu besprechenden Werken.

[191] Mlle de Scudéry spricht in *Conversations* L 59, II, S. 111 von *ce lieu-là tres agreable.*

Alpene (so heißt der Badeort), *on renonce à toute sorte de melancolie: et de quelque Païs qu'on soit, il faut renoncer aussi à la coûtume du lieu où l'on est né; et vivre selon l'usage des Bains* (Conversations, L 59, II, S. 111).

Wie in diesem kleinen Text vorgegeben wird, daß wirklich stattgefundene Gespräche wiedergegeben werden, so gibt die Autorin vor, die ganzen *Conversations* seien solche wirklichen Gespräche. Ja, sie läßt eine der sprechenden Personen ihre eigenen Gespräche aufschreiben, was neu ist in bezug auf die italienischen Werke dieser Art. (Cléante) *escrivit des le lendemain tout ce qui s'estoit dit parmi ces personnes choisies, dont la politesse ne pouvoit estre surpassée par qui que ce soit.* (Convers. nouv. L 60, I, S. 94).

Die dem Abbé de Bellegarde zugeschriebenen *Muster der Gespräche*[192] wollen eher Gebrauchsanweisung sein als Literatur. Das Werk erklärt, wie man sich in der Gesellschaft zu verhalten habe, wie man Konversation macht. Konversation wird hier deutlich als lehr- und lernbare Kunst aufgefaßt.

Die nun im folgenden zu betrachtenden Werke stehen in der Nachfolge Harsdörffers.

2. „Rosenmând" von Philipp Zesen (1651)

Zesen verfolgt mit seinem *Rosenmând* einen didaktischen Zweck. Die einzelnen Gesprächspiele handeln in oft sehr langen Gesprächen Ursprung, Entwicklung und Eigenheiten der deutschen Sprache ab. Obwohl dieses Werk mehr einer Abhandlung ähnlich sieht als einem literarischen Werk, wird es nicht nur durch den Titel, sondern auch durch die Einkleidung in eine Geschichte der schönen Literatur zugeordnet.

Einige junge Männer nehmen am Geburtstagsfest Rosemundes teil und vertreiben sich die Zeit mit Gesprächen, wenn nicht gefeiert wird. Während einer Woche führen die jungen Männer jeden Tag ein Gespräch. Die Erfindung der Geschichte gleicht auffallend jener der *Maison des Ieux,* wo sich die Gesellschaft auch trifft, um die Festfreuden zu verlängern. In der *Maison des Ieux* gibt es ebenfalls eine Einteilung in Tage.

Kennzeichnend ist wiederum die Umgebung, in der die jungen Männer ihre Gespräche führen. *Das gevögel / so sich über diesem lieblichen getöse auch schon aus ihren nestern begeben hatte / kahm hauffen-weise mit überaus lieblichem gezwitscher herzu geflogen / ... Marhold schöpfte eine sonderliche lust aus diesem süßen geklirre; und Deutschlieb baht ihn / daß er sich doch mit dem*

---

192 Die *Muster der Gespräche* oder *L'art de plaire dans la conversation,* wie das Werk mit dem französischen Titel heißt, werden fälschlich Morvand de Bellegarde zugeschrieben, in Wirklichkeit hat sie Pierre d'Ortigue sieur de Vaumorière (1610—1693) verfaßt.

*Liebwährt / ihrem lieben Freunde / unter eine linde / die nahe bei ihnen
stund / und sie durch dik-belaubte zakken für der hitze der algemach aufbre-
chenden Sonnenstrahlen beschützen konte / nieder zu laßen geruhen möchte /
damit sie sich mit einem und dem andern Lust-gespräche ergetzten.* (S. 3 f.). Es
handelt sich hier um einen Locus amoenus, dem zwar das Bächlein fehlt, der
aber durch die schattenspendende Linde und das Vogelgezwitscher als solcher
gekennzeichnet ist.

Am Lustort wickelt sich das *Lust-gespräch* ab. Mit diesem Wort bezeichnet
Zesen wohl dasselbe wie Harsdörffer mit seinem *Gesprächspiel* und Anton Ulrich mit seinem *Spielgespräch. Lust* und *Spiel* können füreinander eintreten, da
sie beide in den Bereich der Freude gehören. Wie sehr auch diese Gespräche im
Rosenmând einen didaktischen Einschlag haben mögen, sie sind doch zur Unterhaltung gedacht, auch sie sind Heilmittel für trübe Stunden. Eines Tages regnet
es so, daß die jungen Herren nicht wie vorgesehen Rosenmund ihr Ständchen
bringen können. *Weil nuhn dem Mahrhold diese lust zugleich mit entzogen
ward / und er in solchem schweer-muhtigen wetter gleichwohl eine andere suchen
wolte: So begab er sich ... zu seinen zwo hertzens-freunden / die er ebenmäßig
betrübt und schweer-mühtig fand. Doch ward solche schweermühtigkeit durch
ihre unterredung / darinnen allerlei lustige sachen fürfielen / in einem nuhn
zerschlagen* (S. 109). Auf diese *lustigen sachen* einzugehen, hat im Rahmen
meiner Fragestellung keinen Sinn. Für uns sind heute diese sprachlichen Probleme nicht mehr interessant. Ihre Neuheit muß wohl bei den Zeitgenossen den
Reiz des Werks ausgemacht haben.

3. Die „Pegnesische Gesprächspielgesellschaft" (1665)

Sigmund von Birken hat die *Pegnesische Gesprächspielgesellschaft* für die Hochzeit des Grafen von Windischgrätz mit der Gräfin Maria Eleonore von Oettingen
geschrieben. Schon die Tatsache, daß es sich um ein Festgedicht handelt, weist
das Werk als Dichtung aus. Interessant für meinen Zusammenhang ist es, daß in
diesem Werk die Schäferwelt mit der ebenfalls idyllischen Welt der Gesprächspiele zusammenfällt. Im Rahmen der Schäferwelt ist der Lustort eine Selbst-
verständlichkeit. Wir finden hier Spiele, die uns aus Harsdörffers *Gesprächspielen* bekannt sind, z. B. das Reden in Metaphern. Die Schäfer beschreiben den
Frühling. *Man kan sagen / (sagte Myrtillus) der Himmel buhle itzt mit der
Erde / als die er freundlich anlacht / umarmet und wärmt / auch mit Thau und
Regen gleichsam schwängert* (L 22, S. 3).

Das Suchen eines Sinnbildes ist uns auch aus den *Gesprächspielen* bekannt.
*Wann ich die schöne Jahrzeit bilden solte / (fienge Myrtillus an) so wolte ich
mahlen die Blumen Göttinn; das Blumenhorn / solches auf Erden auszuschütten
auf den Arm tragend* (S. 5). Der Frühling wird nach allen Seiten ausgedeutet,

auch das ein Verfahren, das wir aus den *Gesprächspielen* kennen. Das Gespräch gibt Anlaß zum Ausbreiten von spitzfindigen Überlegungen. *Diese Frühlings-Zeit (sagte Floridan) sollte billig das Neue Jahr heisen / weil auf Erden alles verneuet / ... Wie dann viele Völker mit dieser Zeit / das Jahr anfangen. Es ist auch vermeintlich / daß der Zeiten Anfang eine solche Zeit gewesen* (S. 11). Man wird hier an die Diskussion in den *Gesprächspielen* erinnert, die darum geht, ob die Welt im Frühling oder im Herbst erschaffen worden sei.

Das Lob des Grafen, das dann anschließt, hält sich im bekannten Rahmen, es enthält Elemente, wie sie sich auch im Spiel *Vom Lob des Höflings* finden. *Unter andern Adelichen Ubungen / spielet er den Meister / zu Pferd und auf der Laute* (S. 24).

Aus Guazzos *Civil Conversatione* übernommen sind das Spiel über die Einsamkeit, in dem jeder einen Ort angeben muß, wohin er sich zurückzuziehen wünscht, und das ihm entsprechende über die Gesellschaft, in dem jeder zwei Dinge nennen muß, die zusammen gehören.

Birkens Originalität dürfte es vor allem gewesen sein, das Spiel auf die Ebene der Hirten transponiert zu haben. Aus dem Titel des Werks kann man auch vermuten, daß diese Spiele tatsächlich aufgeführt wurden. Hier wird das Gesprächspiel ganz zu Literatur, an Gebrauchsanweisung ist nicht mehr zu denken. Der Zuschauer soll sich ja unterhalten und muß deswegen ein fertiges Werk vorgelegt bekommen [193].

---

[193] Ich gehe nicht auf ein weiteres Werk ein, das deutlich in der Nachfolge Harsdörffers steht. Es handelt sich um das *Rathstübel Plutonis* von Grimmelshausen. Dieses Werk müßte, um richtig erfaßt zu werden, mit dem *Simplicissimus* in Beziehung gebracht werden, da einige Personen aus diesem Werk auch im *Rathstübel* vorkommen.
Eine Art Gesprächspiel ist auch die *Tugend-übung / Sieben Lustwehlender Schäferinnen* von C. R. v. Greiffenberg. Das Werk ist im Anhang zur Übersetzung von Du Bartas *Glaubenstriumph* zu finden.
Die Schäferinnen wählen ein Emblem mit einem Spruch und erfinden ein Erklärungsgedicht dazu. Sie sprechen abwechslungsweise. C. R. v. Greiffenberg mag an eine Stelle wie die folgende gedacht haben: *Und der König sprach: Ruffet den Jünglingen / daß ein jeder seinen Spruch selbst erkläre.*
A. Nach Art der Gesprächspiele / da ein jeder seiner Meinung Ursach zu geben schuldig wird. (G-Sp. III, 42) So machen es auch die *lustwehlenden Schäferinnen*. Dem Stück fehlt aber jede Angabe des Ortes, so daß das Werk nur bedingt als Gesprächspiel gelten kann.

4. Hortensia von Salis

Der Kuriosität halber seien hier noch die *Geist- und Lehrreichen Conversations Gespräche* der Hortensia von Salis, einer Schweizerin, die in der zweiten Hälfte des 17. Jahrhunderts lebte, angefügt [194].

Der angenehme Ort ist hier ein Bad. Ob die Verfasserin diesen Ort gewählt hat, weil sie aus dem von Bad Ragaz nicht allzu weit entfernten Maienfeld stammte, oder ob sie Mlle de Scudérys *Bains des Thermopiles* zum Vorbild genommen hat, kann wohl nicht festgestellt werden. Dem Vorbild der Preziösen ist sie jedenfalls in der Namengebung verpflichtet, ihre Personen tragen griechische und lateinische Namen.

Die Gespräche beginnen auf folgende Weise: *Die Fruchtbare Ceres hatte die Monat ihrer schwangerschafft erfüllet / die Menschen mit schöner Leibesfrucht zuerfreuen / alß Leuthe von allerhand Condition, Geschlecht / und alter / ihre Gesundheit zuerhalten / oder dieselbige zuerholen / in die warmen Bäder aller Orten sich begaben. Unter disen waren auch Mausolus und Artemisia, welche unweit von ihrer Behausung / ein eigenes / an Lustigem Ort gelegenes / und mit aller nothwendigen Bereitschafft wol versehenes / Bad haben* (L 53, S. 3). Wie im *Maison des Ieux* gibt es hier einen Herbst, der sich durch besondere Fruchtbarkeit auszeichnet. Die Personen sind, wie es zur Gattung gehört, sehr verschieden, so daß die Gesellschaft abwechslungsreich gestaltet wird. Aber obwohl sie von *allerhand Condition* sind, gehören sie alle dem aristokratischen Stand an. In Artemisia, von welcher es heißt, daß sie sehr *ernsthafft* und den *Hauß-Geschäfften* zugeneigt sei, können wir eine Art Frau Julia sehen; im *scharffsinnigen* Mausolus, der *die Wissenschafften hefftig liebet* (S. 5), haben wir einen Nachfahren Reimunds vor uns. Zenobia endlich, *von deren man sagen kan / daß sie alles erfreue / und schwerlich etwas betrübe* (S. 5), gleicht in ihrer Fröhlichkeit Cassandra.

Die Gespräche werden von Mausolus begonnen, um die Damen von einer traurigen Nachricht abzulenken. Auch Harsdöffers Gespräche heben sich ja auf dem düsteren Hintergrund des Krieges ab. Die Zeit vor und nach dem Essen wird wie in den meisten uns bekannten Werken für das Gespräch verwendet.
Sie hatten noch nicht ausgeredet / da wurde die Gesellschaft zum mittagessen beruffen / welches in einer schönen wisen / unter einem großen baum / dessen belaubte äste ihnen / wider die stechende sonnenstralen / an statt eines schirms dieneten / zubereitet gewesen ... Nach eingenommener Malzeit ward widerum ein gespräch gehalten (S. 26 f.).

Seit *De Amore* kann man immer wieder diesen Baum mit den breit ausladenden Ästen antreffen, der den Gesprächsort zu einem Locus amoenus macht, denn

---

[194] Hortensia von Salis lebte von 1659—1715. Eine kurze Biographie gibt Ursula Hitzig in ihrer Diss. Gotthard Heidegger, L 91, S. 16.

hier im Herbst können ja die Sonnenstrahlen nicht mehr so stark sein, daß ein schattenspendender Baum nötig wäre. Schon im Ausdruck *lustiger Ort* ist ja der Locus amoenus angedeutet. Zu diesem Ort gehört auch, wie sich schon bei Castiglione zeigte, daß er mit allem Nötigen versehen ist, auch das trägt zu seiner Unabhängigkeit von der Umwelt bei.

Alle bisher behandelten Werke hatten ihr Schwergewicht auf dem Gespräch, das insofern zum Spiel gehört, als es wie dieses zur Unterhaltung dient und Freude bereitet. Die nun noch zu besprechende Spielsammlung legt die Betonung wieder mehr auf den spielerisch kombinatorischen Charakter solcher Unterhaltungen [195].

5. Die ‚Soirées Amusantes‘ [196]

In der *Encyclopédie méthodique* gibt es im Band *Mathématique* (L 10 und 10 a) einen Anhang mit Gesellschafts- und Familienspielen. Da werden auch Auszüge aus den *Soirées amusantes* (in L 10 a) wiedergegeben. Das Druckbild dieser Spiele gleicht demjenigen von Harsdörffers Spielen, das heißt die Personennamen sind deutlich vom Text abgehoben. Die Personen tragen ebenfalls redende Namen, die aber nicht ihren Charakter erklären, sie sind vielmehr aus der Topographie entnommen, so daß alle Namen zusammen eine schäferliche Landschaft bilden, deren Elemente die folgenden sind: Mme de la Haute-Futaie (Hochwald), Mlle du Ruisseau, Mme de la Rivière, Mlle du Gazon, le chevalier Zéphir, l'abbé Printems, l'abbé des Agneaux. Durch die Namen wird hier der liebliche Ort angedeutet, der bei Sorel beschrieben und bei Harsdörffer auf den Titelkupfern dargestellt ist. In einem andern Spiel gesellen sich zur Gesellschaft noch Mlle Rose, die sich in den Garten des M. des Jardins fügt, und M. Du Frêne, der in den Wald der Mme Dubois gehört, womit die Landschaft zwar erweitert, aber in der Grundlage nicht verändert ist, zu der wilden Landschaft kommt der Park hinzu.

Viele der Spiele, die diese Gesellschaft spielt, lassen sich in leicht abgewandelter Form auch bei Harsdörffer finden. Spiele, in denen auf eine Frage mit einem bestimmten Buchstaben geantwortet werden muß, Vergleiche von einer Person und einem Gegenstand, Rätsel finden sich in dieser Sammlung. Die Ab-

---

195 Als Kuriosität sei noch erwähnt, daß sich auch Leibniz Gesellschaftsspiele ausdachte. Sein Sekretär überliefert uns drei solche Spiele. Im ersten soll man sich fragen, was alles geschehen könne, während man einen Becher zu den Lippen führe. Im zweiten fragt man, wozu Stroh gut sei, im dritten womit man schreiben könne. Alle diese Spiele hat er erfunden, um das Denken zu üben. (Leibniz, ed. Dutens, L 46, V, S. 206).

196 Es ist mir bisher nicht gelungen, das Erscheinungsjahr dieser *Soirées* zu finden. Im *Avertissement* (L 10, unpag.) findet sich ein Hinweis, daß diese Unterhaltung *Les délices de nos pères* gemacht habe, das heißt also, daß sie zeitlich zurückliegt.

sicht dieser Spiele ist die gleiche wie die aller vorangegangenen Spiele, nämlich zu unterhalten und zu unterrichten. *Nous devons seulement indiquer à la jeunesse brillante et à la pure amitié les moyens de se délasser à la campagne et à la ville, ... en faisant quelquefois adopter l'instruction à la faveur du divertissement.* (Avertissement, L 10, unpag.).

Auf der Zentralbibliothek in Zürich liegt eine ähnliche Spielsammlung in deutscher Sprache: *Die angenehme Gesellschaft* (L 8). Sie wurde 1790 in Straßburg gedruckt und enthält, obwohl der Autor behauptet, es handle sich um neue Spiele, genau die gleichen Spiele wie die *Soirées amusantes*.

Es ist bemerkenswert, daß diese Spiele bis zum Ende des 18. Jahrhunderts immer wieder neu zusammengestellt und gedruckt wurden. Die *Encyclopédie* dürfte wohl das letzte Werk sein, daß solche Spiele im Jahre VII (1798/99) der Repuplik noch druckt. Es bezeichnet sie ja auch schon als eine Unterhaltung der Väter. Mit den Umschichtungen, die sich im sozialen Gefüge mit der Französischen Revolution vollzogen haben, sind wohl auch die geistreicheren unter diesen Spielen verloren gegangen. Daß sich diese Spiele bis ans Ende des 18. Jahrhunderts halten konnten, während die düsteren Kapitel der Barockliteratur schon am Ende des 17. Jahrhunderts nicht mehr verstanden wurden, zeigt, wie sehr sich in diesen Spielen eine heitere und gelöste Atmosphäre ausbreitet, die nach den geläufigen Vorstellungen eher dem 18. als dem 17. Jahrhundert angehört [197].

6. Zusammenfassung

Aus dieser Übersicht über die Tradition und das Fortleben der Gesprächspiele, als Spiele und als Gespräche, ergeben sich gewisse Konstanten, die zur Gattung zu gehören scheinen.

Es handelt sich um eine eigenartige literarische Form, die einerseits Fiktion ist, indem der Autor vorgibt, tatsächlich vorgefallene Gespräche und Spiele wiederzugeben, oder indem er ein Wunschbild der Wirklichkeit entwirft, andererseits aber Modell, Anregung zum Weiterführen der Spiele sein will. Die geschlossene Form der Fiktion und die auf den Leser hin offene Form des Modells

---

[197] Die Tatsache, daß man viele Kapitel der Barockliteratur schon bald nicht mehr schätzte, während man diese Gespräche noch las, zeigt der handschriftliche Eintrag eines Lesers im Exemplar der Zentralbibliothek Zürich von Mlle de Scudérys *Entretiens de Morale* (L 61) von 1730 (Signatur: WC 1787)
Les conversations et Entretiens de Mlle de Scudéry sont ce qu'elle a fait de meilleur, quoiqu'on ne puisse s'empêcher de reconnaître a travers les romans un esprit aimable et cultivé par beaucoup de Lecture, poli par le commerce qu'elle avoit avec les plus honnetes gens de son siecle, mais malheureusement dirigé par le fort mauvais gout — car elle n'a été heureuse ni dans le choix ni dans l'Execution de ses enormes Romans.

bilden ein reizvolles Spannungsverhältnis[198]. Diese Form der gleichzeitigen Geschlossenheit und Offenheit findet ihre Entsprechung in der Form des Ortes und der Gesellschaft.

Der Ort, an dem die Spiele stattfinden, ist ein angenehmer Ort, den die Natur dadurch ausgezeichnet hat, daß an ihm alles Nötige zu finden ist. Es gibt an diesem Ort keinen Luxus, die Mahlzeiten sind einfach und werden oft im Freien eingenommen[199]. Der Ort ist durch Bäume, Berge oder durch seine Lage auf dem Land von der restlichen Welt mehr oder weniger abgeschlossen, so daß auch die Sorgen dieser Welt im allgemeinen nicht zu diesem „lustigen Ort" vordringen. Der Abgeschlossenheit des Ortes entspricht die Abgeschlossenheit der Gesellschaft, die ihre eigenen Regeln hat und von der ein Außenstehender mit Willen aufgenommen werden muß[200]. Diese Geschlossenheit, die mit sich bringt, daß jeder den andern kennt, ermöglicht auch die zahlreichen Spiele, in denen die Anspielungen den größten Reiz ausmachen[201]. Die Bescheidenheit, die aus der ländlichen Umgebung spricht, hat ihre Entsprechung im Fehlen gesellschaftlicher Ambitionen. Die Titel werden in diesen Gesellschaften abgelegt, alle sind gleichgestellt. Es herrscht eine Auswahl der Besten, jeder zeichnet sich durch eine vorzügliche Eigenschaft aus, aber keiner gibt den Ton an, es sei denn der Spielführer.

In der Beschränkung auf das, was man hat, liegt auch die Voraussetzung für die Freude und Zufriedenheit, die in diesen Kreisen herrscht. Bei Guazzo fragt eine Dame, wie man fröhlich bleiben könne, worauf ihr Vespasiano antwortet, daß das Geheimnis fröhlich zu bleiben *il contenarsi della sua sorte* sei. (Civil Convers. L 32, S. 285 b)

[198] Die Literatur des 17. Jahrhunderts ganz allgemein ist wohl ohne den Leser, die Gesellschaft, für die sie geschrieben ist, nicht zu denken. Es ist keine Literatur der einsamen Bekenntnisse. Man denke nur an die jedem Buch beigegebenen Vorreden an den Leser.
Selbst wenn jemand seine eigene Geschichte erzählt, wie es in den Romanen vorkommt, hat der Erzähler immer einen Zuhörer.

[199] G. Bargagli sagt über das Essen: *se ben ella hebbe nome di dimestica, fu nondimeno copiosa di delicate vivande, et d'ottimi vini* (Dialogo dei Giuochi, L 19, S. 148).

[200] Es kann sogar so weit gehen, daß die Kleider, die die Mitglieder tragen, besondere sind. *Amerei dunque, che il vestire fosse ornato, et diverso da quello, che si porta il giorno* (Dialogo dei Giuochi, L 19, S. 159).
Mlle de Scudéry berichtet, daß in den *Bains des Thermopiles* die Damen andere Kleider anzogen. *la coûtume des Bains est, que toutes les Dames sont habillées d'une mesme maniere, et pour leur commodité on a inventé un habillement fort galant, qui ressemble à celuy des Nymphes de Diane.* (Conversations L 59, II, S. 112)

[201] Sorel spricht im *Maison des Ieux* von der *familiarité* der Eingeladenen (L 63, S. 13), auch Guazzo spricht von den *famigliari conviti* (L 32, S. 167)
Castiglione erwähnt die Anspielungen: *si faceano alcuni giochi ingeniosi ad arbitrio or d'uno or d'un altro, nei quali sotto varii velami spesso scoprivano i circunstanti allegoricamente i pensier sui a chi più loro piaceva.* (L 27, I, 5)

Dieser Beschränkung in jeder Hinsicht entspricht die bescheidene Unterhaltung des Spiels. Man will nicht zu neuen Erkenntnissen vordringen, man will nicht schulmeisterlich alles möglichst vollkommen lernen, sondern man freut sich an dem, was man kann, und breitet es aus. Dies setzt allerdings voraus, daß man vieles weiß. Diese Spiele setzen jenen Menschentypus voraus, den die Italiener den *huomo universale,* die Franzosen den *honnête homme* nennen, jenen Menschen, der sich in der Gesellschaft zu benehmen weiß, der dadurch die Atmosphäre der Galanterie, die geistreichen Anspielungen ermöglicht.

Diese Gesellschaft, die in der guten Unterhaltung, in der fröhlichen Atmosphäre ihr höchstes Gut sieht, hat diese Spiele hervorgebracht, die ich im ersten Teil der Arbeit betrachtet habe. Im zweiten Teil werde ich nun den Spielbegriff betrachten, den diese Gesellschaft hervorgebracht hat und der eine Art Spiegelbild ihrer Ideale ist.

B. DER SPIELBEGRIFF

I. Untersuchungen zum Wort ‚Spiel‘

1. ‚Spiel‘ in den Wörterbüchern [201a]

Man hat immer wieder versucht, dem Phänomen des Spiels durch eine Untersuchung der Wortbedeutung beizukommen, so vor allem Buijtendijk und Huizinga. Ich werde ebenfalls die Wortbedeutungen zu erfassen suchen, werde aber die Untersuchung in einem breiteren Rahmen vornehmen, als dies die beiden Forscher getan haben. Huizinga hat, in der Absicht, einen bestimmten Spielbegriff herauszuarbeiten, viele Wortbedeutungen unbeachtet gelassen, die gerade für den Harsdörfferschen Spielbegriff wichtig sind.

Das Wort ‚Spiel‘ umfaßt 44 Spalten und das zugehörige Verb ‚spielen‘ 53 Spalten im Grimmschen Wörterbuch. Es versteht sich von selbst, daß es hier nicht darum gehen kann, alle Bedeutungen der beiden Wörter wiederzugeben. Es geht lediglich darum, einige Akzente zu setzen, die für die Betrachtung von Harsdörffers Spielbegriff fruchtbar sind. Ich möchte mit der nun folgenden Darstellung nicht den Anschein erwecken, das Wort habe sich linear entwickelt. Schon bei Notker fassen wir fast alle uns heute bekannten Bedeutungen, übersetzt er doch lat. ludere immer mit *spilen* und auch alle Zusammensetzungen des Substantivs mit der entsprechenden deutschen Zusammensetzung, z. B. allusio mit *zuospilunga*. Die Übereinstimmungen vieler Bedeutungen des Wortes ‚Spiel‘ im Deutschen mit den lateinischen Bedeutungen müssen nicht unbedingt auf eine gemeinsame erste Vorstellung hinweisen. Die deutsche Bedeutung könnte auch aus dem Lateinischen übernommen sein.

[201a] Ich habe folgende Wörterbücher benutzt: Benecke: Mittelhochdeutsches Wörterbuch. Leipzig 1854.
Adelung: Grammatisch-kritisches Wörterbuch der Hochdeutschen Mundart ... Vierter Theil Leipzig 1801.
Campe: Wörterbuch der deutschen Sprache. Bd. 4. Braunschweig 1810.
Stieler: Der Teutschen Sprache Stammbaum und Fortwachs oder Teutscher Sprachschatz. 1691. Neudruck München 1968.
Dictionnaire encyclopédique Quillet. Paris 1969.
Robert, Paul: Dictionnaire alphabétique et analogique de la langue française. Paris. 1962.
Tommaseo: Dizionario della lingua italiana. Torino 1929.

a) ‚Leichte Bewegung'

Die Etymologie von ‚spielen, Spiel' ist nicht geklärt [202]. Wahrscheinlich bedeutete dieses Wort am Anfang ‚Tanz, tänzerische Bewegung'. Dieser Meinung ist auch Herder, wenn er schreibt, das Wort bedeute nichts anderes *als eine leichte Bewegung. Der leichten Bewegung unseres Körpers eignete man das Wort vor andern zu* [203]. Adelung glaubte noch, das Wort sei eine Onomatopöie, daher hatte er einige Mühe, die Bedeutung ‚leichte Bewegung' zu erklären. *Spielen . . . welche[s] so wohl den Laut der Stimme als auch den mit gewissen leichten Bewegungen verbundenen Laut nachahmet und hernach, nach einer sehr gewöhnlichen Figur, diese und andere ähnliche Bewegungen ausdrückt* [204]. Interessant ist, daß das Wort für ‚spielen' im Sanskrit kridāti dieselbe Bedeutung aufweist: „Es kann ein Hüpfen oder Tanzen im allgemeinen, ohne ausdrückliche Beziehung zum Spiel, bedeuten." [205]

Diese Bedeutung ist im Ahd. noch faßbar, etwa im *Heliand,* wo es von der Tochter des Herodes heißt: *Thiu thiorne spilode* (V 2764), hierher gehört auch die berühmte Otfrid-Stelle *joh spilota in theru múater ther ira sún gúater.* (I, 6, 4) Diese Stelle übersetzt Luther in der Bibelübersetzung mit *hüpfen.* Die schnelle Bewegung kann auch auf einzelne Organe übertragen werden, so auf das Herz zum Zeichen der Freude.

mîn herze in hôhen freuden spilt / von dîner zuokünfte gar. (Konrad v. Würzburg, Engelhard, V 548 f.) Eng damit zusammen hängt wohl die Bedeutung der *spilnden ougen,* die im Minnesang so oft auftreten [206]. In dieser Wendung fällt wohl die schnelle Bewegung mit dem Glänzen der Augen zusammen [207], womit eine Beziehung zur Verwendung von mhd. spiln im Zusammenhang mit der Sonne hergestellt wäre. Im Tristan findet sich die folgende Stelle: *diu morgenliche sunne / siner werltwunne, / do diu erste spilen began / do viel sin gaeher abent an* (V 313 ff.). Ich wäre auf diesen Beleg nicht eingegangen, wenn hier ‚spilen' allein ‚leuchten' bedeutete, ich glaube aber, daß in dieser Verwendung die Bedeutung ‚schnelle Bewegung' auch enthalten ist. Wir können ja auch noch

---

[202] Vgl. J. Trier: Spiel. In: PBB 69 (1947), L 120.

[203] Herder: Kalligone . . . Ausg. Supphan XXII, S. 152, L 38.

[204] Adelung, Bd. 4, Sp. 199. Auch Herder glaubt noch, das Wort ‚Spiel' sei ursprünglich eine Onomatopöie. Der Grund dafür liegt wohl darin, daß man das Wort ‚Spiel' zu dem heute nur noch in Zusammensetzungen erhaltenen (wie ‚Beispiel', ‚Kirchspiel'), dem engl. spel entsprechenden Wort setzte. Vgl. auch Harsdörffers Herleitung unten S. 115.

[205] Huizinga: Homo Ludens, L 93, S. 37. Rahner weist darauf hin, daß das hebräische Wort, mit dem die Tätigkeit der Weisheit bezeichnet wird (Spr. 8, 27) und das wir im Deutschen mit „spielen" wiedergeben, eigentlich ‚tanzen' bedeutet. (Rahner: Der spielende Mensch, L 109, S. 22)

[206] z. B. Walther 109,19 *du lêrest ungemüete uz spilnden ougen lachen.* vgl. auch Morungen MF 39, 7.

[207] Kauffmann: Aus dem Wortschatz der Rechtssprache. In: ZsfdPh 47, (1918), zu Spiel: S. 155 ff. sieht in diesem Ausdruck nur die schnelle Bewegung.

sagen, daß die Sonnenstrahlen tanzen. Bei Klaj kommt mehrmals die hüpfende Sonne vor, wozu er erklärt: *Denn die Sonne / wenn sie auffgehet / scheinet sie für unsern Augen / als wenn sie tantzete* [208]. Auch Adelung sieht die Bedeutung ‚glänzen' in Zusammenhang mit der Bedeutung ‚schnelle Bewegung': *Figürlich wird spielen häufig von glänzenden Körpern gebraucht, wenn sie die Licht- strahlen auf eine dem Anblicke nach bewegliche Art zurück werfen.* (Bd. 4, Sp. 201) Diese Bedeutung lebt noch fort in Wendungen wie ‚die Winde spielen mit den Blättern des Baumes' [209]. Dieselbe Bedeutung findet sich im Fran- zösischen: ‚une source qui joue entre les pierres'. Diesen Ausdruck kommen- tiert das Wörterbuch Robert: ‚se mouvoir comme au gré de son caprice'.[210]

Anzufügen wäre hier noch die Ableitung ‚spielerisch'. Dieses Adjektiv drückt die Bedeutung ‚leicht, mühelos' aus. Stieler gibt dazu folgende Umschreibungen an: *adj. et adv. ludicer, lusorius, ludibundus et metaphor. facilis, proclivis ... nullis oneribus.* Ergänzend wäre auch noch das adjektivisch verwendete Partizip ‚spielend' mit derselben Bedeutung anzufügen.

b) ‚Spiel der Farben', ‚Spiel der Natur'

Besonderen Wert möchte ich auf die Wendung ‚Spiel der Farben' legen, weil sie im Zusammenhang mit den *welschen Böhnlein* bei Harsdörffer eine wichtige Rolle spielt, auf die ich später zurückkommen werde. In dieser Verwendung kommt zum schnellen Wechseln der Farben (wodurch diese Bedeutung wohl mit der vorhergehenden zusammenhängt) das Moment der Variation hinzu. Auch die Natur kann spielen, wenn sie verschiedene Farben und Formen hervor- bringt. Adelung betont die Bedeutung der Mannigfaltigkeit in dieser Verwen- dung. *Nach einer Figur, wo der Begriff der Belustigung verschwindet, und da- gegen der Begriff der Mannigfaltigkeit merklich hervorsticht, sagt man, die Natur spiele, wenn sie zufällige Veränderungen unter den Geschöpfen hervorbringt.* (Bd. 4, Sp. 200)

Diese Verwendung findet sich zum Beispiel bei Haller:
Dann hier, wo Gotthards Haupt die Wolken übersteiget
. . . . . .
Hat, was die Erde sonst an Seltenheit gezeuget,
Die spielende Natur in wenigs Land vereint. (Die Alpen, V 311 ff.)

c) ‚Scherz', ‚Kurzweil'

Daß der Scherz offenbar immer zur Bedeutung von ‚Spiel' gehört hat, zeigen die Spielwörter in den verschiedenen Sprachen [211]. So bedeutet lat. iocus, resp.

---

208 Klaj: *Aufferstehung Jesu Christi.* In: Redeoratorien, L 39, Anm. zu V. 149, S. (36).
209 z. B. C. R. v. Greiffenberg im 225. Sonett: *spielet ihr gelinden Winde.*
210 Im Sanskrit kann „kridāti" ebenfalls vom „Sichbewegen des Windes und der Wellen" gebraucht werden. (Huizinga, L 93, S. 37)
211 G. Bargagli sagt, daß er von dem *giuoco* sprechen wolle, *che i poeti fanno fratello*

iocari, das sich zum Spielwort in der ganzen Romania entwickelt hat ‚Scherz, Spaß, Kurzweil'.[212] Auch die Bedeutung von lat. ludus, ludere weist in diesen Bereich. Das lat. etymologische Wörterbuch Walde-Hoffmann gibt neben anderen Bedeutungen ‚Kurzweil, Scherz, Spaß' an. Luther übersetzt Eccles. 47, 6 *cum leonibus lusit quasi cum agnis* mit *Er ging mit Lewen umb als schertzt er mit Böcklin.*

Zum griechischen Spielwort παιδιά und den dazugehörigen Ableitungen schreibt Huizinga: „Mit der ganzen Wörtergruppe scheint der Bedeutungsklang des Frohen, Fröhlichen und Unbesorgten verbunden zu sein." (Homo ludens, L 93, S. 36) Zum Sanskrit schreibt er: „Divyati steht in erster Linie für das Würfelspiel, bedeutet aber auch Spielen im allgemeinen, Scherzen, Tändeln, Zum-Narren-Halten." (L 93, S. 37) Stieler gibt neben anderen Bedeutungen an: *otium tenere, nonnumquam etiam est iocari, ridere.* Ebenso Adelung: *In engerer und theils figürlicher Bedeutung ist das Spiel eine Bewegung oder Beschäftigung, welche aus keiner andern Absicht als zum Zeitvertreibe und zur Ergetzung des Gemüthes unternommen wird.* (Bd. 4, Sp. 197) Um den engen Zusammenhang von ‚spielen' und ‚scherzen' zu zeigen, lasse ich einen kleinen Exkurs zum Wort ‚scherzen' folgen.

‚Scherz' bedeutet mhd. ‚Vergnügen, Spiel', das Verb ‚scherzen' ‚lustig springen, hüpfen', womit wir wieder bei der Grundbedeutung von ‚Spiel' angelangt sind. Aber nicht genug damit. Das ital. ‚scherzare', das offensichtlich mit dem deutschen Wort ‚scherzen' verwandt ist, kann alle Bedeutungen von dt. ‚spielen' annehmen [213]. „Dice gli atti che per giuoco fanno i fanciulli e gli animali giovani, scherzare col vero, scherzare sulle parole."[214] In Tassos *Gerusalemme liberata* finden sich folgende Verse (7, 5):

E mormorare il fiume e li arborscelli
E con l'onda scherzar l'aura e co'fiori.

Auch im Deutschen kann ‚scherzen' statt ‚spielen' für die Bezeichnung der Bewegung des Windes eintreten. *der West schertzete mit ihren langen krausen Haarlokken* [215].

---

del riso, et dell'amore, gia che ne bello, ne dilettevole giuoco senza riso, et senza amore si farà mai. (Dialogo dei Giuochi, L 19, S. 45)

[212] Die französischen Wörterbücher geben unter ‚Jeu' folgendes an: „Jeu (iocus, ludus), Raillerie, Façon de dire ou d'agir badine, plaisante et un peu libre, sans pourtant dessein d'offenser." (Richelet, Dictionnaire 1759, tome 2). Quillet (1969) gibt als erste Bedeutung an „se récréer, se divertir", zu ‚jeu': „divertissement, récréation, tout ce qui se fait par esprit de gaité et par amusement."

[213] Duden, Etymologie gibt an, daß das Wort aus langob. skerzon entlehnt sei, von wo es dann offenbar auch ins Italienische gelangt wäre.

[214] Aus Tommaseo: Dizionario della lingua italiana Bd 5, 1929.

[215] Pegnesisches Schäfergedicht ... angestimmt von Strefon (Harsdörffer) und Clajus (Klaj) Nürnberg 1644. Neudruck: Tübingen 1966, S. 22.

Die Verwendung von ‚spielen' in der Bedeutung von ‚scherzen' läßt sich auch im Deutschen gut belegen. Notker: *Er cham dara. dâr sie* (die Kentauren) *spilotôn in uuazere* [216]. Dieser Beleg ist um so schöner, als hier angenommen werden darf, daß die Kentauren nicht ein bestimmtes Spiel spielten, sondern sich einfach unterhielten. Eine andere Stelle findet sich in der Wiener Genesis, wo die Hochzeit von Rebekka und Isaak beschrieben wird:
si sazen ze mûse / mit vrolicheme gechose. / das was spil unde wunne / under wiben unde mannen. / Vone benche ze benche / hiez man allutere win scenchen./ si spilten und trunchen, / unz in iz der slâf binam (V 2017 ff.).

Ich habe diese Stelle so ausführlich zitiert, weil hier schon Elemente auftreten, die sich im Zusammenhang mit dem Spiel immer wieder finden: die Geselligkeit, das fröhliche Geplauder, das Tändeln.

Die Verbindung von Freude und Spiel trifft man im Mhd. mit seiner Vorliebe für variierende Doppelformen häufig an. *des trostes wurden sî vrô / unde machten im dô / beide vreude unde spil* (Iwein V 4803 ff.).

Auch im Nibelungenlied findet sich die Formel, an der Stelle, wo Hiltbrant und Dietrich den jungen Giselhêr beklagen. *Du waer sô êren staete / daz dich des nie duhte vil, swaz du ze vröuden unt ze spil / der werlte kundest machen* (Klage V 898 ff.).

Gottfried variiert *spil und wunne: ir habet mir zware an ime benomen / daz beste miner ougen spil / und mines herzen wunne vil* (Tristan V 16260 ff.). Spiel kann in gewissen Wendungen geradezu der Gegensatz zu Ernst sein: *sin ander süne giengen mite / darzuo hovegesindes vil, / die so durch ernest so durch spil / im folgeten unz an den kiel* (Tristan V 2194 ff.) oder *ist ez ernest, ist ez spil, / er ist ie, swie so man wil* (Tristan V 15 743 f.).

Ob diese Bedeutung aus derjenigen des Kinderspiels entstanden ist, läßt sich kaum ausmachen. Das Kinderspiel hat bei den Nürnbergern keine Bedeutung. Ich nenne es nur, weil es grundlegend zum Begriff des Spiels gehört. So bedeutet das griech. Spielwort παιδιά eigentlich ‚was zum Kinde gehört' [217].

Die Bedeutung ‚Kinderspiel' kann übertragen werden, so daß das Wort für alles Leichte, für Unernst steht, z. B. in Morungens berühmten Versen:
mir ist ze lange wê; / sît si jêen ez sî niht ein kinde spil, / dem ein wîp sô nâhen an sîn herzen gê (MF 138, 4 ff.).
Parzifal: *swaz ie gestreit iwer hant, / daz was noch gar ein kindes spil.* (557, 12 f.).

Hier wäre wohl die Ableitung ‚Spielerei' noch anzuführen, die in den Bedeutungsbereich des Leichten, Mühelosen gehört und mit leicht pejorativer Färbung in den Bereich des Scherzes.

216 Notker: Martianus Cap. ATB 34, 324, 7. (Kapitel: De his qui virtute adversa vicerunt)
217 Huizinga, Homo Ludens L 93, S. 36.

d) Mit jemandem spielen, mit etwas spielen

Eine besondere Bedeutung ergibt sich aus der Verwendung des Verbs mit einer Präposition ‚spielen mit etwas oder mit einer Person'. Auch hier erfassen wir die Bedeutung des Scherzhaften, ja manchmal sogar Leichtfertigen. Die häufigste Metapher in diesem Bereich ist die von Gott, der mit den Menschen spielt. Diese Vorstellung treffen wir schon in Notkers Boethius-Übersetzung, wo Boethius sagt: *Spilest du sament mir chad ih, mit tinero redo, so ferwundenen laborinthum wurchendo?*[217a] Hier hat ‚spielen' die Bedeutung von ‚jemanden irreführen, ihn zum Narren halten'.

Bei der Verwendung ‚mit etwas spielen' wären die verschiedensten Kinderspiele zu nennen, ich übergehe sie aber und komme gleich zu den Spielen der Erwachsenen. ‚Mit den Wörtern spielen', heißt leicht mit ihnen umgehen. Zum Wortspiel gehört eine Person, die mit den Wörtern wie mit Spielfiguren spielt. Stieler gibt zum Stichwort ‚mit Worten spielen' an: ‚Verba dare', dies ist wohl ein ‚calque' zum Ausdruck ‚dare calculum', was einen Stein ziehen im Brettspiel bedeutet.

Zum Wortspiel gehört der Scherz, das Vergnügen, ja das Wortspiel hat keinen andern Zweck, als Freude zu machen.

e) Ein Spiel spielen

Bis jetzt habe ich nur die Bedeutungen des intransitiv verwendeten Verbs berücksichtigt. Es sind nun die Bedeutungen der transitiven Verwendung zu betrachten: ein Spiel spielen, ein Musikinstrument spielen, endlich eine Person spielen.

Das Wettspiel ist so mit unseren Vorstellungen vom Spiel verknüpft, daß Huizinga seine ganze Spieltheorie darauf aufbaut. Wenn auch, wie Huizinga zeigt, die Spannung auf den Ausgang das Wettspiel bestimmt, so ist es doch immer ein Mittel zur Unterhaltung, Anlaß zur Freude. Adelung definiert das Spiel: *Gewisse durch Regeln bestimmte Ergetzlichkeiten dieser Art, besonders wenn sie darauf abzielen, einen Vorzug oder gesetzten Gewinnst von dem andern zu erlangen* (Bd. 4, Sp. 198). Das Wichtige an dieser Bedeutung ist der Begriff der Regel, der immer zu dieser Art von Spielen gehört. Beispiele erübrigen sich, da ja diese Bedeutung geläufig ist.

Das Spielen von Musikinstrumenten gehört für uns auch ganz selbstverständlich zu den Verwendungen des Wortes. Das Spielen von Musik wird ja bis weit ins 18. Jahrhundert und zum Teil auch heute noch als Unterhaltung aufgefaßt, so werden Freude, Unterhaltung und Musik oft in einem genannt. Wiederum spielt wohl auch hier der Aspekt des Leichten, Mühelosen eine Rolle. Dieser Auffassung sind Herder und Adelung. Herder schreibt: *Wem kam diese*

[217a] Notker: Martianus Capellanus. ATB 33, 234, 11. (Kap.: De similitudine harum rationum.)

*leichte Bewegung mehr zu als den Gebehrden- und Saitenspielern? daher sie sich,
je schwerere Dinge sie schnell und leicht darstellten, desto mehr des Worts
S p i e l verdienten* [218]. Adelung schreibt: *Auf der Violine, auf der Orgel usf.
spielen, wo es doch von gewissen sanft klingenden Instrumenten gebraucht wird,
... woraus beinahe zu erhellen scheinet, daß spielen in dieser Bedeutung nicht
sowohl den Klang, als vielmehr die leichte schnelle Bewegung der Finger oder
Hände ausdruckt* (Bd. 4, Sp. 199).

In der Sicht hat diese Bedeutung eine Beziehung zur vorhergehenden. Tatsächlich ist es ja interessant zu sehen, daß das Spielen eines Instruments im
Lateinischen immer mit canere resp. psallere bezeichnet wird, das heißt mit
einem Wort, das in den semantischen Bereich des Tönens gehört, ebenso wie
das ital. suonare, das in Verbindung mit Musikinstrumenten verwendet wird,
während das Französische das Spielwort jouer braucht.

Herder hat die Bedeutung ein ‚Instrument spielen' zur Bedeutung ‚eine Person spielen' über die Leichtigkeit der Bewegung in Beziehung gebracht. Ob dies
tatsächlich so ist, ist schwer zu sagen. ‚Eine Person spielen' heißt ja ‚so tun als
ob'; damit gehört diese Verwendung eher in den Bereich des Nichternsten. Adelung versucht diese Verwendung mit Hilfe der Regeln an den Spielbegriff anzu-
knüpfen: *Menschliche Handlungen nach gewissen Regeln zur Belustigung anderer nachahmen.* Die Regeln sind aber gerade in dieser Verwendung nicht wichtig.
Hingegen darf der Aspekt der Belustigung nicht außer acht gelassen werden, er
ist es, der das Rollenspiel mit dem Spielen eines Musikinstruments und mit der
weiteren Bedeutung von Unterhaltung überhaupt verbindet.

f) Ergebnisse

Allen Bedeutungen gemeinsam ist das Element der Freude.

1. Das Wort ‚Spiel' weist uns in den Bereich der Bewegung. In dieser Bedeutung ist schon der Aspekt des Leichten, des Mühelosen sowie des Freudigen
bestimmend, je nach Betonung kann auch ein Element der Schnelligkeit oder der
Mannigfaltigkeit in dieser Bedeutung enthalten sein.

2. In einer zweiten Verwendung des Wortes herrscht die Bedeutung des
Scherzes, des Tändelns, der Kurzweil jeder Art vor, wobei meistens das Element der Geselligkeit dazu gehört.

3. In der Verwendung des Verbs mit Präposition tritt uns die Überlegenheit
des Spielenden sei es über ein Ding, sei es über eine Person entgegen, wobei
auch hier die Bedeutung des Leichten mitenthalten ist.

4. Das Spielen eines bestimmten Spiels oder eines Musikinstruments dient
der Unterhaltung, der Freude, der Geselligkeit, auch hier kann die Bedeutung
des Leichten mitschwingen.

[218] Herder: Kalligone, L 38, S. 153.

5. Das Spielen einer Person hat meistens auch noch den Zweck, Freude und Vergnügen zu bereiten. Da sich das Rollenspiel in einer Welt abspielt, die der unsern ähnlich sieht, aber doch nur Schein ist, kann diese Verwendung des Wortes ‚spielen‘ einen Aspekt des Nicht-Ernsten, ja des Scherzes haben.

2. Harsdörffers Angaben über die Bedeutung

Die immer wieder angewandte Methode, von der Bedeutung des Wortes auf das Wesen der Sache zu schließen, wendet auch Harsdörffer an. Anläßlich seiner Aufnahme in die Fruchtbringende Gesellschaft, wo er den Gesellschaftsnamen *Der Spielende* erhielt [219], verfaßte er die *Spielrede*, die er im Anhang zum vierten Teil seiner *Gesprächspiele* abdruckt. Die Rede hat einen doppelten Zweck, sie soll erstens eine *Ehrrettung* des Wortes ‚Spiel‘ sein [220] und zweitens den Wert der deutschen Sprache erweisen; das heißt sie dient einerseits zur Erklärung des Gesellschaftsnamens, den Harsdörffer erhalten hat, andererseits ist sie eine Huldigung an die Fruchtbringende Gesellschaft. Die in der Rede gemachten Aussagen über das Spiel, die oft nicht von Harsdörffer stammen — es handelt sich zum großen Teil um Zitate — können auf die *Gesprächspiele* bezogen werden. Ich will die *Spielrede* nicht als Ganzes behandeln. Es ließe sich hier noch einmal das bunte Zusammenwürfeln von Argumenten nachweisen, das rhetorischen Zwecken dient. Es geht Harsdörffer in dieser Rede nicht um logische Folgerungen, sondern um das Überreden. Alle Argumente werden in den Dienst seiner zweifachen Absicht gestellt. Ich wähle im folgenden einige bedeutungsvolle Abschnitte aus. Im nächsten Abschnitt sind beinahe alle Bedeutungen des Wortes ‚spielen‘ enthalten.

Durchwanderen wir die wunderreiche Verfassung dieser gantzen Welte / so werden uns hin und wieder der Natur gemässe L u s t s p i e l e entgegen kommen.

Das Gewülk unter den blauen Sternhauß s p i e l e t mit den schnellbebenden Winden / und weiset allerhand lauffärtige Bildungen vermittelst der nach und nach aufwallenden Erdendämpfe. Der fruchtbare Regen und erqwickende Taue s p i e l e t mit den ruchreichen Feld- und Garten-Blümlein. Die umwaltzende Meerwellen s p i e l e n / vermittelst der Segelschnellen Vorwinde / mit den ungeheuren Lastschiffen. Was Belieben träget doch die Natur ihren S p i e l l u s t in dem Gesäme / den Kräuteren / Wurtzelen / Blumen / Steinen / Ertze / Gummien / u. d. g. unserem erstaunen vorzustellen (IV, 468 f.).

---

[219] Die Ableitung des Nomen agentis vom Part. Präs. begegnet auch sonst. Aramena L 17, V, S. 435 die *spielenden* für die Schauspieler.

[220] *Dieser Nam des Spielenden wird ins gemein für verächtlich / nachtheilig und schimpflich gehalten /* (G-Sp. IV, 463)

1. Die Bedeutung von ‚schnell und leicht bewegen' ist im spielenden Gewölk enthalten. Die Bedeutung wird durch das Wort *schnellbebend* unterstrichen. Während wir den Eindruck haben, das Gewölk sei passiv und der Wind aktiv, meint Harsdörffer, daß eine Bewegung von beiden Seiten her stattfindet. Schon im Bild der sich verändernden Wolken ist die Bedeutung der Variation enthalten.

2. Die Bedeutung von ‚glitzern, glänzen' ist wohl in der Verwendung des Wortes im Zusammenhang mit dem Regen oder Tau, der mit den Blumen spielt, anzunehmen, wobei auch hier noch die Bedeutung der leichten und schnellen Bewegung mitspielen mag.

3. Obwohl auch in den vorangegangenen Beispielen immer die Präposition ‚mit' auftrat, fassen wir doch erst in dem Satz von den Meerwellen, die mit den Schiffen spielen, die eigentliche Bedeutung von ‚mit etwas spielen'. Die Größe der Schiffe wird durch den ersten Teil des Kompositums *Lastschiffe* und durch das Adjektiv *ungeheuer* bezeichnet. Da die Schiffe so groß sind, ist die Kraft des Meeres umso deutlicher; es kann mit diesen Schiffen spielen, das heißt doch wohl, es kann sie wie Bälle hin- und herwerfen.

4. Im letzten Beispiel endlich ist das Wort in der Bedeutung von ‚spielend verschiedene Dinge hervorbringen' verwendet. Wir fassen hier den Aspekt der Variation. Die von der Natur hervorgebrachte Mannigfaltigkeit ruft beim Betrachter Erstaunen hervor, daran wird man sich bei der weiteren Betrachtung des Harsdörfferschen Spielbegriffes erinnern müssen.

3. Die Anwendungen dieser Bedeutungen auf die „Gesprächspiele"

Harsdörffer hat in dem oben zitierten Abschnitt das Verb erklärt. Wir erhalten aus diesem Text nur Aufschluß über die Art wie gespielt wird, nicht aber über die Bedeutung des Spiels. Diese wird an einer andern Stelle der vorliegenden Arbeit behandelt. Betrachten wir nun die Bedeutungen von ‚spielen' im Hinblick auf die *Gesprächspiele*, so zeigt sich, daß wir alle Bedeutungen in der Art, wie gespielt wird, wiederfinden.

1. Spielen als ‚schnelles Bewegen' finden wir einerseits in der Tätigkeit des Verstandes. Die Schnelligkeit, Wendigkeit, das leichte Bewegen des Verstandes ist ja geradezu eine Bedingung für das Gelingen der Spiele. Es ist dieses Spielen des Verstandes, das im Wortspiel, in der Anspielung und in der Schlagfertigkeit seinen sprechenden Ausdruck findet.

Andererseits besteht die Leichtigkeit des Spielens auch in der Leichtigkeit, wie man etwas lernt. Spiel bildet einen Gegensatz zu Mühe.
Allhier wird jede Brust
gelehrt und unterricht / durch Lieb' in süssen Spielen:
In Spielen: die dahin gantz unvermerket zielen /
wie doch / durch Spielen / uns das werde beygebracht /

so sonsten in gemein / bey Morgen / Tag und Nacht /
durch Müh' und großen Fleiß / gar sauer wird erlernet, sagt der Vielgekörnte
(Dietrich von dem Werder) in einem Lobgedicht auf Harsdörffer (G-Sp. IV,
435).

2. Wenn ,spielen' in der Bedeutung ,glänzen' gebraucht wird, schwingt immer noch die Bedeutung ,schnelle Bewegung' mit. ,Spielen' in dieser mit der ersten eng verwandten Bedeutung kann wiederum auf die Tätigkeit des Geistes
angewendet werden. Die Wendigkeit des Verstandes ist oft ein Brillieren.

3. Die Bedeutung ,mit etwas spielen' drückt das Vehältnis von Spieler und
Spielobjekt aus. Spielobjekt im Falle der *Gesprächspiele* ist einerseits die Sprache, andererseits das Wissen jeglicher Art. Die Personen gehen mit dem Material
wie das mächtige Meer mit den Schiffen um. Sie werfen es mit der gleichen
Leichtigkeit und Überlegenheit umher wie die Ballspieler ihre Bälle.

In allen diesen Verwendungen ist eine Konstante zu bemerken, die Leichtigkeit. In ihren Wirkungen werden die verschiedenen Spieltätigkeiten zusammen-
gehalten durch die Freude, die sie verursachen. Harsdörffer spricht von der
Spiellust der Natur und von den *Lustspielen* der Natur. Spiel und Lust sind
untrennbar miteinander verbunden.

4. Die Bedeutung der Variation ist enthalten in der Art, wie immer neue
Spielregeln gegeben werden und damit auch neue Arten des Spielens versucht
werden. Wie die Natur, wenn sie spielt, die Mannigfaltigkeit hervorbringt, so
werden in den *Gesprächspielen* immer wieder neue Antworten durch die Spiele
hervorgebracht.

Ein Vergleich von Harsdörffers Angaben über die Bedeutung von ,spielen'
mit jenen aus dem Wörterbuch zeigt, daß sich zwei Bedeutungen nicht in diesem
Zitat finden: ,eine Rolle spielen' und ,ein Musikinstrument spielen'. Die Bedeutung von ,eine Rolle spielen' scheint Harsdörffer als Thema nicht zu beschäftigen. Er stellt zwar an einer Stelle die rhetorische Frage: *Was ist aber das gantze*
Menschliche Leben anders / als ein Traur- und Freuden-Spiel? (IV, 470) Auf den
ersten Blick könnten wir denken, daß wir die bekannte Schauspielmetapher vor
uns hätten, die bisher in der Forschung fast allein das Feld der Spielbedeutun-
gen des 17. Jahrhunderts behauptete. Zu unserer Verwunderung fährt Harsdörffer aber fort: *Ein Freudenspiel / wann man Gott lobet und ihm dichtet ein*
feines Lied auf der Harfen und den Saitenspielen (IV, 470). Das Trauerspiel
läßt er in der Erklärung einfach weg, und das Freudenspiel besteht aus Dichtung
und Musik. Es ist nichts vom Welttheatergedanken zu sehen. ,Eine Rolle spielen' wird bei Harsdörffer nie thematisiert. Es gehört zum selbstverständlichen
Betragen eines Menschen in der Gesellschaft, eine Maske zu tragen.

Die Assoziation von Spiel und Musik kommt bei Harsdörffer häufig vor, ausführlich in der der *Spielrede* vorangestellten *Alkäischen Ode,* auf die ich noch
zurückkommen werde.

4. Der Ursprung des Wortes „Spiel" nach Harsdörffer

Außer allem Zweiffel hat Adam allen Thieren und Geschöpfen aus ihren Arten und wirklichen Eigenschaften woldeutende Namen ertheilet: und solchergestalt ist das Wort S p i e l in der Natur befindlich / und zu hören von Berg-ab-fliessenden Wasserbächen / welche zwischen den bunten Kieß daher l i s p e - l e n / und ein angenemes Getön unseren sonst müssigen Ohren gleichsam ein-s p i e l e n : daher vieleicht entstanden / daß a l l e S a c h e n / s o o h n e M ü h e u n d A r b e i t / a u s s o n d e r e m B e l i e b e n d a h e r f l i e s s e n / S p i e l e u n d S p i e l e n genennet worden / daher auch das spühlen / und ausflössen / durchlispelen oder oft durchseyen den Namen haben mag ²²¹.*

Der Ursprung des Wortes ‚Spiel' wird hier mit einem Gedanken erklärt, der seine Wurzeln einerseits in der Bibel, andererseits in Platons *Kratylos* hat. 1. Mose 2,20 heißt es: *Und der Mensch gab einem jeden Vieh und Vogel unter dem Himmel und Tier auf dem Felde seinen Namen.* Bei Platon wird eine Meinung vertreten, daß die Namen den Dingen von einem Wesen gegeben wurden, das Einsicht in das Wesen der Dinge hatte und sie deshalb ihrem Wesen gemäß benannte, so daß man von ihrem Namen wiederum auf ihr Wesen schließen kann.

Es ist bezeichnend für Harsdörffer, auf welche Art Adam das Wort ‚spielen' gefunden hat. Ich sage absichtlich gefunden, denn Adam mußte nur hinhören, was ihm die Bächlein vorsagten, und schon hatte er das Wort ‚spielen' ²²². Das Argument verwendet Harsdörffer sonst, um den Wert der deutschen Sprache zu beweisen. Nach Harsdörffer hat die deutsche Sprache eine Eigenschaft, die alle andern Sprachen nicht haben: sie kann wie die Natur sprechen.

Sie redet mit der Zungen der Natur / in dem sie alles Getön und was nur einen Laut / Hall und Schall von sich giebet / wol vernemlich ausdrucket; Sie donnert mit dem Himmel / sie blitzet mit den schnellen Wolken / ... sausset mit den Winden / brauset mit den Wellen / rasselt mit den Schlossen / schallet mit

---

²²¹ G-Sp. IV, 467. Über die Sprachauffassung Harsdörffers, auf die ich nicht eingehen will, vgl. W. Kayser: Die Klangmalerei bei Harsdörffer 1932, L 97, S. 174–184. Man mag sich fragen, warum Harsdörffer *durchseyen* zu *lispeln* stellt. Wahrscheinlich lehnt er sich hier an eine Stelle in Platons *Kratylos* an, wo über das Wasser gesprochen wird. *Und doch geht fast von selbst daraus hervor, daß er* (der Name Tethys) *die verhüllte Bezeichnung für eine Quelle ist. Denn das ‚Gesiebt-werden'* (diatlomenon) *und das ‚durchsickernde'* (etoumenon), *das sind bildliche Ausdrücke für eine Quelle. Aus diesen beiden aber ist der Name Tethys zusammen-gesetzt.* (Kratylos § 19, L 50, S. 352)

²²² ‚spielen' ist ein Anagramm zu ‚lispeln'. Letzteres hat Adam ja von den Bächen gehört. In Harsdörffers Sprachtheorie haben die durch Anagramm auseinander entstandenen Wörter eine innere Beziehung. Vgl. oben S. 12 ff.

dem Luft / ... brummet wie der Beer / ... kracket wie der Rab / ... und wer wolte doch das wunderschickliche Vermögen alles ausreden [223].

Harsdörffer reiht also das Wort ‚spielen' in die Reihe der Schallwörter ein. Daß dies so einfach nicht geht, hat er gesehen, und so assoziiert er auf die ihm eigene Art ‚spielen', das zunächst ein einfaches Schallwort ist wie z. B. ‚brummen', mit ‚ein Getön spielen'. Wenn uns diese Herleitung heute seltsam vorkommen mag, dürfen wir nicht vergessen, daß noch Herder und Adelung das Wort als ursprünglich lautmalendes Wort betrachteten [224]. Harsdörffers Unterfangen, das Wort ‚spielen' als Schallwort in der Natur zu finden, muß darum scheitern, weil ‚spielen' gerade niemals von natürlich hervorgebrachten Tönen gebraucht wird. Betrachtet man diese Herleitung näher, so sieht man, daß sie dieselbe Struktur aufweist wie jene Spiele, in denen zwei möglichst verschiedene Dinge miteinander verglichen werden müssen und in denen es allein darauf ankommt, eine Erklärung für diesen Vergleich zu finden. Nicht umsonst sagt Harsdörffer, die Bäche spielen *gleichsam* das Geräusch unsern Ohren ein. Es kommt Harsdörffer darauf an, das Wort mit der Musik in Verbindung zu bringen, die für den musikalischen Menschen, der er nach den Sprachspielereien zu schließen zu sein scheint, wichtig ist. Nebenbei sei darauf hingewiesen, daß er auch wieder den Begriff des Leichten, Mühelosen und den nicht weniger wichtigen Begriff des Müßiggangs mit dem Spielwort verbindet.

[223] G-Sp. I, Schutzschrift S. 12. Ähnlich G-Sp. III, S. 290 ff. Harsdörffer hat diese Auffassung wahrscheinlich von Schottel übernommen, der in der 4. Lobrede, L 57, S. 59 schreibt: *Denn / ein jedes Ding / wie seine Eigenschaft und Wirkung ist / also muß es vermittelst unserer Letteren / und kraft derer / also zusammengefügten Teutschen Wörter / aus eines wolredenden Munde daher fliessen / und nicht anders / als ob es gegenwärtig da were / durch des Zuhörers Sinn und Hertze dringen. Zum Exempel ...: Wasser fliessen / gesäusel / sanft / stille / etc.* Vgl. auch Schottel: HauptSprache, L 57, S. 779, wo Schottel als Beleg für diese Eigenheit der deutschen Sprache zwei Gedichte von Klaj zitiert.

[224] Vgl. S. 106 u. Anm. 204 dieser Arbeit.

II. Harsdörffers Spielbegriff

1. Der Spielbegriff in der ‚Alcaischen Ode'

Alcaische Ode beschreibend Die künstlichen und unkünstlichen Music-Instrumenten in vorgesetztem Kupfertitel.

Ein jeder steckt ihm selbest erwehltes Ziel:
der liebet etwan künstliche M u s i c s p i e l' /
* erlustigt sich mit O r g e l n und T r o m p e t e n /*
* schlurffenden Z i n k e n und großen F l ö t e n.*
P o s a u n e n / G e i g e n / L a u t e n und anders mehr /
beliebet vielen neben der Music-Lehr.
* Ein minderer Geist liebt auszuschweiffen /*
* Bauren und Burgeren aufzupfeiffen.*
Die C i t t e r / L e y e r / das schallende J ä g e r H i f f t
im Feld und in den Dörfferen Freude stifft /
* S c h a l m a y e n / T r i a n g e l / M a u l t r o m m e l*
* liebet der Pövel im Zechgemommel.*
Ein jeder lobt das Seine so viel er wil;
U n k u n s t' und K ü n s t e / Saiten und Sinne-Spiel,
* ich denk' ihr keinen zu befeden /*
* h ö r e t m i c h / h ö r e t v o n S p i e l e n r e d e n!* (G-Sp. IV, 452 f.) [225]

Dieser Ode steht ein Kupferstich voran, der alle aufgeführten Musikinstrumente zeigt. Wir blicken in eine Art Vorhalle, die in einen Garten geht, an den Säulen sind die Instrumente aufgehängt, im Fluchtpunkt steht die Orgel. Dieses Bild, das als Titelbild zur *Spielrede* den Zusammenhang von Spiel und Musik augenfällig macht, findet seine Entsprechung in einer mehrmals auftretenden Darstellung von Harsdörffers Gesellschaftsnamen, wo in jedem Buchstaben von *Der Spielende* ein Musikinstrument dargestellt ist. (z. B. G-Sp. IV, (12)) Die nähere Analyse dieser sogenannten *Alcaischen Ode* muß erweisen, wie es mit diesem Zusammenhang steht. Bevor ich auf die Ode näher eingehe, möchte ich auf eine Erscheinung hinweisen, die sich in der bildenden Kunst des 17. Jahr-

---

[225] Man beachte, daß Harsdörffer hier einmal mehr mit der Aufzählung unendlich fortfahren könnte, indem er sogar *und andres mehr* in den Reim setzt.

hunderts häufig findet. In einigen Stilleben werden mit Vorliebe Spielkarten, Schachbrett und Musikinstrumente dargestellt [226].

Auf dem Deckengemälde, das sich genau in der Mitte der Galérie des Glaces in Versailles befindet und das Thema *Le roy gouverne par luy-même* zum Gegenstand hat, sieht man Kinder, die Karten, Schach und mit Würfeln zu Füßen des Königs spielen, wobei eines der Kinder ein Jagdhorn umgehängt hat. Diese Hinweise mögen genügen, um zu zeigen, daß die Assoziation von Spiel und Musik nichts Außerordentliches darstellt. Es kommt nun darauf an, die spezifische Betonung zu sehen, die Harsdörffer dieser Verbindung gibt.

Die Unterscheidung von künstlichen und unkünstlichen Musikinstrumenten, wie sie Harsdörffer in seiner Ode vornimmt, ist leicht verständlich. Die künstlichen Musikinstrumente sind jene, die eine gewisse Schulung, ein gewisses Können erfordern. Die unkünstlichen Musikinstrumente dagegen können auf einfache Weise und ohne besonderes Können zum Klingen gebracht werden.

Die künstlichen Musikinstrumente weisen auf einen höheren Geist hin, dem es Freude macht, sich mit geistigen Dingen zu beschäftigen, während der *mindere Geist* die Musik als rein sinnliche Unterhaltung braucht, ohne dabei auch den Geist anzustrengen. Der höhere Geist wird stillschweigend gleichgesetzt mit dem höheren Stand, während der niedere Geist mit Jägern, Hirten, Bauern und Bürgern gleichgesetzt wird. Eine solche Zuordnung der Musikinstrumente zur Aristokratie resp. zum Volk scheint geläufig zu sein, denn noch in Zedlers Universallexikon (L 66) finden wir folgende Ausführungen zur Trompete: *Bei denen Römer ist es eben so wohl merckwürdig, daß auch die vornehmsten unter ihnen die Trompete bliesen und diese Kunst bloß vor freye Leute gehört* (Bd. 45, Sp. 1109). Über den Wert der Trompeter in der Gegenwart schreibt er: *Denn man findet dieselben nicht auf den Dörffern unter den Knechten und Leibeigenen, sondern sie thaten ihre Dienste, theils an den Höfen großer Herren, theils in dem Kriege* (Bd. 45, Sp. 1114). Wie bei Harsdörffer findet sich hier die Gegenüberstellung von Hof und Dorf, wobei die Trompete strikt einem Stand zugeordnet wird. Dasselbe gilt für die Posaune, die ebenfalls ins aristokratische Milieu gehört [227].

Dagegen gehören das Hifft Horn, die Maultrommel und die Leyer in eine dörfliche Atmosphäre. Zur Leyer schreibt Zedler: die Leyer *ist ein Kling-Spiel ... Es wird mehren theils von blinden geführt, die damit auf dem Lande ihr Brod suchen* [228]. Diese Instrumente unterscheiden sich auch durch ihre Kleinheit von

---

[226] Als Beispiel möge man die *Nature morte à l'échiquier* von Baugin nehmen, wo Geld, Spielkarten, ein Schachbrett und eine Laute dargestellt sind, neben Musiknoten und andern die Sinne ansprechenden Dingen.

[227] Zedler, Universallexikon, L 66, Bd. 28, Sp. 1696: die Posaunen *haben einen nicht so scharfen, aber lieblichern Schall als die Trompeten, und werden bey Kirchen- und Tafelmusicen gebrauchet.*

[228] Zedler, Universallexikon, L 66, Bd. 17, Sp. 719 f. Die Maultrommel ist ein kleines

den größeren und kunstvolleren adligen Instrumenten. So ist es klar, daß die Orgel als das kunstvollste und größte Instrument im Fluchtpunkt des Bildes stehen muß [229].

Klaj, der öfters noch als Harsdörffer Musikinstrumente nennt, versammelt einmal alle Instrumente zum Lob Christi:

Setzet an / blaset die feyer Trommeten /
Lasset erklingen die hohen Clareten /
lasset die küpfernen Trummeln erschaln
                    Prasseln und haln.
. . .
Rühret der Harfen bewegliche Seiten /
lasset das Orgelwerk klüglich bestreiten /
Alle Welt soll Jhn mit völligem Chor
                    Heben empor.
Flötet / posaunet / versüsete Lieder
Christus der Höllen Bestürmer kömt wider [230].

Christus wird in diesem Text als Fürst und als Feldherr gesehen. Für ihn werden alle diese Instrumente heraufbeschworen, die der adligen Sphäre zugehören. Um die Art, wie man auf der Orgel spielen soll, zu charakterisieren, braucht Klaj das Wort *klüglich,* auch hier also ein Wort aus dem intellektuellen Bereich, wie auch bei Harsdörffer die Orgel zusammen mit der Musiklehre genannt wird.

Auch die Musiklehre gehört in den Adelsstand, wie sie von sich selbst einmal sagt:

Mein hoher Adelstand läst mich nicht gar verligen /
Ich muß / ich muß hervor und weisen / was ich kan!
Mag ich die Frevelwitz des Pövels nicht vergnügen:
So wird mein' Ehre doch gelangen Himmel an (G-Sp. IV, 41).

Es zeigt sich hier jener Unterschied von gebildeter Aristokratie und ungebildetem Pöbel, der sich bereits in den *Gesprächspielen* feststellen ließ. Die Musiklehre, die den künstlichen Musikinstrumenten zugeordnet ist, verlangt eine Anstrengung vom Verstand genau wie die anspruchsvolleren Spiele. Die unkünst-

---

Instrument: die Maultrommel *ist ein Klingspiel, bestehend aus einem kleinen eisernen halben Ring* (Zedler, Bd. 19, Sp. 2172).

[229] *Die Orgel behält unter allen musicalischen Instrumenten den Vorzug, denn alle andere, sie werden gleich geschlagen, gestrichen, oder geblasen, geben doch nur meistens einen einfachen Schall von sich, und obschon einige mit gedoppelten und dreyfachen Griffen angegriffen werden, so ist doch die Harmonie nicht so vollkommen, als auf einem Clavier, welches die Kunstgeübten Organisten so vollstimmig und vielgreifig zu berühren wissen, daß man dem Laut nach urtheilen solte, sie bedienten sich hierzu nicht nur zweyer, sondern wohl vier und mehrerer Hände.* (Zedler, Universallexikon, L 66, Bd. 25, Sp. 1871 f.)

[230] Klaj: *Aufferstehung Jesu Christi.* In: Redeoratorien, L 39, V 1 ff. und V 29 ff.

lichen Musikinstrumente dagegen stehen für eine leichte Unterhaltung, die auch vom Ungebildeten zu bewältigen ist. An einer Stelle erklärt Harsdörffer den Unterschied zwischen schweren und leichten Spielen auf folgende Weise: *Die Gesprächspiele lassen sich füglich in dreyen Theilen unterscheiden; Deren die ersten schwer sind / und in gewiese Wissenschaften einlauffen; Die anderen leichter / welche mit geringer Ubung zu fassen: Die dritten so leicht / daß sie fast ohne Nachdenken / zu Werk gerichtet werden können* [231].

Offensichtlich gibt Harsdörffer diese Dreiteilung später zugunsten einer Zweiteilung in leichte und schwere Spiele auf [232]. Es geht Harsdörffer aber nicht darum, die eine Kategorie der Spiele der andern vorzuziehen, beginnt doch die Ode mit dem Vers *Ein jeder steckt ihm selbest erwehltes Ziel,* den er wieder aufnimmt mit dem Vers *Ein jeder lobt das Seine so viel er wil.* Das scheint mir bemerkenswert, zeigt sich doch in der Anlage der Spiele ein gewisser Hang zur Exklusivität, zum Ausschließen gewisser Schichten. Wir haben hier wahrscheinlich dieselbe ambivalente Haltung wie in den Sprachgesellschaften vor uns, in denen grundsätzlich jeder zugelassen wird, der sich um die Sprache verdient macht, die aber andererseits doch fast ausschließlich aus aristokratischen Mitgliedern bestehen. Endlich kann man in einer solchen auf den ersten Blick widersprüchlichen Haltung einen Ausdruck der immer ambivalenten Situation des Schriftstellers sehen, der eben letzten Endes doch nicht nur für die *happy few* schreibt [233].

Jedenfalls erstrebt Harsdörffer mit seinen *Gesprächspielen* eine gewisse Universalität, nicht nur in bezug auf den Stoff, sondern auch in bezug auf den Leserkreis. So viele menschliche Typen es geben kann, so viele Arten von Spielen soll es geben. *als benüget* (sic!) *uns hier zu erwähnen / wie so besagte Gesprächspiele dahin angesehen / daß sie Gelehrten und Ungelehrten / Hoch- und Geringsinnigen / Alten und Jungen / Mann- und Weibspersonen anständiges Belieben leisten möchten* (IV, 475). Die Vielfalt der Spiele ist im Gedicht durch die Aufzählung der verschiedenen Musikinstrumente dargestellt [234].

---

[231] G-Sp. III, 152. Vgl. VIII, 45 f. Diese Dreiteilung der Spiele nimmt Harsdörffer wohl in Analogie zu einer üblichen Dreiteilung vor, wie sie uns in den Spieltraktaten begegnet. *Da nun dreyerley Gattung Spiel sind / deren die erste Class die Kurtzweilen ausmachen / welche in einer mäßigen Ergetzung der äußerlichen Sinnen / oder in einer proportionirlichen Leibs-Ubung; die anderen in einem etwelchen Nachsinnen / da der Verstand regiret / bestehen; die dritte eine Gattung des Looses sind* (Vernünfftige und gesätzmäßige Gedancken von dem Spielen, L 7, S. 5). Barbeyrac unterscheidet: *Les Jeux de pure adresse, ceux de pur hazard et ceux qu'on peut nommer mixtes, qui tiennent des deux premiers.* (Traité du jeu, L 18, S. 119)

[232] Vgl. das Register des 8. Teils.

[233] Eine ähnlich ambivalente Haltung zeigt sich zum Beispiel auch bei Montaigne, der vorgibt, nur für die Seinen zu schreiben, und seine Essais doch veröffentlicht.

[234] Die Vielfalt gehört auch zum Spielbegriff von Bargagli, Guazzo und Ringhieri. G. Bargagli definiert das Spiel als eine *sestevole attione d'una lieta, et amorosa*

Wenn mit diesen Gemeinsamkeiten, die Analogien zwischen dem Gedicht und den *Gesprächspielen* erschöpft wären, wäre nicht einzusehen, warum Harsdörffer gerade die Musikinstrumente in den Mittelpunkt dieses Einleitungsgedichtes stellt. Der tiefere Zusammenhang zwischen dem Gedicht und den *Gesprächspielen* ergibt sich, wenn man Harsdörffers Musikauffassung näher betrachtet.

Von einem Rationalisten wie Harsdörffer wird man keine orphische Musikauffassung erwarten[235]. Musik ist für Harsdörffer Harmonie, die nur durch Gesetz entstehen kann. Am besten versinnbildlicht die Orgel seine Musikauffassung. Äußerst kunstvolles Zusammenklingen der unzähligen Pfeifen bringt Harmonie zustande. Dies ist aber nur möglich, wenn derjenige, der auf der Orgel spielt, diese nach bestimmten Gesetzen und Regeln dank seinem Verstande und seiner Fingerfertigkeit zum Klingen bringen kann. Die Musik sagt einmal:
Obwol mein Kunstgeschmuck wurd eine Zeit bereichet /
so gar daß ich mit Ziel und Grentzen wurd umschrenkt.
Doch hört man leichtlich jetzt / wie ferne darvon weichet
der / so nach seinem Kopf mit Grillwerk mich behengt. (G-Sp. IV, 43)

Es kommt nicht darauf an, etwas nach seinem Kopf zu machen. Die höchste Kunst ist jene, die sich den Regeln fügt. Die Musik braucht das Wort *Grentzen,* innerhalb welcher sie sich bewege. Das ist ein für die *Gesprächspiele* ebenfalls bezeichnendes Wort. Grenzen sind nicht Zwang, sondern harmonische Ordnung. Harmonische Ordnung findet sich in der Beschaffenheit der Welt wieder; so spiegelt die Musik die Harmonie der Welt. *Unser Leben ist nichts anders als eine künstliche Music / welches in einer rechtgleichen Ungleichheit verfasset ist. Ein Theil desselben ist subtil / als die Lebensgeister / die Oberstimm / und das Feur: oder andere Mitteltheil etwas gröber / als das Geblüt / die hohe Stimme / und die Lufft: Ferner gleicht das Fleisch der gemeinen Stimm und dem Wasser: Dann letztlich die Gebeine der Grundstimm / und der Erden* (G-Sp. II, 293).

Das Wesen der Musik ist *gleiche Ungleichheit.* Es gibt wohl kaum einen Ausdruck, der das immer wieder festgestellte Verhältnis von Gleichheit und Mannigfaltigkeit in den *Gesprächspielen* besser ausdrücken könnte als dieses Oxymoron. Es ist die Verschiedenheit innerhalb einer Ordnung, innerhalb bestimmter Grenzen.

Ich halte davor / der Baumeister habe hierinnen den Alten gefolget / welche ihre Götter mit Musicalischen Instrumenten gebildet / nicht zwar der Meinung / als ob sie auf der Leyren oder Geigen spielten / sondern dardurch die künstliche

---

brigata, dove sopra una piacevole, od'ingeniosa proposta fatta da uno come autore, et guida di tale attione, tutti gli altri facciano, o dicono alcuna cosa l'un dall'altro diversamente (Dialogo dei Giuochi, L 19, S. 45).

235 Die orphische Musik ist für Harsdörffer geradezu Mißbrauch der Musik. *Die Music beherrschet der Menschen Gemüt mit ihrer Lieblichkeit / machet ihre Künstler sehr angenem: Der Mißbrauch aber ist so groß / daß etliche Dantzende / gleichsam rasend zu werden pflegen.* (G-Sp. VI, 268). Vgl. auch G-Sp. IV, 43.

Zusammenstimmung des Himmels und der Erden / zu bemerken (G-Sp. VI, 1 f.).
Harmonie ist eine künstliche Zusammenstimmung, das heißt, sie kommt durch
Kunst zustande. Kunst bedeutet immer Walten des Verstandes, Anwenden von
Regeln und Setzen von Grenzen.

Die Regeln sind es denn auch, die den Kern des Vergleichs zwischen den
Gesprächspielen und der Musik bilden. Die Regeln sind so wichtig, daß sie erst
das Gespräch zu einem Spiel machen. *damit nun solche Frage (Welches des
Menschen grösste Freude auf dieser Welt seyn solte) ein Spiel werde / gebiete
ich / Kraft tragenden Spielambts / daß allezeit die folgende Frage / von dem
letzten Wort / der vorhergehenden Frage anfange* (G-Sp. VII, 262). Angelica
stellt hier eine Regel auf, damit das Gespräch zum Spiel wird, damit es eine
Ordnung erhält. Das Beachten der Regeln, die Liebe zum Ebenmaß ist Zeichen
des Verstandes: *Des Menschen Verstand liebet das Ebenmaas / weil auch sein
Wesen in gleichrichtiger Verfassung bestehet. Daher sihet man, daß ein Palast /
welcher ohne künstliche Reglen / unordentlich gebauet ist / uns gleichsam in
den Augen weh thut … Welche die Schönheit / und wolklingende Zusammenstimmung hassen / erweisen ihren unartigen Verstand / oder vielmehr Unver-
stand.* (G-Sp. VI, 157)

Nicht nur die Musik und die *Gesprächspiele,* sondern auch die Dichtung wird,
wie wir vom Verfasser des *Poetischen Trichters* wissen, von Regeln bestimmt.
Wenn wir heute manchmal über diese Regeln lächeln, müssen wir doch bedenken, daß jede Ordnung, die mit Hilfe von Regeln hergestellt wird, in den
Augen des 17. Jahrhunderts ein Abbild der großen Harmonie ist. Wenn ich in
den *Gesprächspielen* so etwas wie den Willen, eine Art Mikrokosmos aufzubauen, feststellte, so heißt das, daß das Spiel letztlich ein Abbild der großen
Welt schafft und zwar dank den Regeln, die diese „künstliche" Ordnung hervorbringen [236].

Wenn von der Wirkung der Musik die Rede ist, treten in der Ode Wörter
wie *erlustigen, lieben, Freude stiften* auf. An einer andern Stelle wird diese
Freude noch ausgemalt: *Es hat die Music solche Lieblichkeit / daß fast scheinet /
als ob vermittelst derselben allein die ewige Freude in diesem Jammerthale ausgebildet würde. Bald sich diese Kunst hören lässet / macht sie schweigen alles /
was sonsten in den Menschen auch stillschweigend reden kan: sie machet alle
Sorgen aus dem Hertzen entweichen / linderet die Schmertzen … belustiget
mit unsträfflicher Wollust ihre Zuhörer.* (G-Sp. IV, 47)

Die Musik bringt eine Art irdisches Paradies hervor, dadurch, daß sie alle Sorgen zum Verschwinden bringt; auch darin gleicht sie den *Gesprächspielen* [237].

---

[236] Auch für Schottel, um einen weiteren Vertreter des 17. Jahrhunderts zu nennen,
wird die Dichtkunst von Regeln bestimmt: *Solche Kunst aber / muß in allen Sachen
auf gewissen Mitteln und Regulen beruhen.* (HaubtSprache, L 57, S. 105)

[237] Vgl. oben S. 83.

Dieses Element der Freude ist für Harsdörffer so sehr mit dem Spielbegriff verbunden, daß er die Verwandtschaft des deutschen Spielwortes mit dem in andern Sprachen darauf anlegt.

2. Das Spielwort in andern Sprachen nach Harsdörffer

In ‚Spiel' befinden sich noch die drei Grundbuchstaben SPL, die das Wort mit dem hebräischen *Speel* resp. *Spaal* verbinden, aus dem es entstanden ist. Dieses hebräische Wort bedeutet *er hat sich gedemütiget / oder von höheren Geschäfften zu geringeren Sachen und der Kurtzweil erniederiget* [239]. Nehmen wir an, daß Harsdörffer unter *hohen Geschäften* zum Beispiel das Regieren eines Landes versteht, so zeigt sich in der Wendung *sich zu geringeren Sachen erniedrigen* jenes Mittelmaß, jene Menschlichkeit, die sich auch bei der Analyse der Spiele zeigte. Angestrebt wird nicht das *hohe Geschäft,* das in seiner schweren Last Kummer und Sorgen mit sich bringt, angestrebt wird die geringe Sache, die, wenn sie ohne Glanz, so doch auch ohne die Last des hohen Geschäfts ist. Die Beschränkung, die sich in der Kreisstruktur so deutlich zeigte, tritt auch von dieser Seite wieder in Erscheinung [240].

Das deutsche Spielwort ist sodann mit dem griech. συμβαλλετν verwandt, das nach Harsdörffer *freund- und erfreuliche Gespräche haben* bedeutet [241]. Offensichtlich stellt Harsdörffer mit dieser Bedeutungsangabe eine Verbindung zu den *Gesprächspielen* her. Mit dem Wort *freundlich* spielt er auf die freundschaftliche Atmosphäre an, in der sich die Spiele abwickeln sollen. Im griechischen Wort erfaßt er den gesellschaftlichen Aspekt des Spielbegriffs. Er übergeht das spanische *jugar* und das italienische *giocare,* wir verstehen leicht warum, wenn wir sehen, wozu er frz. *jouer* stellt. Er sagt nämlich, *jouer* habe Ähnlichkeit mit dem deutschen Wort *Schul,* welches seinerseits zum gr. σχολὴ und zum hebr. *Schalah* gehöre [242]. Die Bedeutung, die er für das französische Wort herausbekommen

---

[239] G-Sp. IV, 466. Alle folgenden Zitate in diesem Kapitel befinden sich auf dieser und der folgenden Seite. Ob diese Bedeutung des hebräischen Wortes richtig ist, kann ich mangels Sprachkenntnissen nicht nachprüfen.

[240] Harsdörffer schließt sich hier an eine durchaus geläufige Vorstellung an. Vgl. z. B. Gryphius, Papinian I, V, 373 ff.
Wie selig ist der Hof und Macht/\und der beperlten Zepter Pracht/\Auß den vergnügten Sinnen stellt/\und sich in engen Gräntzen hält ... | Er schreibt den Fürsten nicht Gesetz und Schlüsse vor, | doch hat er Wonn und Lust die sein Gemüt erkor. Zu vergleichen wäre auch die Vorliebe der Nürnberger für den Diminutiv und die kleinen Gattungen sowie für die Schäferdichtung.

[241] Das Wort bedeutet ‚zusammenfallen', ‚zusammentreffen'.

[242] Das Hinzufügen eines Buchstabens wird schon im *Kratylos* erlaubt: *Doch steht es wohl frei, mit den Silben vielfach zu wechseln, so daß es einem Laien den Anschein machen könnte, diese Namen seien verschieden, während sie doch dieselben*

will, ist: *er ist müßig ...; weil das Spielen der sonst müsigen Leute Kurtzweil zu seyn pfleget.* Obwohl Harsdörffer einen völlig falschen Zusammenhang zwischen *Schule* und *jouer* herstellt, kommt er zu einem richtigen Ergebnis, denn tatsächlich ist ja der Begriff des Spielens aufs engste mit dem Begriff des Müßiggangs verbunden. Daß ein richtiges Ergebnis herauskommt, ist kein Zufall, denn Harsdörffer wußte ja, was herauskommen sollte, deshalb konnte er auch mit dem spanischen und italienischen Wort nichts anfangen. Er verfährt hier, wie die Personen in den *Gesprächspielen,* das heißt, er wählt aus, was er braucht, niemals forscht er nach dem Unbekannten[243]. Innerhalb der Regeln der Etymologie sucht er für seinen besonderen Fall „Spiel" neue Zusammenhänge.

Die letzte Berechtigung, die *Gesprächspiele* Spiele zu nennen, besteht in dieser ihrer Fähigkeit, Freude zu bereiten. *Und wird solche Zeitvertreibung mit dem Titel der Gesprechspiele benamst / weil selbige in kurtzweiligen als nützlichen Gesprechen in Fragen und Antworten beruhen* (G-Sp. I, 3). Kurzweil und Nutzen sind hier auf eine Ebene gestellt, in Wirklichkeit aber ist der Nutzen der Kurzweil untertan. In einem Spiel, in dem die Stoffe, die sich für die Gesprächspiele eignen, aufgezählt werden, sagt Reimund: *Alle Wissenschaften / welche benebens dem Nutzen / sonderliches Belusten bringen / ... können auf dergleichen Gesprächart Spielweiß erlernet werden* (G-Sp. III, 33). Die altbekannte Formel des *prodesse et delectare* wird hier auf die Gesprächspiele angewendet.

Endlich sei noch Harsdörffers Begründung für seinen Gesellschaftsnamen angeführt: *der Name S p i e l e n d drum mir nun gegeben ward /*
weil im Gemühte man Ergetzlichkeit kan fühlen /
wann im Gespräche wir gantz tugendlich gebahrt (IV, 476).

Die einzige Begründung für seinen Namen liegt in der Tatsache, daß er mit seinen *Gesprächspielen* Freude bereitet. Diese Spiele bereiten zuerst den sechs Personen Freude, die sie spielen, sie bereiten dann aber auch dem Leser dieses Werkleins Freude, und sie können noch ein drittes Mal Freude bereiten, wenn sie von den Lesern wiedergespielt werden.

3. Der Bohnenstab

Mit seinem Namen erhielt Harsdörffer entsprechend den Gepflogenheiten der Fruchtbringenden Gesellschaft auch ein Emblem. Es besteht aus einem Stab,

---

sind ... So schaut vermutlich der, welcher über die Namen Bescheid weiß, auf ihre Bedeutung und läßt sich nicht beeindrucken, wenn noch ein Buchstabe mehr dazu kommt oder wenn einer umgestellt oder weggelassen wird (Platon, Kratylos, L 50, S. 339).
243 Es sei nochmals an Roussets Definition der ‚Préciosité' erinnert, an den Begriff der ‚ingéniosité' und der ‚littérature à partir de la littérature'. Vgl. oben S. 76.

an dem sich welsche Bohnen emporranken [244]. Der Stab verweist einerseits auf den Spielstab, der ja ein wichtiges Attribut der Gesprächspiele ist, andererseits auf den Stab Merkurs.

Der Spielstab gibt einer Person die Macht, die Regeln des Spiels zu bestimmen, wie das Zepter dem König die Macht gibt, Gesetze zu erlassen. So kann denn Harsdörffer auch in einem kühnen Satz die Verbindung von Spielstab, königlichem Zepter und Stab Merkurs herstellen. *Hat dann das Teutsche Frauenzimmer der Tugend- und Sittenlehre nicht von thun / oder können sie allein nichts aus den Gesprächen erlernen? Viel haben mit ewigem Nachruhm den Königlichen Scepter geführet / Warum sollte ihnen nicht auch der Spielstab geziemen / der in der Frantzösinnen und Italiänerinnen Händen die Geister gleichsam erwecken / und wundersam leiten kan / wie von Mercurius Rute die Poeten dichten* (G-Sp. I, Schutzschrift S. 47). Die Anspielung auf den Merkurstab weckte wohl bei den Zeitgenossen einige Assoziationen. In der oben S. 70 besprochenen allegorischen Darstellung des Gesprächs hielt der Jüngling einen Stab in den Händen, der ausdrücklich mit dem Stab Merkurs verglichen wurde. In diesem Bild wird Merkurs Vermittlungsfähigkeit betont. Im Gegensatz zu den üblichen Darstellungen Merkurs [246], wo der Stab von zwei Schlangen umwickelt ist, ist dieser Stab mit Myrten- und Granatzweigen umwickelt, die bei aller Verschiedenheit einen verwandten Geruch haben sollen, wie Harsdörffer schreibt. Die Bedeutung der Vermittlung wurde schon immer mit Merkur und seinem Stab verbunden [247], sogar so sehr, daß sein Name davon abgeleitet wurde: *Mercur von medicus und curro, gleichsam Medicurrius, weil die Rede zwischen die Menschen läuft* [248].

Harsdörffer sieht im Zeichen des Spielstabs noch eine zweite Eigenschaft Merkurs: die Beredsamkeit. Merkur ist ja auch der Gott der Beredsamkeit. Die Rede, das Gespräch bildet aber die Grundlage der *Gesprächspiele*.

---

[244] Die welsche Bohne wird wohl so genannt wegen ihrer Herkunft. DWB 13, Sp. 1349 gibt an, daß man mit diesem Namen die Stangenbohne phaseobus vulgaris bezeichnet habe. Die welsche Bohne hat Harsdörffer als Emblem unter anderem wohl deshalb erhalten, weil er die Gesprächspiele, derentwegen er in die Fruchtbringende Gesellschaft aufgenommen wurde, aus Italien übernommen hat.

[246] Vgl. die Darstellungen bei Henkel/Schöne: Emblemata L 4, Sp. 1769—1776.

[247] Merkur als Gott der Vermittlung kann auch mit dem Frieden assoziiert werden. In Versailles findet sich im Salle de la Paix auf dem Deckengemälde der Merkurstab zusammen mit Triangel und Tambourin spielenden Engeln. Auch im Salle de Mercure und im Salon de la reine ist Merkur zusammen mit Musikinstrumenten abgebildet. Dies zeigt, wie die Gestalt Merkurs im 17. Jahrhundert mit der Vorstellung von Friede und Freude assoziiert wurde.

[248] Hederich: Gründliches Mythologisches Lexikon, 1770. Reprograf. Nachdruck Darmstadt 1967, Artikel Merkur § 1.

Im Spiel Die *Vernunftkunst* (CCVIII) tritt Merkur als Stifter und Beschützer der Wissenschaften auf, in dem er in ihrer Mitte steht [249]. In den Spielen soll ja immer wieder Wissenschaft vermittelt werden, so daß auch diese Funktion Merkurs im Merkurstab enthalten ist.

Mit Merkur verbindet sich sodann auch der Begriff der Schnelligkeit, ja der Schlagfertigkeit [250], der in den *Gesprächspielen,* wie ich gezeigt habe, eine große Rolle spielt [251]. Die Bohnen selbst, die sich wie Schlangen des Merkurstabs um den Stab winden, versinnbildlichen noch eine andere Eigenschaft der *Gesprächspiele:* ihre Mannigfaltigkeit.

Die b u n t e B ö h n e l e i n von Farben m a n c h e r A r t /
ergetzen in sich auch mit Wollust gleichsam spielen (G-Sp. IV, 476),
heißt es im Erklärungsgedicht zu Harsdörffers Emblem.

So gelingt es Harsdörffer, dem Bohnenstab, den er von der Fruchtbringenden Gesellschaft als Emblem erhalten hat, durch den Hinweis auf den Merkurstab jene Eigenschaften abzugewinnen, die bedeutsam für seine *Gesprächspiele* sind.

4. Zusammenfassung

Zusammenfassend kann über den aus der Spielrede stammenden Spielbegriff gesagt werden, daß er aus vier Komponenten besteht.

Zu Harsdörffers Spielbegriff gehört entscheidend die R e g e l , die im Bild des Spielens eines Musikinstrumentes enthalten ist ebenso wie im Bild des Spielstabs oder Bohnenstabs, mit dessen Hilfe den Spielern die Regeln auferlegt werden [252]. Mit dem Spielstab ist auch das Herrschen über das Spielobjekt angedeutet. Mit Hilfe der Regeln macht man sich die vielen Einzelheiten des Wissens gefügig. In den Spielen kann man zeigen, das man die Sprache oder das W i s s e n b e h e r r s c h t wie derjenige, der ein Musikinstrument spielt, dieses beherrscht. Harsdörffers Personen machen sich aber die Welt nicht gefügig aus Herrschsucht wie etwa ein König, sondern aus reiner Freude an der Kraft des Verstandes [254].

---

[249] siehe Bild G-Sp. V, S. (210 f.).

[250] Vgl. Zedler, der hier Omeis' Mythologia in Mercurius zitiert: *er hatte Flügel am Huthe und an den Füßen, weil ein guter Redner, geschwind und allezeit parat seyn soll, und was dergleichen mehr ist* (Universallexikon, L 66, Bd. 20, Sp. 950).

[251] *Mercurius wird schnell genennet / wegen der Flügel / welche man ihm zueignet.* (G-Sp. V, 96)

[252] Man beachte, daß auch für Adelung die Regeln bestimmend zum Spiel gehören. Vgl. S. 111 dieser Arbeit.

[254] Rousset sieht eine Konstante des Barock in der Freude am Zeigen, die er im Pfau symbolisiert findet. Um eine solche Freude am Zeigen handelt es sich wohl auch hier.

Die große Breite des Wissens bringt die M a n n i g f a l t i g k e i t in den Spielen hervor, die in den in allen Farben spielenden Bohnen verkörpert ist. Die F r e u d e ist denn auch die dritte Komponente, die bestimmend zum Spielbegriff gehört. Freude ist so sehr mit dem Spielbegriff verknüpft, daß Harsdörffer die Bedeutung ‚Freude' in den Spielwörtern selbst findet. Kurzweil und Unterhaltung sind aufs engste mit der Gesellschaft verbunden. Die G e - s e l l s c h a f t , im Bohnenstab symbolisiert, wenn er als vermittelnder Merkur- stab aufgefaßt wird, gehört als vierte Komponente zu Harsdörffers Spielbegriff.

5. Exkurs: Literatur als Spiel

Die *Gesprächspiele*, einerseits mit Musik und Dichtung verwandt, gehören andererseits zu vielen anderen Spielen. *Ist etwan das edle R i t t e r s p i e l / das Königliche S c h a c h s p i e l /... das lieblich klingende S a i t e n s p i e l / oder sonsten beliebte Kurtzweil nicht zu verargen / so werden auch des Spie- lenden G e s p r ä c h s p i e l e bey Tugend- und Sprachliebenden Gesellschaften nicht übel angesehen seyn* (G-Sp. IV, 473).

Wenn Musik und Dichtung mit den *Gesprächspielen* verwandt sind, ist dann umgekehrt Dichtung Spiel? In einem kleinen Exkurs sollen dazu einige Bemerkungen gemacht werden.

Der Autor der *Maison des Ieux* stellt sein Buch auf die gleiche Stufe wie die Romane und Gedichte: *Lecteurs, si vous faites estat des Romans et des Poësies, et de tous les Livres de recreation et d'invention d'esprit, voicy un Livre qui ne peut manquer d'avoir un bon accueil.* (L 63, Advert. unpag.) Ist dies eine rein zufällige Annäherung, ein Werbemittel für das Buch? Ich glaube, daß wir hier an einen Grundzug der Literaturauffassung des 17. Jahrhunderts rühren. Litera- tur, wenn sie auch belehren wollte, mußte immer unterhalten. Ja, der Nutzen steht im Dienst des Vergnügens. Dichtung, die nicht unterhält, ist keine Dich- tung. Dichtung im 17. Jahrhundert hat auch keinen existentiellen Charakter. Conrady druckt einen Brief des Arztes Lotich an einen Freund ab, worin der Arzt dem Freund erzählt, wie er manchmal seinen Lasten entfliehe, um sich mit Literatur zu beschäftigen.

Hominis natura, Johannes Langi, vir amplissime, moderatam amat quietem, qua alitur et quodam quasi cibo reficitur: cuius quidem otii maximus aut uberrimus est fructus animorum ab honesta delectatione petita relaxatio. Cum itaque in his caloribus iis ego voluptatibus carerem, quibus abundat alii, in hortos inter- dum suburbanos ex urbe me conferebam, ubi, ab omni alia cura et cogitatione solutus ac liber, cum veteribus amicis, humanioribus nempe studiis, quibus aliis occupationibus impeditus plurimam iam dudum salutem dixeram, in gratiam redibam [255].

[255] Zit. bei Conrady, Latein. Dichtungstradition. L 78, S. 304 mit der dt. Übersetzung:

In diesem Text ist die Literatur Zeitvertreib für den Leser, sie führt ihn aus der Welt der Sorgen in eine sorgenlose Welt. Literatur muß aber nicht nur für den Leser Zeitvertreib sein, sie kann es auch für den Schreibenden selbst sein.

Schon Opitz wünscht sich, daß er von Cupido in eine *grüne Wüste* entführt werde, *weit von Begierd und Lüsten,* wo er dichten könne unter dem Wohlgefallen der Nymphen und Erato. Er spricht dann diesen Ort mit folgenden Worten an:

Ihr Oerter voller Freud, ihr Aufenthalt der Hirten,

......

ihr Wohnhaus aller Ruh, bei euch wünsch ich zu sein.
Sonst nirgends als bei euch; von eurer Lust besessen
will ich des Irdischen und meiner selbst vergessen [256].

Am andern Ende der Epoche dichtet Johann Christian Günther noch:

Ein Lager an den grünen Flüssen
ergötzt mich in gelehrter Ruh;

......

Hier spiel ich zwischen Luft und Bäumen,
so oft die Sonne kommt und weicht,
und ehre die in meinen Reimen,
der nichts an Treu und Schönheit gleicht [257].

In der Zuschrift Hanns Rudolfs von Greiffenberg zu den Sonetten Catharina Reginas von Greiffenberg schreibt der Freiherr: *Insonderheit hat Sie* (Catharina Regina) / *von erster Zeit an ihrer Leskündigkeit / zu der nunmehr in unserer Teutschen Muttersprache hochgestiegenen edlen Dichtkunst ein eiffriges Belieben getragen / und nicht allein dergleichen Bücher vor andern mit Lust gelesen / sondern auch endlich / mit Zuwachs der Jahre / die Feder selber angesetzt / zu ihrem Zeitvertreib /* ... Er habe die Gedichte nun veröffentlicht, um sie daran zu erinnern, *mit was Ubung und Zeitvertreib sie ihre Jugend zugebracht* [258]. Das ist dieselbe Formulierung, wie sie sich auch in den *Gespräch-*

Die menschliche Natur liebt von Zeit zu Zeit die Ruhe, wodurch sie sich stärkt und wie an einer Speise erquickt. Solchen otiums größte und ergiebigste Frucht für Herz und Sinn ist die Erholung, die man aus einer Zerstreuung würdiger Art schöpft. Darum lief ich, da ich selbst bei den hier herrschenden fiebrigen Erkrankungen diese Genüsse, an denen andere Überfluß haben, entbehrte, zuweilen aus der Stadt in die Gärten vor den Toren; dort, von aller Sorge und allem Überlegen los und ledig, söhnte ich mich mit alten Bekannten, und zwar den studia humaniora, aus, denen ich — von andern Beschäftigungen beansprucht — schon längst Abschied gesagt hatte.

[256] M. Opitz: Daß die Poeterei unsterblich sei. In: Deutsche Barock-Lyrik. Hrsg. v. Cysarz L 1a, S. 78 f.

[257] J. G. Günther: Ode. In: Dt. Barock-Lyrik L 1a, S. 84.

[258] Oft betonen die Dichter, daß die Gedichte oder überhaupt ihre Werke *flüchtig* gemacht seien, zahllos sind die *in Eile* am Ende der Widmungsgedichte, dies weist auf die Auffassung der Dichtung als einer Nebenbeschäftigung hin. In der Vorrede

spielen immer wieder findet [259]. Es wird sich im nächsten Abschnitt zeigen, daß Dichten für Catharina Regina von Greiffenberg nicht nur das Ausbreiten einer religiösen Problematik bedeutet, sondern auch ein Entfliehen vor den Sorgen sein kann.

Auch im Vorwort zur *Syrischen Aramena* wird das Schreiben als Zeitvertreib betrachtet: *Es sind / dieser art Historien* (z. B. Diana, Arkadia) / *vor allen anderen Schriften / ein recht-adelicher und darbei hochnützlicher zeitvertreib / sowol für den / der sie schreibet / als für den / der sie liset* [260]. Daß man sich beim Lesen trotz des traurigen Inhalts einer Geschichte unterhalten kann, zeigt eine Bemerkung in der *Dianea: Oleandro bat die Infantin / daß sie doch mit etwas Erzehlung / ihre Traurigkeit erfreuen und des Weges Ungemach erleichtern wolle.* (L 37, S. 213) Die Infantin erzählt dann, um die andern zu erfreuen, ihre traurige Lebensgeschichte. Sie erzählt sie so, wie ein unbeteiligter Autor eine Geschichte erzählt, ohne über die traurigen Ereignisse gerührt zu sein, was zeigt, wie wenig existentiell solche Erzählungen aufgefaßt wurden. Mit solchen Überlegungen möchte ich nicht in den Fehler verfallen, nun einfach alles für Spiel zu halten. Ich möchte nur zeigen, daß die Literatur des 17. Jahrhunderts insofern Spiel ist, als sie wie dieses Unterhaltung, Zeitvertreib ist und den Leser von den Sorgen des Alltags befreit, indem sie ihn aus diesem entführt, oft an einen angenehmen Ort.

Noch Lessing hat Anlaß, sich in der *Hamburgischen Dramaturgie* zu wehren, daß man Dichtung nur als *Spielwerk* ansehe. *Ja das Vorurteil ist bei uns fast allgemein, daß es nur jungen Leuten zukomme, in diesem Felde zu arbeiten. Männer, sagt man, haben ernsthaftere Studia, oder wichtigere Geschäfte, zu welchen sie die Kirche oder der Staat auffordert. Verse und Komödien heißen Spielwerke; allenfalls nicht unnützliche Vorübungen, mit welchen man sich höchstens bis in sein fünfundzwanzigstes Jahr beschäftigen darf* [261].

zur *Sieges-Seule* schreibt C. R. v. Greiffenberg: *so vergiebe auch gütig die Fehler / so ich in deren Aufsetzung mag begannen haben; ... Ich hatte zwar damahls die Haus-Sorge nicht / wurde aber zu andern weiblichen Ubungen angehalten; daß ich also / zu dieser / fast die Stunden stehlen mußte. Da betrachte selber / was man in der Eile / Flug und Flucht gutes schreiben kann.*

[259] Zum Spielbegriff C. R. v. Greiffenbergs siehe S. 131 ff. dieser Arbeit. Ähnlich schreibt der *Libraire au Lecteur* zur Novelle *La Princesse de Montpensier* von Mme de Lafayette: *L'Auteur ayant voulu, pour son divertissement, écrire des aventures inventées à plaisir, a...* Auch Mme de Lafayette scheint also zu ihrem Vergnügen geschrieben zu haben.

[260] Das Vorwort zur *Aramena* ist von Birken verfaßt. (Vgl. Spahr, Anton Ulrich and Aramena. L 118, S. 153). Die zit. Stelle ist jetzt leicht zugänglich in Schöne, Barock L 1, S. 35.

[261] Hamburgische Dramaturgie 96. Stück. Interessant ist der Hinweis, daß nur die Jugend sich mit dem Dichten beschäftigen darf. Harsdörffer und auch die italienischen Autoren haben ihre Gesprächspiele für die Jugend geschrieben. Zu Dichtung als Nebenbeschäftigung vgl. noch Hagedorns Titel zu seiner Ge-

Dichtung kann noch in anderer Hinsicht als Spiel aufgefaßt werden. Harsdörffer nennt das Werk der Dichter einmal der *Poeten Spiel* [262] und setzt den Ausdruck parallel mit *Lauten-Spiel,* was noch einmal das Kunststückartige der Dichtung unterstreicht. Der Dichter kann, dichten, wie der Lautenist auf der Laute spielen kann, das heißt, er muß die Regeln und Griffe kennen oder, wie Harsdörffer an einer Stelle sagt, er muß den *Kunstgriff* wissen.

Eine originelle Vorstellung von der Dichtung als Spiel zeigt sich im Werk C. R. v. Greiffenbergs. Der Spielbegriff ist bei ihr so wichtig, daß ich ihr ein eigenes Kapitel widmen will.

dichtsammlung: *Versuch oder Proben poetischer Nebenbeschäftigung,* wie auch andere Titel von Rokoko Dichtungen. Gerstenberg: *Tändeleyen,* Gleim: *Versuch in schertzhaften Liedern.*
[262] Poet. Trichter, L 35, II, Widmungsgedicht.

III. Der Spielbegriff bei C. R. von Greiffenberg

1. Verwendung von ‚Spiel'

C. R. v. Greiffenberg verwendet das Wort ‚Spiel' in allen jenen Bedeutungen, die sich in den Wörterbüchern finden und die auch Harsdörffer in seiner Spielrede aufführt. Sie spricht vom Spielen der Winde:

Jauchzet / Bäume / Vögel singet! danzet / Blumen / Felder lacht!
springt / ihr Brünnlein! Bächlein rauscht! spielet ihr gelinden Winde! (S 225)

Die spielenden Winde stehen hier im gleichen Kontext, in dem sie auch bei Harsdörffer und Klaj stehen, in der fröhlichen und angenehmen Atmosphäre des Frühlings. Sie kann ‚Spiel' auch noch zur Bezeichnung jener schnellen Bewegung brauchen, die ursprünglich wohl überhaupt die Spielbedeutung ausmachte.

Der schatten / ist der sitz
und Königliche Thron des Strahlen spieler-blitz (S 93).

Aus den vorhergehenden Versen weiß man, daß das Leuchten nur auf dem Hintergrund des Schattens wahrzunehmen ist, ein von C. R. v. Greiffenberg immer wieder umkreister Gedanke. Der *Strahlen spieler-blitz* ist nun wohl so viel wie das Funkeln, das Leuchten, wobei ‚Blitz' die Schnelligkeit in dem Kompositum unterstreicht.

Diese Bedeutung ‚Strahlen, Glänzen' kommt an einer Stelle in den *Betrachtungen* vor, wo sie von der *blickespielung* der Tulpen spricht [263]. Sie verwendet hier das Wort ‚Spiel' wie die Dichter des Mittelalters, wenn sie von den *spilnden ougen* sprachen.

Wenn ich alle diese Bedeutungen anführe, so möchte ich damit zeigen, daß die Dichterin genau wie Harsdörffer die Bedeutungen des Wortes ‚Spiel' bis an die Grenzen erfaßt und durchprobiert.

Eine schöne Stelle zu diesem Verfahren findet sich in den *Betrachtungen* [264]. Der Ausgangspunkt der Betrachtung ist die *Rockverspielung* bei der Kreuzigung.

Das Würfeln um Jesu Rock gibt ihr zunächst Anlaß, einige moralische Betrachtungen über die Verwerflichkeit des Spiels im allgemeinen und über die erlaubten Spiele anzustellen [265]. Die unschuldigste Unterhaltung ist der Spazier-

---

[263] Betrachtung des Jesus-Leidens, L 31, S. 672.
[264] Betrachtung des Jesus-Leidens, L 31, S. 664—678.
[265] Vgl. S. 55 dieser Arbeit, wo die Stelle behandelt ist.

gang, auf dem vor allem die Blumen den Geist ergötzen. Diese Blumen geben der Dichterin Gelegenheit, alle möglichen Bedeutungen des Wortes ‚Spiel‘ durchzuspielen.

Sie geht zunächst von ihrem ursprünglichen Gedanken, dem Spielen um den Rock Jesu, aus und sagt, daß der Blumenteppich ein Rock sei, den man auch mit Spielen gewinne, *wann man betrachtet / wie die himmlische Weißheit darinn spielet / und sie also zu stummen Harffen / Lauten / Geigen / Orgeln / Cimbeln /Posaunen / Trompeten / und andern Instrumenten Göttliches Lobes machet.* (S. 670) Sie macht hier den gleichen Gedankensprung, den Harsdörffer auch immer wieder macht, wenn sie vom Spielen um den Rock zum Spielen eines Musikinstrumentes übergeht. Zudem kann sie nicht im eigentlichen Sinn von ‚spielen‘ sprechen, denn es handelt sich ja um *stumme* Musikinstrumente. Wir sehen sie in diesem Text Metapher um Metapher erfinden, um dem einen Thema, dem des Spiels treu zu bleiben.

Den Frühling nennt sie ein *Vorspiel der Auferstehung* (S. 671), womit sie in den Bereich des Theaters gerät, um ihn mit der nächsten Metapher gleich wieder zu verlassen, wenn sie von der *flammirten blickespielung* (S. 672) der Tulpe spricht.

Als nächstes nimmt sie die aus der Bibel stammende Vorstellung von der auf dem Boden spielenden Weisheit auf. *Es spielet die Göttliche Weißheit auf dem Erdboden / durch das liebliche Blumwerk / mit den Menschenkindern: darum ist auch uns erlaubt / durch dasselbe hinwiederum mit ihr zu spielen. Sie mischet die Karte so vieler tausend Blätter / gibet sie durch die Kräuter verborgen aus / schläget den Triumf der Anfangsblumen auf / und spielet dann das schönst-gemahlte Bilderwerk aus / mit der künstlichsten Lust-ordnung. Sie spielet damit das künstliche Al'ombra / mit dem Schatten vieler Geheimnisse; das Rechnung-reiche Piquet-spiel / durch die unzehlige Veränderungen; das listige Trappeliren / weil wir ganz lieblich oft überwunden werden* (S. 673).

Originell ist an dieser Vorstellung, daß die Weisheit mit den Menschenkindern spielt. Durch das Wort *Menschenkinder* deutet sie auch schon die kindlichen Spiele an. Sie spielt Karten- und Brettspiele, womit wir wieder in einen neuen Bereich, jenen der Glücksspiele gelangt sind. Zu den Glücksspielen gehören immer auch die *unzehligen Veränderungen*.

Im nächsten Satz ist aber schon Gott der Spieler, der würfelt und die Vielfalt der Blumen hervorbringt. *Bald sind auch die Blümlein würffel / und die Erde der Tisch: auf welchem GOtt / bald alle sechse / in den sechsblätterichten Tulipanen / Lilien und andern / wirffet; bald fünfe / in dem Vergiß mein nit* (S. 673). Bald sind die Blumen *Ballen / die uns GOTT vom Himmel zuschläget* (S. 673). Mit dieser Metapher sind wir in den Bereich der körperlichen Spiele gelangt, um sogleich zu den Brettspielen weiterzugehen, die ein hohes Maß an Überlegungen fordern.

Sie (die Blumen) *sind die schöne Schach bilder / die er künstlich zu feld führet /*

behutsam marchiren / schicklich treffen / klüglich weichen / herrlich siegen und triumfiren machet. Sie sind die lebende Bretspielsteine / welche gebunden / (geimpfet und gepelzet) die schönste Damen werden / die alles überwinden können. (S. 674) Nun verläßt sie den Bereich der Spiele, um von den spielenden Winden zu sprechen.

Sie sind die Pomeranzen / mit welchen Favonius und Zefyr spielen. (S. 674)

Doch sofort kehrt sie wieder zu den Spielen zurück, diesmal zu den Gesellschaftsspielen: Gott gibt den Menschen durch die Blumen Fragen auf. *Sie sind Rätsel-spiele / und GOtt gibt uns / durch ihre Zünglein / tausend Fragen auf / als nämlich: ob sie mehr Farben oder Blätter haben? ... ob mehr ihre umachthulichkeit / oder ihre schwachheit / die doch im grösten Wetter bestehet / zu bewundern sey?* (S. 674) Dies sind Fragen, wie sie uns aus den Gesprächspielen bekannt sind. Endlich nennt sie das ganze ein *kunst-natürliches Blumen-spiel* (S. 678). So hat sie um diese Blumenspiele herum mit zahlreichen Metaphern die Bedeutungen des Wortes ‚Spiel' abgeschritten, die verschiedensten Spiele erwähnt. Hinter einem solchen Text steckt dieselbe rhetorische Haltung, die sich auch bei Harsdörffer findet. Sie will so viel als möglich zu einem Thema beibringen.

2. Dichtung als Spiel

Schon durch das Titelkupfer zu den Sonetten wird auf die enge Verbindung von Dichtung und Spiel hingewiesen. Auf dem Bild sieht man eine Frau, die auf der Harfe spielt, die Augen zum Himmel gerichtet. Auf den Himmel verweist auch die Taube, die durch ein Band mit der Harfe verbunden ist und auf diese Weise das Wechselverhältnis zwischen der Kunst der Dichterin und dem Himmel bildlich darstellt, das Verhältnis, das der Text des Titelkupfers ausdrückt: *Himmel-abstammend und Himmel-aufflammender Kunst-Klang und Gesang* [266].

Das Bild des Dichters mit der Harfe geht auf Apollo mit der Leier oder auf Orpheus zurück. Mit beiden antiken Gestalten vergleicht denn auch Sigmund von Birken in der *Vor-Ansprache* die Kunst der Catharina. Während aber in der Antike der Dichter ein Sänger war, der zur Begleitung des Musikinstrumentes seine Lieder vortrug, so wird bei Catharina der Akzent auf das Spielen

---

[266] Das Titelkupfer und der Titel sowie die Voransprache zum edlen Leser stammen von Sigmund von Birken. Vgl. Frank, C. R. v. Greiffenberg L 85, S. 34. Es spricht für Birken, daß er diesen die Kunst Catharinas in den Kern treffenden Titel gewählt hat. Die bemerkenswerte Begabung S. v. Birkens sich in die Absichten anderer Dichter hineinzudenken, was er auch im Fall der *Syrischen Aramena* getan zu haben scheint, ist noch nie untersucht worden. Die Gestalt Birkens scheint mir höchst aufschlußreich für die Art, wie im 17. Jahrhundert gedichtet wurde.

des Musikinstrumentes gelegt. Birken sagt, daß die Teutsche Uranie mit ihren *zart-schönen Händen auf der himmlischen Dichter-harffe nur lauter-unvergleich-lich zu spielen* wisse (Vor-Ansprache, unpag.). Das Spielen eines Musikinstru-mentes zu nennen und damit Dichten zu meinen, ist eine Metapher. Die Meta-pher wird vollkommen deutlich in einer Wendung wie *meines Mundes Seiten-spiele* (S 190). Man kann für diese Metapher zwei Tertia comparationis in Be-tracht ziehen. Versteht man unter ‚spielen eines Musikinstumentes' das Musik-instument zum Klingen bringen, so ist das Tertium comparationis der Klang[267]. Die Greiffenberg hat zweihundertfünfzig Sonette geschrieben. ‚Sonett' über-setzte man im 17. Jahrhundert mit ‚Klinggedicht'. Sie versucht denn auch mit allen Mitteln der Kunst in den Sonetten einen reichen Klang zustande zu brin-gen, wie ich noch zeigen werde. Versteht man unter ‚spielen eines Musikinstru-mentes' dagegen das handwerkliche Können, so ist das Tertium comparationis die Gewandtheit, mit der der Dichter mit der Sprache umgeht. Der Dichter in dieser Sicht ist der, der über die richtigen Griffe verfügt.

In der Vorrede spricht Birken im Sonett, das das 47. Sonett der Greiffen-berg nachahmt, vom *Wörterspiel*, das den Unmut verjagt[268]. Das *Wörterspiel* ist hier nicht nur im Sinn von ‚Wortspiel' aufzufassen, das heißt als ein Spiel mit den Bedeutungen der Wörter, sondern auch als ein Spiel mit den Wörtern als Einheiten. *Wörterspiel* ist so die Anordnung der Wörter[269] in Analogie zur Anordnung der Spielfiguren auf dem Schachbrett.

‚Spiel' in bezug auf Dichtung kommt in den Sonetten dreimal vor.
Ach Allheit / der ich mich in allem hab ergeben /
......
zu deiner hohen Ehr mein Spiel und Ziel ich richt.
Diese Verse stehen im ersten Sonett, sie bingen bereits den immer wieder ab-gewandelten Reim Spiel/Ziel[270]. Was hier mit Ziel bezeichnet wird, nämlich Gott, ist, auch im folgenden das einzige Ziel der Dichtung, so im 225. Sonett:
GOtt mit Herz / Hand / Sinn und Stimm / lobe / preiße / dicht' und spiele.
Hier ist *dichten* und *spielen* parallel gesetzt. Loben, preisen, dichten kann man mit Herz, Sinn und Stimme, zum Spielen braucht man die Hand. So hat C. R. v. Greiffenberg eine Formel gefunden, um zu sagen, daß man Gott mit Leib und Seele loben soll. Im 6. Sonett spricht sie davon, daß man Gott im

---

267 In der Behandlung des Klangs ist die Greiffenberg mit den Pegnitz-Schäfern verwandt: „Es ist unverkennbar, daß sich die Dichterin mit solcher Pflege des Klangs
in die Reihe der Pegnitzschäfer, der Harsdörffer, Klaj und Birken stellt", schreibt
Villiger. (C. R. v. Greiffenberg L 121, S. 43)
268 Man sieht hier wiederum die Funktion der Dichtung, die darin besteht die Sorgen
zu verjagen und Freude zu machen.
269 Vgl. den Abschnitt Der spielende Gott, S. 139 ff., ‚Spiel' meint allein die Anordnung oder ‚Verstrickung'.
270 Ich werde im Abschnitt Der spielende Gott, S. 139 f. auf die Bedeutung dieses
Reims eingehen.

wunderpreisungs spiel loben soll, und bezeichnet mit diesem Wort zugleich, was der Gegenstand des Lobes ist, nämlich die Wunder Gottes. Sie wird denn auch nicht müde, in ihrer Dichtung immer wieder die Wunder Gottes zu loben, die alles zum Guten fügen, die Joseph auf den Königsthron, die Juden durch das Rote Meer geführt haben, die auch ihr eigenes Unglück immer wieder in Freude umwandeln.

Nur einmal braucht sie ,Spiel' für Dichtung im negativen Sinn. Es handelt sich um die *Astrée:*
Weg / Scherz und Spiel!
jetzt ist mein Ziel
auf Christi Creutz gerichtet.[271]

Ihre Dichtung, ihr Spiel ist immer auf Gott gerichtet und kann deshalb nicht mit Scherz gleichgesetzt werden, denn Gott selbst spielt durch sie:
Du Herzenherrscher du! gebrauche dieses Jahr!
mein Herz zum Säitenspiel (S 194).

Es bleibt nun zu fragen, wie denn Catharina Regina von Greiffenberg spielt[272]. Sie spielt auf zwei Ebenen auf einer klanglichen Ebene und auf der Ebene der Anordnung.

Auf der klanglichen Ebene breitet sie einen großen Reichtum aus, indem sie beinahe in jedem Sonett Alliterationen verwendet.
Was will Welt / Tod! Teuffel / Höll / einem Christen abgewinnen?
die sind ganz verstört / verheert: Dieser herrscht im Himmel drinnen. (S 170)

Hier kommen in jedem Vers zwei verschiedene Stabreime vor, wobei im ersten der zwei zitierten Verse gleich drei alliterierende Wörter auftreten. Sehr oft verwendet sie Binnenreime, wie etwa im 1. Sonett, wo sich mehrere Binnenreime finden: *Spiel und Ziel, Hitz und Witz, Muht zu Gluht*[273]. Binnenreime und Alliteration können auch kombiniert werden: *der Helden-Streich das Höllenreich* (S 158). Eine eigenartige Klangwirkung haben die variierenden Formeln wie z. B. *Anfangs Anfang* (S 119), *Lebens Leben* (S 207)[275]. Wie sehr solche variierenden Formeln in ihrer Klangwirkung empfunden werden, zeigt das 170. Sonett, wo die Engel mit einer solchen Wortwiederholung zum Jubilieren aufgefordert werden.

---

[271] Sonette, Lieder und Gedichte L 29, S. 265.
[272] Vgl. Villiger, CRvG. L 121, S. 40—61.
[273] Weitere Beispiel für Binnenreime: *Lobe-Rund der Mund* (S 3) *Rath / gnad und that* (S 52), *als der Elend-Stall / den Fall* (S 119).
[275] Weitere Beispiele für diese variierenden Formulierungen: *Herzens Herz* (S 3), *Was an mir lebet / lebe dir zu Lob* (S 119), *bis endlich ich erlangt diß meines Endes Ende* (S 159)
Ähnlich sind die folgenden Formulierungen:
Lieb / der ich mich zu Lieb will willig ritzen lassen (S 143). *Ach heb' an / auf das Neu' im Neuen Jahr zusegnen / weil tausend neue Pfeil der Teuffel ihm bereit.* (S 118)

Engel blaset die Trompeten! Seraphinen singt und klingt /
Jubil-Jubil-Jubiliret / hoch-erfreuter Himmel-Chor [276].

Sehen wir nun, wie sie auf der zweiten Ebene, auf jener der Kunstfertigkeit
spielt. Das Ausbreiten des Klangreichtums kann auch zu dieser Ebene gezählt
werden, denn nur mit großer Fertigkeit kann man die Wörter auf diese Weise
anordnen.

Wie frei und leicht sie über das Wortmaterial verfügt, zeigt sich in ihren
Komposita. Sie bildet nicht nur zweigliedrige Komposita wie etwa *Blumen-Heer,
Farben-Pracht* (S 231), sondern auch dreigliedrige wie *Stachel-Dornen-Kron*
(S 167). Sie kann zwei oder drei Substantive wie in den obengenannten
Fällen zusammenfügen, sie kann aber auch eine Partikel zu einem Substantiv
fügen wie in *Erz-Sieges-Held* (S. 166), eine Partizip zu einem Adjektiv: *während-
gröster Qual* (S 91). Diese Komposita können sich häufen wie im Sonett 91:
Er verkläret ihre Trübsal / mit dem gnaden wunderschein /
schicket ganze Labungs-Ströme / für ein kleines tröpflein Pein.
ja in während-gröster Qual läst er Liebes-flammen blinken /
und das Noht-verschmähte Herz aus dem Gnaden Abgrund trinken.

Sie variiert auch die Fügungsart der Komposita, manchmal setzt sie die Substantive unvermittelt nebeneinander, manchmal setzt sie das eine Glied in den
Genitiv. Sie variiert selbst die Zusammensetzungen im gleichen Gedicht.
O Du lieblich süsses Sausen! Ach durchdringe mich behend.
bester Wollaut / Himmels-Schall / Hertzen-stimmend Seitenspielen /
wollest / edle Geistes-Taub / auch mit deinen Federkielen
meines Mundes Seiten-spiele / deine Hoheits-Flüg hersend (S 190).

Hier ist einmal *Seitenspielen*, d. h. ein Kompositum aus substantiviertem
Verb und Substantiv, das andere Mal *Seiten-spiel*, ein Kompositum aus zwei
Substantiven verwendet, was zeigt, wie virtuos sie mit der Sprache umgeht.

Auch der häufige Gebrauch von rhetorischen Formen, wie zum Beispiel der
Anapher, zeigt die Fähigkeit der Dichterin [277].

Zuletzt beweist sie aber ihre große formale Begabung darin, daß sie die strenge
Form des Sonetts in 250 Sonetten durchgehalten hat. Sie verwendet in den
Quartetten immer den Reim abba (mit Ausnahme von S 133, wo der erste Vers
eine Waise hat) und variiert den Reim nur in den Terzetten. Sie variiert auch
die Verslänge. So bringt sie innerhalb bestimmter Spielregeln immer wieder neue
Variationen hervor [278].

---

[276] Die Wiederholung kann auch einfach der Intensivierung dienen, wie im Sonett 48:
Dem Gottes-willen All-All-Alles giebet nach. oder *Ach ich meyn die Ewig-Ewig-
Ewig-Ewig-Ewigkeit* (S 248)
[277] z. B. erstes Quartett von Sonett 173, erstes Quartett von S 235.
[278] Daß auch für C. R. v. G. die Variation zum Spiel gehört, zeigt die oben S. 132 zitierte Stelle aus den *Betrachtungen*, wo sie Wörter wie *Veränderung* (S. 666),
Vielfältigkeit in der Endlichkeit (S. 670), *unzehlige Veränderungen* (S. 673) im Zusammenhang mit dem Spiel braucht.

Die Dichterin erweist sich als Freiwaltende. Freiheit des Geistes ist es denn auch, was der Dichterin vor allem zukommt. Ja, in der Dichtkunst allein ist der Geist frei.

Diß einig' ist mir frey / da ich sonst schier Leibeigen /
aus übermachter Macht des Ungelücks / muß sein,
sagt sie im 88. Sonett, das an die Dichtkunst gerichtet ist.

In dieser Freiheit des Geistes kann sie nicht nur mit der Anordnung der Wörter spielen, sondern auch mit ihrem Sinn. Ein Beispiel höchster Virtuosität ist das Sonett 49, wo sie den Satzteil GOtt will in jedem Vers zusammen mit einem Pronominaladverb verwendet. Sie erhält auf diese Weise auch eine ganze Reihe von Alliterationen auf *w* [279].

Sie liebt die paradoxe Sprechweise zum Beispiel in den Sonetten auf Christi Geburt.

Auf Christus Wunder-Geburt (S 103)
Wie? hat die Allheit sich in dieses nichts begeben!
die Unaussprechlichkeit so alles sprichet aus /
macht die die Schwachheit dann zu ihrer Allmacht Haus?

Das Geistreiche in dieser sprachlichen Virtuosität gibt den Gedichten jenen Inhalt, der sie von einem bloßen Jonglieren mit der Sprache abhebt.

Wenn ich nun ähnlich wie bei Harsdörffer verfahren bin und den Begriff des Spiels aus der Art, wie die Dichterin spielt, abgeleitet habe, so will ich nun weiterhin so wie bei Harsdörffer verfahren und eine theoretische Äußerung der Dichterin zum Spiel betrachten.

Im Widmungsgedicht zur *Syrischen Aramena* (3. Teil) von Anton Ulrich findet sich eine Schlüsselstelle zum Spielbegriff der Greiffenberg.

Über die Tugend-vollkommene unvergleichlich-schöne Aramena.
Du Wunder aller Zier / und Schönheit aller Wunder!
Du Himmel-volles Bild! des Höchsten Ehre-zunder /
ein Spiegel seines Spiels! ein klarer Demant-Bach /
in dem man schicklich siht die Himmels-Schickungs Sach /
erlernet ihre kunst! Nachamerin der Witze /
die alles trefflich fügt! ihr helle Stralen-blitze
vom Wunder-Sonnen Brunn! wer siht die Vorsicht nicht
nachkünstlen ihren trieb / mit reiffem Rahtgewicht
und juster Ordnungs-art? wie schön pflegt sie zu füren /
die Fälle / zufalls-weis! wie richtig zu verwirren
die Lebens-Labyrinth![280]

---

[279] In den *Betrachtungen zur Menschwerdung* schreibt sie: *Also die Red-Zierlichkeit und das Geist-Spielen nicht zur Gemein-Erbauung / aber wol zum Gott-Erhebungspreiss* taugen. (L 31, S. 373 f.)

[280] Das Widmungsgedicht ist leicht zugänglich im Appendix von Spahr, Anton Ulrich,

Nicht nur in formaler Hinsicht, wie wir es in den Sonetten gesehen haben, sondern auch in inhaltlicher Hinsicht ordnet der Dichter sein Werk kunstvoll. Er tritt als Nachahmer Gottes auf und wird zum Herr einer kleinen selbstgemachten Welt, wie Gott der Herr der großen von ihm geschaffenen Welt ist [281]. Ja, der Dichter ahmt Gottes Fügungsgewalt bis in alle Einzelheiten nach:

Und ob sich hier entgernen
die Freuden-ausgäng oft: verheiset hofnung doch /
daß alles auf Gut-End die Tugend werde noch
hinleiten / was sie wirkt.

Der Leser hat die Hoffnung, daß der Roman gut ausgeht, wie der Gläubige die Hoffnung hat, daß Gott alles zum Guten führt [282].

Hinter diesem Bild des Dichters steckt die erst in der Neuzeit aufgekommene Auffassung des Dichters als eines schöpferischen Gottes, der, wie Scaliger sagt, *velut alter deus alteram naturam* schaffe [283]. So kann Leibniz an Anton Ulrich schreiben:

Ich hätte zwar wünschen mögen, daß der Roman dieser Zeiten eine bessere Enthnötung gehabt, aber vielleicht ist er noch nicht zum ende und gleich wie E. D. mit ihrer Octavia auch noch nicht fertig, so kann unser Herr Gott auch noch ein paar tomos zu seinem Roman machen ... niemand ahmet unsern Herrn besser nach als ein Erfinder von einem schönen Roman [284].

L 118, S. 190—193. Mit einem Druckfehler V. 8: *nachkünstlich ihnen* statt *nachkünstlen ihren*. Der Anfang ist auch abgedruckt in: Deutsche Barocklyrik hrsg. v. M. Wehrli, L 2, S. 26 f.

[281] M. Wehrli schreibt zur Kunst Catharina Reginas von Greiffenberg: „Sie versteht sie (ihre Kunst) aber wiederum als Spiel der Deoglori selbst, da alles göttliche Wirken, als souveränes Walten und damit als Spiel erscheinen kann." (CRvG, L 123, S. 582)
Spahr nennt *Aramena* ein Spiel: „The work has been produced anonymously - let the readers guess at the author. It is really a good trick on them — the work of literature is a game and the pseudonyms are often devised in the spirit of play rather than with the serious aim of complete concealment." (Spahr, Anton Ulrich, L 118, S. 158)

[282] Vgl. den nächsten Abschnitt: Der spielende Gott.

[283] Vgl. dazu H. O. Burger: Die Aufklärung im Widerspiel zu Barock und „Neubarock". L 76, S. 102.

[284] Zit. bei H. O. Burger: Die Aufklärung L 76, S. 101. Noch bei Lessing findet sich die Vorstellung vom Dichter als Nachahmer Gottes: *wenn ich nur gefunden hätte, daß, ob sie schon nicht aus dieser wirklichen Welt sind, sie dennoch zu einer andern Welt gehören könnten; zu einer Welt deren Zufälligkeiten in einer andern Ordnung verbunden, ... kurz zu der Welt eines Genies, das ... um das höchste Genie im kleinen nachzuahmen, die Teile der gegenwärtigen Welt versetzet, vertauschet, verringert, vermehret, um sich ein eigens Ganzes daraus zu machen, mit dem es seine Absichten verbindet.* (Hamburgische Dramaturgie, 34. Stück.) Zur Entwicklung von Scaligers Idee vom Dichter als *alter deus* zum Geniebegriff im 18. Jahrhundert vgl. O. Walzel: Das Prometheussymbol von Shaftesbury zu Goethe. München 1932.

Diese Auffassug des Dichters als eines Gottes bringt es mit sich, daß der Dichter in seiner Freiheit gesehen wird. Wie Gott kann er in vollkommener Freiheit trennen und zusammenfügen, was er will [285].

3. Der spielende Gott

Um die Eigenheiten dieses Spiels zu erfassen, muß man, da der Dichter nur ein Nachahmer Gottes ist, fragen, wie Gott spielt. Der spielende Gott ist die in den Sonetten am häufigsten vorkommende Vorstellung im Bereich des Spiels. Diese Vorstellung ist auch zugleich die originellste der Greiffenberg, sie findet sich in dieser Ausformung nicht wieder. Das Widmungsgedicht zur *Aramena* kann zur Charakterisierung des Spiels erste Hinweise geben.

Das Spiel Gottes besteht in dem, was sie *Schickung* [286] nennt, das heißt in der Fügung und Zusammenfügung der Lebensläufe. Dieses Zusammenfügen geschieht auf eine höchst kunstvolle Art. Wenn der Dichter als Nachahmer Gottes aufgefaßt wird, so ist Gott seinerseits als Künstler gesehen. Er spielt ein *Kunstbegebnuß* (S 16). Diese kunstvolle Anordnung zeigt die Stärke Gottes genau wie die kunstvolle Anordnung die Fähigkeiten des Dichters zeigt.

Warum kann sie aber gerade dieses *Kunstbegebnuß* als Spiel bezeichnen? Einmal ist das Walten Gottes Spiel, weil für Gottes Allmacht alles so leicht wie Spiel ist. Wie der Spieler vor dem Spiel ist Gott souverän, frei seine Figuren zu führen, wohin er will, und er tut dies auch mit der Leichtigkeit des Spielers. *Ach sage nur / Ich will! vom können frag' ich nicht.*
Dann Berg-versetzen dir / wie mir das Würffelwerffen. (S 35)

Wenn sie hier Gottes Spiel mit dem Würfelwerfen vergleicht, so stimmt der Vergleich nicht ganz. Gott wirft keine Würfel, wenn er spielt. Sein Spiel ist ein höchst kunstvolles und durchdachtes. Bei einer so formalen Kunst wie der der Greiffenberg ist es schon bedeutungsvoll, daß *Spiel* immer auf *Ziel* reimt [287]. Gottes Spiel hat ein Ziel, er weiß, wohin er sein Spiel führt, er über-

---

285 Villiger sieht die Verhältnisse etwas anders. S. 64 seines Buches über CRvG. (L 121) sagt er, daß die Handhabung der Sprache von CRvG Spiel sei. Er sieht aber das Spiel nicht in der Macht der Dichterin. mit der sie über die Sprache verfügt, sondern im Kampf der Dichterin mit der Sprache, die ihre Autonomie hat. S. 85 sieht er dann zwar den Sinn des Sprachspiels in der Gewalt des Menschen „über die Wortwelt."

286 z. B. S 14, S 17. Sie umschreibt den Begriff auch mit Zusammensetzungen und Ableitungen wie *Tausendschickungs-Stand* (S 12), *Wunderschicken* (S 21), von *Schickungs-Spiel* spricht sie im Widmungsgedicht zu *Aramena*. Einmal bildet sie sogar parallel zu *Schickung Spielung* (S 93).

287 In den folgenden Sonetten kommt dieser Reim vor (die Zahlen hinter dem Komma geben die Verszahl an): 1,3 als Binnenreim; 6,1/6,4; 15,10/15,12/15,14 (Spiel/ Will/Ziel); 23,2/23,3; 86,4/86,5; 108,2/108,8; 245,4/245,5; 250,1/250,4; S. 316, 6. Str., S. 323, Str. 5, S. 331, Str. 4.

läßt es nicht dem Zufall. Er führt es mit *Vorsicht,* das heißt Voraussicht, mit *reiffem Rahtgewicht* [288]. Er erinnert an den Schachspieler, der mit kluger Voraussicht seine Figuren zum Ziel zu führen weiß. Der Vergleich mit dem Schachspieler ist nicht aus der Luft gegriffen, bezeichnet Catharina doch in den *Betrachtungen* Gott als einen Schachspieler [289]. Sie sagt, daß er seine Figuren *klüglich, künstlich, schicklich* führe, Wörter, die sie immer wieder zur Kennzeichnung von Gottes Walten braucht und die zeigen, wie durchdacht Gottes Walten ist. So ist diesem Schachspieler auch der Sieg gewiß, er kennt sein Ziel.

Wie sehr in der Perspektive der Greiffenberg das Ziel zum Spiel gehört, zeigen die folgenden Verse:

Du ungeendter GOtt / doch einigs End und Ziel /
des Wunder-bunten Runds! das ganze Wesen gehet
aus dir! und auch in dich: in dir sein Ziel bestehet /
der du / unzielbar selbst / hast doch damit dein Spiel. (S 250)

Im letzten Vers wird ein Gegensatz aufgestellt zwischen *unzielbar sein* und *sein Spiel haben,* dies kann nur ein Gegensatz sein, wenn die Vorstellung des Ziels von Anfang an zum Spiel gehört [290]. Für die Menschen aber sieht Gottes Spiel wie Zufall aus, es ist verwirrend, es erzeugt ein *Lebens-Labyrinth,* wie es im Widmungsgedicht zu *Aramena* heißt:

wer weiß / was noch im spiel
beym Schickungs-Schicker ist? auf was für hohes ziel
er zielen mag hiermit?, sagt sie im Widmungsgedicht. Der Mensch überblickt das Spielbrett des Dichters so wenig wie das Spielbrett Gottes. Er weiß nicht, welche Steine noch im Spiel sind. So sieht Gottes Spiel für den Menschen nicht wie das wohlgeordnete Schachspiel, sondern wie ein Glücksspiel aus. Immer wieder erweckt dieses verwirrende Spiel Gottes die Verwunderung der Menschen, darum kann sie vom *Wunderspiel* sprechen. Gottes Spiel verwundert genauso wie die Verwirrungen, die der Romanautor hervorbringt [291]. Der Mensch kann sich getrost diesem Spiel, das wie ein Glücksspiel aussieht, überlassen, denn er weiß, daß es keines ist.

geht alls in feine Quell / wie aller Weißen Schluß /
so folget / daß dein Spiel mit mir zu dir gehn muß [292].

Gott ist Ausgangspunkt und Ziel des Spiels, eine Vorstellung, in der die zuversichtliche Kunst der Greiffenberg gründet.

---

[288] Rat kommt oft im Zusammenhang mit Spiel vor. Z. B. S 26, S 66. S. 316: *Gottes Rath-Spiel,* S. 331: *seinem Raht pflegt zu belieben ... offt zu halten manches Spiel.*
[289] Siehe das Zitat S. 132 f. dieser Arbeit.
[290] Villiger ist hier anderer Auffassung, er sagt, Gott treibe mit dem Menschen „ein Spiel der Uebermacht und der Willkür" (L 121, S. 85). Ich glaube nicht, daß man diese Auffassung bei sorgfältigem Vergleich der Spielstellen halten kann.
[291] Zur Bedeutung der Verwunderung in der Kunst der Nürnberger vgl. das Kapitel: Analyse der Gesprächspiele.
[292] Sonette und Lieder, L 29, S. 375.

Sie ist so zuversichtlich über das gute Ende von Gottes Spiel, daß sie sagen kann:

Wann er wegert (sic!) / *scherzt er nur /*
pflegt die Hülffe zu bereiten[293].

Nicht nur das Brettspiel mit der kunstvollen Führung der Figuren, sondern auch das Ballspiel verwendet sie zur Beschreibung von Gottes Spiel. Auch das Ballspiel ist Ausduck vom souveränen Walten Gottes. Man fühlt sich bei der folgenden Beschreibung an die barocken Putten erinnert:

der so mit der Erden-Kugel / wie mit einem Apfel / spielt /
wird im Schoß der keuschen Mutter ein geraume Zeit verhüllt. (S 108) Joseph freut sich darüber, daß er *zu der Glückes-Schickung Ballen / zu der Weißheit Wunderspiel* (S 23) auserlesen wurde. Es bedeutet für den Menschen ein Glück, ja eine Auserwählung, der Ball Gottes zu sein. Immer wieder überläßt sich das Ich in den Gedichten diesem Spiel Gottes:

Mein Gott! ich lass ihn dir / spiel du mit meinem sinn
nach deiner dunklen Art. Verbirg' / und zeig dich wider.
Wirff / wie den Ballen / ihn bald Wolken an / bald nider. (S 66)[294]

In der Vorstellung des Ballspiels ist die Vorstellung des Zufalls wie im Glücksspiel mitenthalten. Das Auf- und Niederwerfen des Balles sieht wie Zufall aus, in Wirklichkeit wirft aber Gott den Ball sehr gezielt.

In den *Betrachtungen* findet sich eine hübsche Stelle zur Ballspielmetaphorik. *Sie* (die Blumen) *sind Ballen, die uns GOTT vom Himmel zuschläget / und so lang rucket / bis er sie glücklich durch die Porte des Frülings bringet*[295]. Der Mensch tritt an dieser Stelle als Partner Gottes auf, wie sich das schon an der früher zitierten Stelle, wo es heißt, daß die Weisheit mit den Menschenkindern spielt, zeigte[296]. Der Mensch, wie ihn die Greiffenberg sieht, ist nicht willenloses Werkzeug oder gar ein Opfer des Spiels. Der Mensch entscheidet sich frei, im Spiel Gottes mitzumachen, daher jene zahlreichen Stellen, wo sich das Ich dem Spiel Gottes überläßt. *Spiele nur / mein lieber Himmel / nach gefasstem Raht mit mir* (S 26)[297]. Das ,mit' zeigt nicht nur ein Instrument, sondern auch

---

[293] Sonette und Lieder, L 29, S. 368. Villiger meint, daß für Catharina „der tiefste Herd des menschlichen Unglücks Gott selbst sei." (L 121, S. 85) Ich glaube, daß Gott gerade der Ursprung des Glücks des Menschen ist, denn er fügt ja alles zum Guten. Catharina vertritt in dieser Beziehung einen Optimismus, der an Leibniz erinnert.

[294] Ähnlich in dem Gedicht *Ergebung in Göttliche Regierung,* L 29, S. 331:
> *Er beginnt mit meinem Geist /*
> *Nach der Spiel-Art mit dem Ballen:*
> *der bald in die Luft auffreist /*
> *bald auch muß zur Erde fallen.*

[295] Betrachtung des Jesus-Leidens, L 31, S. 673.

[296] Siehe das Zitat S. 132 dieser Arbeit.

[297] Eine andere Stelle: *Mein GOttff ich laß ihn dir / spiel du mit meinem sinn.* (S 66)

den Partner im Spiel an, wie man etwa sagen kann, man spiele mit jemandem
Schach. In diesem Sinn kann sie einen Vers wie den folgenden schreiben: *wer
GOtt gelaßen ist / mit dem hat Er sein Spiel* (S 15).

Wie es für Josef eine Auserwählung bedeutet, der Spielball Gottes zu sein,
so bedeutet es für jeden Menschen eine Auserwählung, der Partner im göttlichen
Spiel zu sein. Die Partner sind allerdings ungleich. Gott kennt den ganzen Ver-
lauf des Spiels, während der Mensch nur das Ziel kennt. Wenn der Mensch sich
nicht auf das Spiel mit Gott einläßt, so wird sein eigenes Tun ein Spiel, diesmal
im Sinn von Nichtigkeit für Gott.

Der den Schickungs-Zaum in Händen hat / und wendet wie er will /
lacht der tollen Welt-Beginnen / hält ihr' Anschläg vor ein Spiel [298].

Betrachtet man nun dieses Spiel Gottes, das sinnvoll ist, das sich nach durch-
dachter Anordnung vollzieht, muß man sich doch fragen, ob dieses Spiel auch
von Gott her gesehen ein Spiel ist oder ob es sich nicht vielmehr nur vom Menschen her gesehen um ein Spiel handle. Eine Lösung dieser Frage ist vielleicht
in den verschiedenen Vorstellungen von Spiel zu sehen, je nachdem, ob aus der
Perspektive Gottes oder des Menschen gesprochen wird. Von Gott aus gesehen
ist der Weltlauf ein Spiel, weil er ihn mit größter Leichtigkeit anordnet. Für
den Menschen ist der Weltlauf ein Spiel, weil er *zufalls-weis* angeordnet scheint.

Das Kühne dieser Konzeption ist, daß sich die Dichterin erlaubt, Aussagen
über Gott zu machen, ihren Gott zu konzipieren. So versetzt sie sich zweimal
in den Liedern in den Geist Gottes.

du spielst / auf der Sinnen Bühnen / deiner Wunder Schauespiel und
Spiel das sonder Sinnen-Spiel / auf dem Schauplatz der Gedanken [299].

Wir treffen hier und nur hier in den Gedichten der Greiffenberg den Gedanken des Welttheaters so ausgeprägt. Im Unterschied zu andern Welttheater-
vorstellungen faßt die Greiffenberg nicht das Leben des Menschen als ein Spiel
auf, sondern die ganze Schöpfung und vor allem die Verwirrung der Fäden,
das heißt die Komposition der Schöpfung. Sie kann die Idee des Welttheaters
wohl deswegen nicht für das Leben selbst brauchen, weil das Spiel Gottes für
sie eben gerade in diesem Sinnenspiel, in dieser weisen Voraussicht besteht, sowie der Romanautor, um die Geschichte richtig zu verwirren und zu entwirren,
den Ablauf der Handlung zum Voraus durchgespielt haben muß, so muß Gott
den Lauf der Welt im Voraus entwerfen.

In dieser Wendung vom nachdenkenden Gott zeigt sich ein sehr menschlicher
Gott, der nachdenkt und plant wie ein Mensch. Der Mensch kann Gottes
kunstvollen Plan einsehen. Auf diese Weise wird Gott auf das Maß des Menschen reduziert, der Mensch wird aber auch erhoben. So finden wir im Gottes-
begriff der Greiffenberg jene Menschlichkeit wieder, die den Spielbegriff Hars-

---

[298] Sonette und Lieder, L 29, S. 279.
[299] Sonette und Lieder, L 29, S. 323 und S. 377.

dörffers charakterisiert. Wie der Mensch Harsdörffers ist auch der Mensch der Greiffenberg dank seines Verstandes souverän. Seine Herrschaft erstreckt sich aber auch nur über den Bereich des Verstandes. Wie Harsdörffer in den *Gesprächspielen* kein hohes und mit Last beladenes Leben anstrebt, so dankt auch C. R. v. Greiffenberg für *ein still-vergnügtes Leben, Ehr ohne Pomp und Pracht / kurz: solche Lebensart / die man vor eigen acht zu solchem Geisteswerk* [300].

Das *Geisteswerk* ist die Dichtung, die den Menschen in seiner Stärke zeigt. Wie es dem Menschen Harsdörffers gelingt, in den *Gesprächspielen* einen Mikrokosmos aufzubauen, so gelingt es dem Menschen C. R. v. Greiffenbergs, im Roman einen solchen Mikrokosmos aufzubauen. So sehen beide Dichter den Menschen nicht in seiner Schwäche, sondern in seiner Stärke, die eine Stärke des Verstandes ist. Der Mensch aus dieser Sicht gesehen ist der *roseau pensant,* von dem Pascal spricht [301].

4. Exkurs: Ein Vergleich von Harsdörffers und C. R. v. Greiffenbergs Spielbegriff mit andern Auffassungen des Spiels im 17. Jahrhundert

Spiel, wie es Harsdörffer und zum Teil auch C. R. v. Greiffenberg verstehen, ist literarisches Spiel, ist ein Spiel mit Formen, ist der Aufbau einer Scheinwelt, die im Falle der Greiffenberg *Spiegel* der von Gott gelenkten Welt ist. Ein Vergleich des Spielbegriffs dieser beiden Dichter mit dem Spielbegriff anderer Dichter wird die besondere Stellung dieser beiden Dichter zeigen.

Eine der am häufigsten auftretenden Spielmetaphern ist diejenige vom Ballspiel, die sich ja auch bei C. R. v. Greiffenberg mehrfach findet.
Was sind wir Menschen doch! ein Wohnhauß grimmer Schmertzen, ein Ball des falschen Glücks [302], sagt Gryphius in einem Sonett, und ganz ähnlich Hofmannswaldau:
Bin ich der Sternen Gauckelspiel . . .
Des Zufalls Spiel, ein Scherz der Zeit [303].
oder Lohenstein in der *Sophonisbe:*
Ja! es ist Sophonisb' / ein Haß der leichten Götter /
Ein Ball des falschen Glücks (II, V. 79 f.).
Der Mensch ist manchmal sogar nur eine Wasserblase:
Erbärmlich Unbestand
Des Glückes! das mit uns spielt / als mit Wasserblasen (Sophonisbe II, V. 2 f.).

[300] Sieges-Seule der Busse und Glaubens / wider den Erbfeind Christliches Namens: . . . Nürnberg 1675, S. 235.
[301] Weitere Bemerkungen zum Spielbegriff von CRvG im folgenden Kapitel.
[302] Gryphius: *Menschliches Elende.* Sonette. Das erste Buch, Sonett Nr. XI.
[303] Hofmannswaldau. Deutsche Nationalliteratur Bd. 36, S. 82.

Der grundlegende Unterschied zwischen der Greiffenberg auf der einen, Hofmannswaldau, Gryphius und Lohenstein auf der andern Seite liegt im Spieler. Der Mensch ist bei allen Dichtern ein Ball. Bei C. R. v. Greiffenberg ist der Spieler Gott, bei den andern Dichtern ist der Spieler das Glück oder, wie es oft genannt wird, das *falsche Glück*.

Gott spielt mit den Menschen oder öfters noch mit dem Geist des Menschen *nach gefaßtem Raht*, wie C. R. v. Greiffenberg sagt. Er hat einen Plan, so daß das Spiel nicht willkürlich ist; es gleicht, wie ich zu zeigen versucht habe, dem Schachspiel. Das Glück oder die Zeit hingegen sind willkürlich, zufällig, sie haben keinen Plan. Hinter dieser Vorstellung stehen die Glücksspiele, die immer unberechenbar sind[304]. Das Ende dieses Glücksspiels ist der Tod, wohingegen das Ziel von Gottes Spiel die Rückkehr zu Gott ist. So erhält auch das Leben je nach der Perspektive einen andern Wert. Für die Greiffenberg ist das Leben, weil von Gott gelenkt, auf jeden Fall sinnvoll. Es ist ein Sinn, der sich noch in diesem Leben zeigen kann, wie etwa im sinnvoll gelenkten Leben Josefs (Sonett 23).

Das Leben aus der Sicht Lohensteins, Hofmannswaldaus und Gryphius' kann nur Spiel sein, ,Spiel' im Sinn von ,Nichtigkeit'.

DEr Mensch das Spil der Zeit / spilt weil er er allhie lebt.
Im Schau-Platz diser Welt,
und Gryphius fordert seine Leser auf:
Spilt denn diß ernste Spil[305].

Spiel in diesem Sinn ist nie ernst, es ist immer von Fröhlichkeit und Zuversichtlichkeit begleitet. In einem andern Sinn aber, insofern es besonders im Fall der Greiffenberg nicht Nichtigkeit, sondern Gottesdienst ist, ist es doch ernst.

Die Dichtung als Lobpreis Gottes oder als Nachspielen seines Spiels hat bei der Greiffenberg einen hohen Wert. Bei Lohenstein dagegen ist das Leben ein *Getichte*.

Und unsre kurtze Zeit ist nichts als ein Getichte.
Ein Spiel / in dem bald der trit auf / bald jener ab;
Mit Thränen fängt es an /mit Weinen wirds zu nichte[306].

Weder Harsdörffer noch die Greiffenberg haben Trauerspiele geschrieben. Ihre *Getichte* werden von Freude und Lächeln begleitet, so auch ihre Konzeption des Lebens. Von Harsdörffer wissen wir zwar nicht sicher, wie er das Leben konzipierte. Sein Mensch ist dank dem Vestand der Welt nicht unterlegen. Er

---

[304] Nicht weniger willkürlich sind die Leidenschaften, deren Spielzeug der Mensch bei Racine oft ist. *Ce n'est plus le jouet d'une flamme servile.* (Andromaque II,5)
[305] Gryphius: Sonette 1. Buch, Sonett XLIII. *Ebenbild unseres Lebens. Auf das gewöhnliche Königspiel.* Für weitere Literatur zu diesem Spielbegriff vgl. P. Rusterholz: Theatrum vitae humanae. 1970. L 114.
[306] Widmungsgedicht zu *Sophonisbe*.

hat die Fähigkeit, sich eine Welt des glücklichen und keineswegs negativ zu sehenden Scheins aufzubauen [307].

Während der Mensch bei Harsdörffer und als Dichter auch bei der Greiffenberg Herr des Spiels ist, ist der Mensch bei Gryphius, Hofmannswaldau und Lohenstein ein Opfer des Spiels. Spiel im Sinne der letzteren gehört zum Bereich der Vanitas.

Eine Zwischenstellung zwischen den beiden Positionen nimmt Balde ein, der angesichts des Schachspiels sagt: *Eheu ludimus et ludimur!*, oder am Ende des Gedichts: *Ludus vivitur et sumus* [308]. Der Mensch, den Balde im Auge hat, kann spielen mit dem Mikrokosmos, den das Schachbrett darstellt; dort ist er der Herr. Zugleich ist der Mensch aber auch eine Figur im großen Schachbrett der Fortuna, eine Figur, die gespielt wird [309]. Der Mensch ist der Herr der kleinen Welt, die er sich selbst konstruiert hat. In der großen Welt, dort wo es um die Existenz geht, ist der Mensch nur ein Spielzeug. Der dunkle Barock der Schlesier sieht den Menschen nur als Spielzeug, der helle Barock der Nürnberger sieht den Menschen nur als Herrn der Welt des Scheins. C. R. v. Greiffenberg sieht den Menschen sowohl als Herrn des Spiels, wenn sie den Dichter im Auge hat, wie als Spielzeug, mit dem aber im Unterschied zu den Schlesiern und Balde sinnvoll gespielt wird.

Der Unterschied zwischen Gryphius, Hofmannswaldau und Lohenstein, diesen Dichtern der ‚Inconstance noire‘, und Harsdörffer, dem Dichter der ‚Inconstance blanche‘, ist der Unterschied zwischen „Barock“ und „Préciosité“, wie ihn Rousset formuliert [310]: „L'un et l'autre jouent, le baroque gravement, le précieux sans s'y prendre; le premier voit Dieu et le monde et la vie de l'homme même engagés dans un jeu où il y va parfois de tout; le second ne joue qu'un jeu de société, il aboutit au divertissement“ [311]. Unter dem Einfluß einer

---

[307] Villiger sieht den Unterschied zwischen den Nürnbergern und der Greiffenbergerin in der Tatsache, daß die Spiele der Nürnberger auf die Gesellschaft gerichtet sind, während die Spiele Catharinas die Spiele einer einer einzelnen sind. (S. 65) Der Unterschied scheint mir im Wert des Spiels zu liegen, bei Harsdörffer ist Spiel tatsächlich nur gesellschaftliches Spiel, Aufbau einer Scheinwelt. Für die Greiffenbergerin hat das Spiel einen ungleich höheren Wert, weil es als Spiel Abbild von Gottes Spiel ist und daher zu seiner Ehre gereicht.

[308] *Ludus Palamedis.* In: Balde, Dichtungen. Lateinisch-Deutsch. Hrsg. v. Max Wehrli. Köln/Olten 1963, S. 14 f.

[309] Das Schachspiel ist für Balde offenbar nicht wie für die Greiffenberg nur von der Ratio bestimmtes Spiel, Fortuna gehört doch wohl zum Bereich der Glücksspiele.

[310] Die Unbeständigkeit der Welt, das Schnelle, das Flüchtige spielt bei CRvG keine Rolle. Die Bewegungen, die sie beschreibt, erinnern an physikalisch-gesetzmäßig ablaufende Bewegungen (z. B. die Bewegung des Balles), an geometrische Bewegungen (im Schachspiel) und nicht an die zufälligen Bewegungen wie etwa die des Wassers. Sie braucht mit Vorliebe Bilder von Bewegungen, die auf einer bestimmten Bahn verlaufen, z. B. das Richten der Nadel auf Gott. (S 41)

[311] Rousset, L'âge baroque L 110, S. 241.

Literaturgeschichte, die sich fast nur mit den dunklen Seiten des 17. Jahrhunderts beschäftigt hat, hat man vergessen, daß es auch eine helle Seite gibt. Eine helle Seite, die eine Art Flucht in die Literatur ist, Flucht in die Oase der Geselligkeit und der Freude. Was Wehrli vom Schäfergedicht sagt, nämlich daß es ein Versuch sei, „dem Drang der Geschichte zu entfliehen und ein Leben des reinen, gelösten Spiels aufzubauen" [312], kann nach diesen Überlegungen auf die *Gesprächspiele* und die ihnen verwandte Literatur angewendet werden.

[312] Wehrli, Nachwort in: Deutsche Barocklyrik, L 2, S 223.

IV. Die Spieltheorien des 17. Jahrhunderts und ihre Gemeinsamkeiten mit modernen Spieltheorien

1. Die Rechtfertigung des Spiels im 17. Jahrhundert

Wenn Huizinga im 20. Jahrhundert den Menschen als Homo ludens auffaßt, muß er das Spiel nicht rechtfertigen. Zwar sieht es fast so aus, als ob auch Harsdörffer eine Art Homo ludens kenne, wenn er schreibt: *Das letzte Meisterwerk dieser Spielenden Natur ist der Mensch.* (G-Sp. IV, 469) Dieser Satz bedeutet, wie aus dem folgenden hervorgeht, daß die Natur den Menschen als einen Spielenden hervorgebracht hat. Ziehen wir aber in Betracht, daß Harsdörffer hier einmal mehr aus rhetorischen Gründen so spricht, so dürfen wir diesem Satz nicht zu viel Gewicht beimessen. Gewiß, Harsdörffers Personen treten uns nur als Spielende entgegen; wenn sie aufhören zu spielen, hören sie auch auf zu existieren, wie die Personen eines Romans außerhalb des Romans nicht existieren. Aus einigen Andeutungen kann man aber schließen, daß die Personen der *Gesprächspiele* ein Leben außerhalb der Zusammenkünfte haben. Die Zusammenkünfte sind nur ein Ausschnitt aus dem Leben der Personen. Für Harsdörffer wie für alle seine Zeitgenossen kann das Spiel nie Grundlage des Lebens, es kann immer nur ein Ausschnitt sein. Schon Stefano Guazzo bezeichnet das Spiel als *insalata per assottigliar l'appetito* (S. 163 b), und nicht als „Hauptmahlzeit", um im Bild zu bleiben.

Sieht man den Menschen nach dem Sündenfall als den arbeitenden Menschen, so verlangt das Spiel eine Rechtfertigung. Hugo Rahner zeigt in seinem schönen Buch „Der spielende Mensch" (L 109), daß die Tradition der Rechtfertigung des Spiels über Thomas von Aquin bis auf Aristoteles zurückgeht. Die Rechtfertigung des Spiels wird im 17. Jahrhundert in zahlreichen Traktaten dargelegt, die immer wieder dieselben Argumente beibringen [313].

---

[313] Zedler (L 66) faßt die ganze Diskussion zusammen: *Bey den Moralisten kommt eine wichtige Frage für: Ob die Spiele erlaubt seyn, und unter die indifferenten Dinge gehören, oder nicht? Einige haben überhaupt alle Spiele verworffen, welches viele von den Kirchen-Vätern gethan haben. Andere haben nur den Gebrauch derjenigen Spiele vor erlaubt gehalten, bey denen entweder eine Geschicklichkeit des Leibes, oder eine Hurtigkeit des Verstandes nöthig; hingegen die Spiele des Glücks verdammt. Diese Meynung beliebet den meisten Theologis, daß sie darinnen übereinstimmen, die Glücksspiele wären unzulässig.*" (Artikel Spiel, L 66, Bd. 38, Sp. 1624 f.).

Eines der Argumente geht auf Cicero zurück: *neque enim ita generati a natura sumus, ut ad ludum et iocum facti esse videamur, ad severitatem potius et ad quaedam studia graviora et maiora. ludo autem, et ioco uti illo quidem licet, sed sicut somno et quietibus ceteris tum, cum gravibus seriisque rebus satis fecerimus* [314].

Das Argument wird von Harsdörffer auf folgende Weise in der Spielrede aufgenomen: *Er (der Mensch) ist zwar zu der Arbeit geboren / wie der Vogel zum fliegen; jedoch solchergestalt / daß er die Sorgenstille Nacht wiederum ausruhen / am Tage wieder an seine Arbeit gehen; von dem Laste seines Berufes zu weilen absetzen / den beschäfftigten Geist belustigen und die lasse Hand ausrasten lassen solle* (G-Sp. IV, 469).

Da der Mensch aus Körper und Geist besteht, muß er beide ausruhen; dies ermöglichen die beiden Arten von Spielen, die körperlichen und die geistigen. *Der Mensch ist Geist und Leib. Ist mit diesem und jenem bemüsiget; kan aber noch mit einem / noch mit dem anderen ohne benöhtigte Schaltruhe bestehen* (G-Sp. IV, 470). Bei Aristoteles lautet das Argument: *Erholende Ruhe und heiteres Spiel scheint für das Leben notwendig zu sein* [315].

Thomas von Aquin bereichert dieses Argument um ein hübsches Beispiel, auf das im 17. Jahrhundert oft angespielt wird. Thiers, der einen weitverbreiteten Spieltraktat geschrieben hat, überliefert das Beispiel auf folgende Weise: *On dit que le bienheureux Evangeliste saint Jean tenant une perdris, et la caressant avec la main, fut aperçû en cette état par un homme, qui avoit l'équipage d'un chasseur. Cet homme s'étonnoit qu'un apôtre si considérable, et qui avoit rempli la terre de sa reputation, s'amusa à des divertissemens si bas. Etes-vous, luy dit-il, cet Apôtre Jean dont on parle par tout le monde, et dont la reputation m'a fait naître l'envie de vous voir? Comment donc pouvez-vous vous divertir à ces amusemens si disproportionnés à la gloire de votre nom? Mon ami, luy répondit cet Apôtre, que tenez-vous en vôtre main? Un arc, luy dit ce chasseur. D'où vient donc qu'il n'est pas bandé, et que vous ne le tenez pas toûjours prêt? Il ne le faut pas, luy repartit-il, parce que s'il étoit toûjours tendu, quand je voudrois m'en servir ensuite, il n'auroit plus de force pour lancer avec violence une fléche*

---

[314] Cicero, De officiis I, 29. *Denn wir sind nicht so von der Natur erschaffen worden, daß wir zu Spiel und Scherz gemacht zu sein scheinen, zur Strenge eher und zu bestimmten gewichtigeren und größeren Tätigkeiten. Spiel und jenen Scherz darf man genießen, aber wie Schlaf und sonstiges Ausruhen dann, wenn den gewichtigen und ernsten Dingen genug getan ist.* (Übersetzung: Cicero, Vom rechten Handeln. eingeleitet und neu übersetzt von Karl Büchner. Textbibliothek der Alten Welt, Zürich 1953, S. 63). Vgl. G-Sp. IV, S. 469 und das Argument im lat. Brief oben S. 127. Dieses Argument findet sich auch bei Guazzo: *percioche non siamo generati dalla natura in maniera, che habbiamo a parere nati al giuoco, et al piacere, ma più tosto alla severità, et allo studio delle cose gravi.* (Convers. civ., L 32, S. 163b)

[315] In decem libros Ethicorum Aristotelis ad Nicomachum Expositio, I, IV, 14, 1128b. Zit. bei Rahner L 109, S. 8.

sur une bête. Ne soiez donc pas surpris, répliqua le grand Apôtre, que nôtre esprit se relâche aussi quelque fois, parce que si nous le tenions toûjours apliqué, il s'afoibliroit par cette contrainte, et nous pourions plus nous en servir dans le besoin [316].

Dieses Beispiel, das uns den Apostel auf so liebenswürdige Weise zeigt, setzt jene Bedeutung von ‚Spiel' voraus, die Harsdörffer im hebräischen Wort entdeckt hat *sich zu geringeren Sachen erniedrigen;* das bedeutet auch die menschliche Schwäche akzeptieren. So schreibt Thomas von Aquin: *Also ist der bloß Ernste in dem Sinne untugendlich, als er das Spielen gänzlich verachtet, das doch so notwendig ist für das humane Leben wie das Ausruhen* [317].

Dieselbe Menschlichkeit spricht aus einem Text von François de Sales, den Thiers ebenfalls zitiert: *Saint François de Sales étoit plein de ces sentimens si raisonnables lorsqu'il disoit: Qu'il est force de relâcher quelquefois nôtre esprit et nôtre corps encore à quelque sorte de recreation; et que c'est un vice sans doute que d'être si rigoureux, agreste et sauvage qu'on n'en veüille prendre aucune sur soi ni en permettre aux autres* [318].

Dem Menschen den Zeitvertreib verbieten wird von François de Sales mit Wildheit gleichgesetzt. Es ist, als ob er daran dächte, daß die großen Werke abendländischer Kultur Produkte der Muße sind.

Die Schwäche des Menschen anzuerkennen, aus ihr nicht den Fluch, sondern das Glück des Menschen zu machen, ist auch ein Zug Harsdörffers, der sich mit seinen *Gesprächspielen* selbst zu geringen Sachen herabgelassen hat.

Eine für das 17. Jahrhundert originelle Rechtfertigung des Spiels, die sich nicht in diese Tradition stellen läßt, findet sich bei C. R. v. Greiffenberg. Sie verwirft an der oben (S. 55) zitierten Stelle in den *Betrachtungen* die bloßen Glücksspiele, die eine *verspielung* der Zeit seien, erlaubt aber die Gesprächspiele und auch die körperlichen Spiele. Während in der langen Tradition der Rechtfertigung der Spiele die geistigen Spiele zum Ausuhen vom körperlichen Arbeiten und die körperlichen Spiele zur Erholung von geistigen Arbeiten empfohlen werden, empfiehlt die Greiffenberg die körperlichen Spiele zur Abwechslung mit den geistigen. Das kommt daher, daß auch ihre Rechtfertigung des Spiels eine andere ist. Der Mensch darf und soll spielen, weil Gott *die Erde dem Menschen / so wol zur Lust / als zur Erhaltung / geschaffen / und hat man ihme so*

---

[316] Thiers: Traité des Jeux et des Divertissemens L 65, S. 3 f. Dieser Vergleich findet sich z. B. auch bei Ringhieri: *non è ragioncuole di star sempre in Negotio, ... per non venir meno sotto cosi grave peso, che chi non cessa di tirar l'Arco, egli molle (come disse quel Poeta), ne diviene* (Cento Giuochi, L 52, S. 111 a).

[317] Zit. bei Rahner: Der spielende Mensch, L 109, S. 8.

[318] Zit. bei Thiers: Traité des Jeux, L 65, S. 3.
    Dasselbe Ideal des sanften Lebens zeigt sich bei Guazzo, wenn er Annibale sagen läßt, das Leben gleiche einem Musikinstument, das *hor col tirare, hor rallentare le corde, diviene più soave.* (Conv. civ. L 32, S. 163 b).

*wol / ja mehr / für jene / als für diese / zu danken: weil diese eine gemeine /
jene aber / eine sonderbare Göttliche Gnaden-gabe ist / und daher viel Lieb-
entflammter und lobbrünstiger machet* [319]. Das Spiel, welcher Art es auch sei,
dient zum Lob Gottes, weil sich darin die Lust an der von Gott geschaffenen
Welt ausdrückt.

2. Schillers Spieltheorie und Harsdörffer

Allen modernen Spieltheorien liegt wohl die Spieltheorie Schillers zugrunde,
wie er sie im 26. und 27. Brief *Über die ästhetische Erziehung des Menschen*
darlegt. Schaut man diesen Brief und andere Bemerkungen Schillers zum Spiel
an, nachdem man die Spieltheorien des 17. Jahrhunderts betrachtet hat, so ist
man erstaunt über die vielen Gemeinsamkeiten. Ist Schiller in dieser Hinsicht
noch ein Sohn des 17. Jahrhunderts, wie er in der Art, sich der Rhetorik zu be-
dienen, noch ein Sohn des 17. Jahrhunderts ist?

Das Argument, das er anführt, um die Schaubühne zu rechtfertigen, könnte
bei einem Moralisten des 17. Jahrhunderts stehen. *Die menschliche Natur er-
trägt es nicht, ununterbrochen und ewig auf der Folter der Geschäfte zu liegen,
die Reize der Sinne sterben mit ihrer Befriedigung. Der Mensch, überladen von
thierischem Genuß, der langen Anstrengung müde, vom ewigen Triebe nach
Thätigkeit gequält, dürstet nach bessern, auserlesnern Vergnügungen oder stürzt
zügelloß in wilde Zerstreuungen ... Der Mann von Geschäften ist in Gefahr, ein
Leben, das er dem Staat so großmüthig hinopferte, mit dem unseligen Spleen ab-
zubüßen — der Gelehrte zum dumpfen Pedanten herabzusinken — der Pöbel
zum Thier. Die Schaubühne ist die Stiftung, wo sich Vergnügen mit Unterricht,
Ruhe mit Anstrengung, Kurzweil mit Bildung gattet* [320].

Erinnern wir uns an die Bemerkung François' de Sales, daß Nicht-Spielen
Wildheit sei, erinnern wir uns an Harsdörffers Bemerkung, daß nur jemand, der
ein viehisches Leben führe nicht spiele, so wird die Verwandtschaft Schillers mit
diesen Ideen des 17. Jahrhunderts deutlich.

Wenn für Harsdörffer und seine Zeitgenossen die *Gesprächspiele* Arznei für
trübe Stunden sind, so ist für Schiller die Schaubühne diese Arznei: *Wenn Gram
an dem Herzen nagt, wenn trübe Laune unsre einsame Stunden vergiftet, ...
so empfängt uns die Bühne — in dieser künstlichen Welt träumen wir die wirkliche hinweg* [321].

Schillers Spielbegriff ist entscheidend von zwei Komponenten bestimmt, vom
Schmuck und vom Gesetz. *Schmuck* ist das Überflüssige, wie es sich auch in Hars-

---

[319] CRvG: Betrachtung des Jesus-Leidens, L 33, S. 668.
[320] Schiller: Schaubühne, L 55, S. 99 f.
[321] Schiller: Schaubühne, L 55, S. 100.

dörffers Spielen zeigte. Erst durch das Gesetz, durch die Regel werden die Töne zu Musik, die Wörter zu Dichtung, die Gespräche zu Gesprächspielen.

Der gesetzlose Sprung der Freude wird zum Tanz, die ungestalte Geste zu einer anmuthigen harmonischen Gebärdensprache, die verworrenen Laute der Empfindung entfalten sich, fangen an, dem Takt zu gehorchen und sich dem Gesange zu biegen [322].

Die Regel kann der Materie nur vom menschlichen Geist aufgeprägt werden. Der menschliche Geist, der wie derjenige von Harsdörffers Personen über die Dinge herrscht, der frei ist, wie Schiller sagt, kann die Dinge zusammenfügen, wie er will, so wie es uns die sechs Personen in den *Gesprächspielen* vorführen. *Mit ungebundener Freiheit kann er (der Geist), was die Natur trennte, zusammenfügen, sobald er es nur irgend zusammen denken kann, und trennen, was die Natur verknüpfte, sobald er es nur in seinem Verstande absondern kann. Nichts darf ihm hier heilig seyn, als sein eigenes Gesetz, sobald er nur die Markung in Acht nimmt, welche s e i n Gebiet von dem Daseyn der Dinge oder dem Naturgebiete scheidet* [323]. Das Gebiet, wo der Mensch walten kann, wie er will, ist das Gebiet des Scheins, der Kunst. Zu diesem Gebiet zählen für Schiller wie für Harsdörffer auch die Umgangsformen [324]. *Nur ein Fremdling im schönen Umgang z. B. wird Versicherungen der Höflichkeit, die eine allgemeine Form ist, als Merkmale persönlicher Zuneigung aufnehmen, und wenn er getäuscht wird, über Verstellung klagen* [325]. Der gleiche Gedanke fand sich auch bei Mlle de Scudéry [326]. Bei Harsdörffer wäre etwa an den wahnwitzigen Schäfer zu denken, der die Welt des Scheins, diesmal nicht den Schein der Umgangsformen, sondern den Schein der Dichtung, nicht als solchen erkannte. Er wäre mit Schillers Ausdruck *ein Fremdling,* einer, der die Abmachungen, die Regeln nicht kennt, einer, der außerhalb des Zirkels steht.

Suchen wir einen Grund für diese Gemeinsamkeiten von Schiller und Harsdörffer, so liegt er in dem Punkt, in dem sich Harsdörffers Spielbegriff von dem seiner Zeitgenossen unterscheidet. Spiel im Sinne von Harsdörffer ist gleichbedeutend mit Schein, aber nicht mit dem täuschenden Schein der Wirklichkeit wie bei den meisten seiner Zeitgenossen, sondern mit dem Schein der Kunst. Harsdörffers Scheinwelt wird nie als schmerzlich empfunden, weil sie eine Scheinwelt der Kunst ist.

---

322 Schiller: Über die ästhetische Erziehung des Menschen, L 56, S. 409 (27. Brief)
323 Schiller: Erziehung, 26. Brief, S. 401.
324 Auch für Kant gehören die Umgangsformen zum Schein. Vgl. das Zitat S. 37 d. Arb.
325 Schiller, Erziehung, 26. Brief, S. 403.
326 Siehe S. 37 d. Arb.

3. Spieltheorien des 20. Jahrhunderts: J. Huizinga und H. Rahner

Es wäre noch zu fragen, wie sich Harsdörffers Spieltheorie und seine Spiele überhaupt zu einer Spieltheorie wie derjenigen Huizingas verhalten, die doch beansprucht, allgemein genug zu sein, um auch auf andere Epochen angewendet werden zu können. Die Beschreibung des Spiels, wie sie Huizinga gibt, paßt auch auf Harsdörffers Spiele. Zum Spiel gehören die Regeln, der abgegrenzte Spielplatz, der uns in der Form des Kreises immer wieder begegnet ist, und der von diesem Spielraum ausgeschlossene Spielverderber, der Pedant, der Klügelgeist, wie er im 17. Jahrhundert heißt.

Die Grundlage von Huizingas Spielbegriff ist der Wettkampfcharakter des Spiels. Der Wettkampf spielt bei Harsdörffer und mit ihm verwandten Zeitgenossen nur eine nebensächliche Rolle. Zwar gibt es einige Spiele, die Wettkampfcharakter haben, z. B. jene, in denen angeklagt und verteidigt wird und wo der Richter nicht über die Sache selbst, sondern über die Geschicklichkeit der Redner urteilt, oder die Spiele, wo ein Pfand geben muß, wer die Aufgabe nicht lösen kann.

Das Pfandgeben spielt aber nur eine nebensächliche Rolle. Bestimmend für Harsdörffers Spiele ist die Unterhaltung, die Freude, die man an ihnen findet. Die *Gesprächspiele* können auch wegen ihres Charakters des Überflüssigen zu den Spielen gezählt werden, wie es sich schon beim obenstehenden Vergleich mit Schillers Spielbegriff zeigte. Gewiß betont Harsdörffer immer wieder, daß er neben der Freude auch den Zweck verfolge, die deutsche Sprache zu fördern und die Jugend zu unterrichten. Ich glaube aber, daß das Element des Überflüssigen doch vorherrscht, wenn man den Spielen auch nicht jede belehrende Absicht absprechen kann. Es zeigt sich hier noch einmal nicht das selig in sich selbst ruhende Kunstwerk, sondern jene Spannung von Geschlossenheit und Offenheit, die immer wieder feststellbar war und die ja auch Schiller dem Theater zubilligt, wenn er sagt, es unterhalte und unterrichte.

Rahner bringt in seine Definition des Spiels den Begriff des Sinnvollen hinein, der mir für die Betrachtung Harsdörffers fruchtbar scheint, denn Harsdörffers Spiel ist wie das seiner Zeitgenossen überhaupt nie sinnloses Spiel wie zum Beispiel die Unsinnspoesie, die Liede darstellt [327]. Rahner definiert den spielenden Gott auf folgende Weise: „die Schöpfung der Welt und des Menschen (stellt) ein zwar göttlich sinnvolles, aber in keiner Weise notwendiges Tun dar." (S. 15) Die Spannung, die zwischen dem sinnvollen aber nicht notwendigen Tun besteht, scheint mir der Spannung zwischen der Absicht, auf den Leser zu wirken, und dem Überflüssigen in den *Gesprächspielen* zu entsprechen. Rahners Definition des Spiels trifft den Grundcharakter der *Gesprächspiele:* „Von Spiel sprechen wir dann, wenn die Beherrschung des Leiblichen

[327] Liede, A.: Dichtung als Spiel. 1963. L 103.

durch den Geist irgendwie ihre Vollendung gefunden hat in der behenden Leichtigkeit, in der wie schwebenden Eleganz des ‚Könnens‘; wenn das Wort oder der Ton oder die Geste dem Geist verfügbar und schmiegsam geworden ist" (L 109, S. 11 f.). In Harsdörffers Spielen ist die ganze Welt dem Geist verfügbar geworden, er geht mit ihr mit jener für das Spiel typischen Leichtigkeit um. Diese Spiele strahlen die überlegene Heiterkeit des Könnens aus. Sie zeigen die Überlegenheit des Menschen über die Welt, aber nur im Reich des Scheins [328].

---

[328] J. Heidemann hat das Spiel als ambivalent gekennzeichnet, als eine Spiegelung des Lebens, als eine für sich bestehende „Welt in der Welt". (Der Begriff des Spiels, L 90, S. 3) Dies gilt für die Scheinwelt, in der sich die Gesellschaft des italienischen 16. und des deutschen und französischen 17. Jahrhunderts trifft. Es ist eine Welt mit eigenen Bräuchen und Gesetzen, wobei jeder der Angehörigen einer Welt auch der andern, der wirklichen Welt angehört.
E. Benveniste definiert in seinem Aufsatz: Le jeu comme structure das Spiel als „activité réglée qui a sa fin en elle-même et ne vise à aucune modification du réel" (L 73a, S. 161), es sei vollkommen von der Realität getrennt. Diese Definition des Spiels stimmt nur in ihrem zweiten Teil mit dem Spielbegriff überein, den ich in den Gesprächspielen analysiert habe. Die Gesprächspiele wären darum keine reinen Spiele, weil sie auf eine gewisse Veränderung der Wirklichkeit zielen, obwohl sie sich von der Wirklichkeit durch ihre Regeln und den abgeschlossenen Raum, in dem sie gespielt werden, abheben und so eine eigene Form bilden, wie Benveniste sagt. Zu dieser Form gehört auch das Ablegen der alltäglichen Persönlichkeit (das Annehmen eines andern Namens), „pour assumer celle-là (cette personalité) que l'exigence du jeu leur assigne." (L 73a, S. 162)

C. ARS COMBINATORIA

1. Einleitung

Ich habe im vorangehenden Kapitel die moralischen und religiösen Überlegungen zum Spiel betrachtet. Diese Überlegungen sind im 17. Jahrhundert sehr zahlreich, besonders wenn man die auch außerhalb der Traktate häufig vorkommenden Bemerkungen über das Spiel in Betracht zieht. Das Problem des Spiels hat aber auch als mathematisches Problem die Denker des 17. Jahrhunderts beschäftigt. Giordano Bruno, Huygens, Pascal und nicht zuletzt Leibniz, mit dem ich mich in diesem Teil hauptsächlich beschäftigen werde, haben sich mit dem Spiel auseinandergesetzt [329].

Es ist auffällig, daß das Interesse am mathematischen Problem der Wahrscheinlichkeit, wofür das Glücksspiel nur ein Beispiel, wenn auch ein ausgezeichnetes, ist, gerade in der Zeit besonders groß ist, da man sich mehr als in andern Jahrhunderten von den verschiedensten Seiten her mit dem Spiel beschäftigt. Das Problem der Wahrscheinlichkeit war eine Herausforderung für dieses rationale Jahrhundert; der Versuch, die Wahrscheinlichkeit zu berechnen, war der Versuch, dem Zufall mit dem Verstand beizukommen. Das Problem der Wahrscheinlichkeit stellt sich im größeren Rahmen der Kombinatorik, denn zuerst muß man alle Möglichkeiten kennen, um die wahrscheinliche zu errechnen.

Dieses Gebiet der Kombinatorik soll nun näher betrachtet werden. Im Zusammenhang mit den Nürnbergern und C. R. v. Greiffenberg hat man fast so oft wie von Spiel von kombinatorischer Sprachbehandlung gesprochen [330]. Wenn Conrady von „Versatzstücken" [331] spricht, die immer wieder anders eingesetzt werden, stellt er damit die Sprachbehandlung des 17. Jahrhunderts überhaupt als eine kombinatorische Sprachbehandlung dar. Ich habe auch öfters auf die

---

[329] Huygens: De Ratiociniis in ludo aleae. 1657. Pascal: La règle des parties. 1654. Leibniz hatte schon 1665 den Plan, über die Theorie der Wahrscheinlichkeit zu schreiben. Später wollte er in einer neuen *Ars combinatoria* handeln: *de variis ludorum generibus*. Vgl. Couturat, La Logique de Leibniz. 1901. L 79, S. 239—244 und Note XVII. In dem im ersten Teil schon zitierten (oben S. 99) *Dictionnaire des Jeux mathématiques*, L 10 a liest man zu diesem Problem: *De grands Mathématiciens, tels que les Pascal, ... les Bernoulli, les d'Alembert, les Euler, et autres, ont plié leur génie et employé leur savoir à la recherche des calculs, des probabilités, et des chances si nombreuses et si variées que présentent les jeux de hasard et de combinaisons.* (Avertissement, unpag.)

[330] So z. B. H. O. Burger im Nachwort zum Neudruck der Sonette von CRvG (L 29), S. 10.

[331] Conrady, Lat. Dichtungstradition, L 78, S. 133, Vgl. oben S. 6.

Freude am Kombinieren in Harsdörffers *Gesprächspielen* hingewiesen [332], ja, die Spiele bestehen zum großen Teil in diesen Kombinationen. Es ist daher wohl angebracht, den Überlegungen zum Spiel noch einige Überlegungen zur Kombinatorik anzuschließen.

In der Forschung hat man bisher diesem Problem fast keine Beachtung geschenkt. Hocke widmet ihm ein Kapitel seines Buches „Manierismus in der Literatur" (L 92), das wie das ganze Buch anregend, aber oberflächlich ist. Dyck weist in seinem Buch „Ticht-Kunst" (L 82) in einer Anmerkung (S. 31) auf die Bedeutung der Kombinatorik für die Copia verborum hin, geht aber, da ihn eine andere Fragestellung beschäftigt, nicht weiter darauf ein.

Da noch nicht mehr Material vorliegt, kann dieser Teil der Arbeit nur eine Skizze sein, die Zusammenhänge zwischen bestimmten Erscheinungen in der Literatur des 17. Jahrhunderts und Problemen der Kombinatorik zu zeigen versucht.

Wie es wohl kein Zufall ist, daß die Denker des 17. Jahrhunderts sich mit dem Spiel beschäftigen, so ist es auch kein Zufall, daß sie sich mit den Problemen der Kombinatorik beschäftigen, sieht man die Bedeutung, die die Kombinatorik in der Kunst hat. Daß wir heute wieder ein Interesse an der kombinatorischen Sprachbehandlung haben, hängt mit dem fruchtbaren Wechselspiel zwischen der Dichtung unseres Jahrhunderts und den Methoden der Literaturwissenschaft zusammen. Am Ende des 16. Jahrhunderts wurden die Werke von Raymundus Lullus (1235—1315) erstmals gedruckt. Das Interesse an diesem Autor, den Bochenski als eine der „größten Kuriositäten der Geschichte der Logik" [333] bezeichnet, hängt wohl mit dem Interesse an der Kombinatorik überhaupt zusammen. Zahlreich sind denn auch die Traktate, die sich mit Lullus' Werk beschäftigen; angefangen bei Giordano Bruno (L 24, L 25) über Alsted (L 11), Harsdörffer, der ihm ein Gesprächspiel (CCIII) widmet, reichen sie bis zu Leibniz, der sich in seiner Jugendschrift *De arte combinatoria* (1666, L 44) mit Lullus beschäftigt.

Leibniz' Gedanken können in mancher Hinsicht als Synthese seines Jahrhunderts betrachtet werden. Ihm selbst schien ja sein Jahrhundert für die Enzyklopädie besonders geeignet, er hat selbst sein Leben lang am Plan einer Enzyklopädie gearbeitet [334]. Leibniz hat auch, und das verbindet ihn mit dem Thema meiner Arbeit, Harsdörffers *Mathematische Erquickstunden* (L 36) gekannt, wie sich Leibniz überhaupt gerne mit Kuriositäten beschäftigt hat.

---

[332] z. B. S. 11 f., S. 15, S. 29.

[333] Bochenski, I. M., Formale Logik 1956, L 74, S. 319.

[334] *Il faut avouer, en reconnaissant la bonté divine à nostre égard, qu'autant que l'on peut juger par l'histoire, jamais siecle a esté plus propre à ce grand ouvrage que le nostre, qui semble faire la recolte pour tous les autres*, schreibt Leibniz im Hinblick auf die geplante Enzyklopädie. (L 43, Bd. 7, S. 174). Lullus hat wohl gerade auch, weil sich sein Werk so gut zum Verfassen einer Enzyklopädie eignet, so viel Erfolg im 17. Jahrhundert gehabt.

2. Was ist die Ars Combinatoria?

Lullus, der am Anfang der Bemühungen um die Kombinatorik steht, nennt sein Werk *Ars magna* (L 47), weil es die Prinzipien aller Wissenschaften enthält.
quod sit una scientia generalis ad omnes scientias, et hoc cum suis principijs generalibus, in quibus principia aliarum scientiarum particularium sint implicita. (S. 218)

Kircher nennt sein Werk im Anschluß an Lullus *Ars magna sive combinatoria* (1669; L 40). Auch er will mit seinem Werk die Prinzipien finden, die alle Wissenschaften umfassen [335]. Leibniz endlich schreibt in einem Brief über seine *Ars combinatoria: Welche invention dafern sie wils Gott zu werck gerichtet, als mater aller inventionen von mir vor das importanteste gehalten wird, ob sie gleich das ansehen noch zur zeit nicht haben mag.* (L 43, Bd. 4, S. 4)

Gott hat sich nach Kircher bei der Schöpfung der Welt der Kombinatorik bedient. *Exercuit hanc Artem primum aeterna Dei Sapientia in primordiali Mundi conditu, dum ex confusa Chaoticae massae mole elementorumque quaternorum adaptatione tantam rerum varietatem eduxit, quantam uti mente non concipere, ita satis admirari non possumus.* (L 40, S. 155)

Leibniz vertritt eine ähnliche Auffassung von der Schöpfung: *Mais Dieu a choisi celuy* (des mondes possibles) *qui est le plus parfait, c'est à dire celuy qui est en même temps le plus simple en hypotheses et le plus riche en phenomenes* (L 43, Bd. 4, S. 431). Das ist genau der Grundgedanke der Kombinatorik: ein einfaches Prinzip, das aber eine Fülle von Möglichkeiten hervorbringen kann.

Die Frage, die sich in der Kombintaorik stellt, ist folgende: Wie kann man jenes einfache Prinzip finden und daraus wieder die Vielfalt hervorbringen? Leibniz beschreibt diese beiden gegensätzlichen Gedankenoperationen, die zu vollziehen sind, auf folgende Weise: *In Philosophia habe ich ein mittel funden, dasjenige was Cartesius und andere per Algebram et Analysin in Arithmetica et Geometria gethan, in allen Scientien zuwege zu bringen per Artem Combinatoriam, ... Dadurch alle Notiones compositae der ganzen welt in wenig simplices als deren Alphabet reduciret, und aus solches alphabets combination wiederumb alle dinge, samt ihren theorematibus, und was nur von ihnen zu inventiren müglich, ordinata methodo, mit der zeit zu finden, ein weg gebahnet wird.* (L 43, Bd. 4, S. 4)

---

[335] Das Titelblatt von Kirchers *Ars magna* führt alle Wissenschaften auf, die das Werk enthält. *Theologica, Metaphysica, Physica, Logica, Medicina, Mathematica, Ethica moralis, Aesthetica, Jurisprudentia, Sancta Scriptura, Interpres politica, Controversia, Theologia moralis, Rhetorica, Concionabria.*

Man muß also zuerst eine überblickbare Menge von Grundbegriffen aus der Vielfalt abstrahieren und diese Begriffe nach bestimmten Methoden kombinieren. Leibniz spricht hier von einem Alphabet, wohl im Anschluß an das Lullische Alphabet und im Blick auf seinen eigenen Plan einer Universalsprache.

3. Versuch einer Universalsprache

Lullus hat das gesamte Wissen in Kategorien zu je neun Grundbegriffen eingeteilt [337]. Den einzelnen Begriffen teilt er die Buchstaben von A—K zu.
B significat bonitatem; Differentiam; Utrum, Deum; Iustitiam; Avaritiam.
(Lullus, L 47, S. 219)
Alle Begriffe zusammen bilden auf diese Weise ein Alphabet.

Die Idee, die Folge dieser den Begriffen zugeordneten Buchstaben ein Alphabet zu nennen, zeigt schon die Absicht von Lullus, mit diesen Zeichen eine Art philosophischer Sprache zu schaffen. Seine Begriffe sind dazu allerdings insofern ungeeignet, wie ihm Kircher zu recht vorwirft, als mehrere Begriffe mit demselben Zeichen bezeichnet werden, wie das obenstehende Beispiel zeigt.

Kircher versucht diesen Mangel zu beheben, indem er zwar die Lullischen Begriffe beibehält, jedoch jedem Begriff ein eigenes Zeichen zuordnet, wobei er versucht, möglichst natürliche Zeichen zu finden, für Gott zum Beispiel ein Dreieck, für den Menschen ein Männchen.

Diese Idee, die Zeichen möglichst natürlich zu wählen, nimmt Leibniz wieder auf in seinem Versuch, eine Universalsprache zu finden. Dieser Versuch von Leibniz datiert aus seiner Jugend. Er hat früh einen Brief von Descartes über die Universalsprache exzerpieren lassen und mit Anmerkungen versehen.
Il y a moyen d'inventer une langue ou ecriture au moins, dont les caracteres et mots primitifs seroient faits en sorte qu'elle pouroit estre enseignée en fort peu de tems, et ce par le moyen de l'ordre, c'est à dire, établissant un ordre entre toutes les pensées qui peuvent entrer en l'Esprit humain, de mesme qu'il y en a un naturellement établis entre les nombres; Et comme on peut aprendre en un iour à nommer tous les nombres iusques à l'infini, et à les écrire . . . qu'on pûst faire le mesme de tous les mots [338].

---

[337] Zur ersten Kategorie gehören folgende 9 Subjekte: Deus, Angelus, Coelum, Homo, Imaginativum, Sensitivum, Vegetativum, Elementivum, Instrumentalia. Zur zweiten Kategorie, die die Prädikate umfaßt, gehören Begriffe wie Bonitas, Magnitudo usw., zur dritten Kategorie, die die respektiven Prädikate umfaßt, Begriffe wie Differentia, Concordantia usw. Zur vierten Kategorie gehören die Tugenden und Laster, zur fünften Kategorie die Fragen, z. B. quo, quocumque, usw.

[338] Leibniz: Opuscules et fragments inédits de L. par L. Couturat 1903. L 45, S. 27. S. 27.

Immer wird die erste Bedingung für die Universalsprache ihre Einfachheit bleiben, man muß sie leicht lernen können. *scriptura haec universalis aeque erit facilis quam communis, et quae possit sine omne lexico legi, simulque imbibetur omnium rerum fundamentalis cognitio.* (Leibnitz, L 44, S. 73)

Um diese Einfachheit zu erreichen, hat Leibniz verschiedene Versuche gemacht, die „Wörter" dieser Sprache zu finden. So hat er zum Beispiel in einem Brief folgendes vorgeschlagen: *Tribuatur igitur divitiis signum quadrati* ☐ *honoribus circuli* ◯, *voluptatis trianguli* △. *Privative opposita horum sic designentur, ut* ■ *significet paupertam,* ● *contemtum* [339]. Einmal hat er sich auch überlegt, ob man die Begriffe nicht durch Zahlen wiedergeben könnte [340]. Allen diesen Versuchen ist gemeinsam, daß mit den Zeichen nicht Dinge bezeichnet werden wie in den natürlichen Sprachen, sondern Ideen *pensées,* wie Descartes sagt. Die Zeichen bilden auf diese Art ein Alphabet der Ideen. Diese Zeichen haben also an sich Bedeutung, im Gegensatz zu den Buchstaben. Sie gleichen in dieser Beziehung den chinesischen Schriftzeichen [341]. Es besteht aber ein fundamentaler Unterschied zwischen den chinesischen Zeichen und diesen Zeichen einer philosophischen Sprache, wie Leibniz immer wieder betont. Seine Sprache würde die chinesische um vieles übertreffen, *en ce qu'on la pourroit apprendre en peu de semaines ayant les caracteres bien liés selon l'ordre et la connexion des choses, au lieu que les Chinois ayant une infinité de caracteres selon la variété des choses, il faut la vie d'un homme pour apprendre assés leur écriture* (L 43, Bd. 7, S. 25 f.). Die Zeichen, die Leibniz im Auge hat, sind wie die Zeichen von Lullus in ihrer Anzahl begrenzt: Sie bilden eine Ordnung, die leicht einzusehen ist, die die Vielfalt in sich begreift.

Hat man einmal die Buchstaben oder Wörter dieser Sprache gefunden, so fragt sich, wie man zur Syntax dieser Sprache gelangen kann. Diese Aufgabe löst die Kombinatorik.

[339] Opuscules et fragments, L 45, S. 29.

[340] Vgl. Couturat, La logique de L., L 79, Kap. III: La langue universelle.
Es scheint mir, daß diese Bemühungen von Leibniz und vor ihm von Kircher, die Begriffe durch angemessene Zeichen wiederzugeben, in Beziehung stehen zur Sprachtheorie des 17. Jahrhunderts, nach der die Wörter eine Beziehung zur Sache haben. Adam hat die Dinge sinnvoll benannt. Vgl. S. 115 dieser Arbeit. Comenius hat in seiner *Panglottia* den Plan einer Weltsprache vorgelegt, wo eine strenge Ding-Wortentsprechung herrschen würde.

[341] Weil diese Zeichen die Ideen wiedergeben und ihre Kombination die Beziehungen zwischen den Ideen zeigt, ist ein Sprachfehler auch zugleich ein Denkfehler oder umgekehrt: ein Denkfehler erweist sich als Sprachfehler. Vgl. Opusc. et fragments inédits, L 45, S. 156. Die Sprache hätte die Schlüssigkeit mathematischer Operationen: *cette même écriture seroit une espèce d'Algèbre generale et donneroit moyen de raisonner en calculant, de sorte qu'au lieu de disputer, on pourroit dire: comptons.* (L 43, Bd. 7, S. 24).

4. Die Probleme der Ars Combinatoria

Die Kombinatorik wird von Kircher auf die folgende Weise definiert: *Ars Combinatoria in hoc potissimum consistit, quod datis quibuslibet rebus, quoties aut quot modis illae inter se combinari, sive quoties res illae inter se permutari possint, demonstret* (L 40, S. 155). Die Kombinatorik besteht demnach aus zwei Teilen. Im ersten Teil werden die Kombinationen oder wie sie Leibniz nennt, die complexiones, untersucht, das heißt die Zusammenstellung verschiedener Dinge. Hier unterscheidet Kircher drei mögliche Arten der Kombination.

1. Die Kombination einer Serie von Zeichen. Z. B. abc kann man auf verschiedene Arten kombinieren: abc, cba, bca.

2. Die Kombination von mehreren Dingen, wobei die „unnützlichen" ausgeschieden werden. „Unnützlich" ist ein Terminus technicus, mit dem man die logisch nicht möglichen Kombinationen bezeichnet. Man kann z. B. Calor, Siccitas, Ignis kombinieren, nicht aber Calor und Frigiditas [342].

3. Die dritte und weiteste Art der Kombination besteht darin, daß nur ein Element gleich bleibt, die andern aber verändert werden. Z. B. ALA-SARA ... Im andern Teil der Kombinatorik wird gefragt, wie oft man eine feste Anzahl Elemente vertauschen kann. In diesen Teil gehören die beliebten Fragen, wie zum Beispiel die, wie oft fünf Personen, die um einen Tisch herum sitzen, den Platz wechseln können, bis wieder dieselbe Sitzordnung wie am Anfang entsteht [343].

Die Kombinatorik diente zunächst vor allem dazu, die Syllogismen zu finden, sie diente also zum logischen Schließen. Ich will mich hier nicht mit diesen philosophischen Problemen abgeben, sondern mich der Sprache zuwenden, wo gewisse Probleme mittels der Kombinatorik gelöst werden.

5. Kombinatorik in der Sprache

a) Einleitung

Leibniz führt in seiner *Ars combinatoria* einen Vergleich an, der auf Epikur zurückgeht. Hier wird die Sprache mit der aus Atomen zusammengesetzten Welt verglichen: *Vario, inquit (Epicurus) ordine ac positione conveniunt atomi sicut literae, quae cum sint paucae varie tamen collocatae innumerabilia verba conficiunt* (L 44, S. 89). Mit *ordine* ist, wie aus einem dem zitierten Text voraus-

---

[342] Vgl. dagegen unten, S. 164 f., wo solche Kombinationen auf rein sprachlicher Ebene durchgeführt werden.

[343] Die moderne Kombinatorik unterscheidet drei Probleme: die Kombination, Permutation und Variation. Die Variation, die eine Permutation bereits kombinierter Teile ist, scheint im 17. Jahrhundert nicht gesondert behandelt zu werden.

stehenden Beispiel hervorgeht, die Anordnung gemeint, z. B. der Gegensatz von AN und NA. Mit *positione* ist die Lage gemeint, z. B. Z und N, die sich ineinander verwandeln, wenn man sie dreht. In der Sprache ist damit die Metapher gemeint, worauf ich noch zurückkommen werde.

b) Die Sprachauffassung Harsdörffers und Schottels

Im 17. Jahrundert beginnen alle Grammatiken mit der Behandlung der Buchstaben, sie sind die Grundlage der Sprache nicht nur für Leibniz. Harsdörffer zeigt, wie man mittels eines mechanischen Verfahrens von den Buchstaben zu den Wörtern gelangen kann.

In den *Mathematischen Erquickstunden* (L 36, S. 513) und in den *Gesprächspielen* (V, 72) beschreibt er, wie man die Buchstaben des Alphabets auf sechs Würfel schreiben solle. Durch Zusammenwerfen von zunächst zwei Würfeln entstehen die Silben. Man kann immer kompliziertere Silben bilden, indem man immer mehr Würfel dazunimmt. Aus den Silben kann man dann leicht die Wörter bilden [344].

Ich betrachte im folgenden die für das 17. Jahrhundert repräsentative Grammatik *Ausführliche Arbeit von der Teutschen HaubtSprache* 1663 (L 57), die in ihrer ersten Auflage unter dem Titel: *Teutsche Sprachkunst,* 1641 auf die Nürnberger und besonders auch auf Harsdörffer einwirkte, wie schon die zahlreichen Hinweise auf Schottel in den *Gesprächspielen* zeigen.[345]

Für Schottel bilden eigentlich die *Stammwörter* die Grundlage der Sprache, wenn er auch seine Grammatik mit der Behandlung der Buchstaben beginnt. Schottel vergleicht die Sprache mit einem Baum:

Das Kunstgewächs unserer Hauptsprache vergleichet sich einem ansehenlichen fruchtbaren Baume / ... Denn die Wurtzelen und saftige Stammwörter unserer Sprache haben nach obgesetztem Beweistuhme den Kern und das Mark aus der Vernunft gesogen / ... ihren Stamm aber lassen sie hoch empor ragen / ihre Zweige und Reiserlein in unaussäglicher Menge / in steter Gewisheit / wundersamer Mannigfaltigkeit und ansehnlicher Pracht herauswachsen [347].

Die Rolle des Lullischen Alphabets oder der überblickbaren Anzahl von Begriffen in Leibniz' Plan einer Universalsprache übernehmen bei Schottel die wenigen einsilbigen Stammwörter. Es besteht hier die gleiche Spannung zwi-

---

[344] Leibniz zitiert dieses Beispiel in seiner Ars comb., L 44, S. 90.

[345] Harsdörffer scheint in vielen Spielen von Schottel abhängig zu sein, wie jeweils die Verweise auf Schottel am Rand seiner Spiele zeigen. Umgekehrt ist aber Harsdörffer einer der am meisten zitierten Quellen für Zusammensetzungen in Schottels *HaubtSprache.* Nebenbei sei auch darauf hingewiesen, daß gerade diese Spiele von Harsdörffer erfunden worden sind und sich in keiner der Vorlagen finden.

[347] Schottel, HaubtSprache L 57, S. 68. Noch Stieler vergleicht die Sprache mit einem Baum. Der Aufbau seines Wörterbuchs beruht auf dieser Idee, indem er unter den Stammwörtern immer die Ableitungen anführt und daher keine stenge alphabetische Ordnung hat.

schen kleiner Zahl der Stammwörter und großer Mannigfaltigkeit der Welt wie in der Universalsprache. *Denn dieses muß gestanden werden / daß eine jede Sprache eine gewisse / und nur eine wenige Anzahl S t a m m w ö r t e r habe / gegen der grossen Menge derer Dinge / so da unterschiedlich zunahmen seyn … Zu dem / weil die Stammwörter durch und in sich allein fast keine / oder gar eine geringe Rede machen können / als muß ihnen die hülfliche Hand stets gebohten werden von ihren abgeleiteten und verdoppelten Wörteren* [348].

Die *Wortdoppelung,* wie er die Komposita nennt, scheint denn auch sein Lieblingsgebiet zu sein, denn er widmet diesem Problem besonders viele Seiten und findet auch bei der Behandlung anderer Probleme immer wieder Gelegenheit, auf die Komposita zurückzukommen. So bringt er bei der Behandlung der Vergrößerung des Substantivs seitenlang Zusammensetzungen mit *Uhr, Ertz* und *Hoch* (S. 253—258). Dort, wo er den Plural von *Mann Leute* behandelt, bringt er seitenweise Zusammensetzungen mit *Mann.*

Die Typen der Zusammensetzungen. Die Zusammensetzungstypen sind sehr zahlreich. Schottel kennt zehn Typen von Zusammensetzungen, wobei einige von ihnen mit Ableitungssilben gebildet werden. Schottel unterscheidet zwar zwischen Ableitung und Zusammensetzung in der Terminologie, nicht aber in der praktischen Behandlung der beiden Wortbildungstypen. Bedeutsam für ihn ist, daß in beiden Fällen Elemente zusammengesetzt werden. Im folgenden vergleiche ich Schottels Typen von Zusammensetzungen mit den Kombinationstypen, wie sie Kircher und Leibniz darstellen.

1. Der einfachste Typus wird durch die Zusammensetzung von Substantiven gebildet. Der Typus gleicht den einfachsten Kombinationen bei Lullus, wo einfach zwei oder mehr Begriffe kombiniert werden, das heißt hintereinander gesetzt werden [349]. Dieser Typus entspricht dem zweiten Typus bei Kircher.

Schottel scheint sich besonders zu freuen, wenn er eine möglichst große Zahl von Substantiven kombinieren kann. Er kombiniert bis zu vier Substantiven, z. B. *Erbmannstammgut, Gundhaubtboswicht* (L 57, S. 399). Wenn man diese Wortbildungen sieht, hat man den Verdacht, daß Schottel diese Wörter zum Zweck der Demonstration gebildet hat [350].

Ein besonderer Reiz dieses Typus kann darin bestehen, Wörter gegensätzlicher Bedeutung zusammenzufügen.

Ferner / so ist annoch etwas sonderliches und künstliches an dieser ersten Verdoppelungs-Art zumerken / Dan es können dieselbige Wörter / darunter der allermerklichster Unterscheid / und ein stetswerender Streit ist / dennoch also

---

[348] Schottel, HaubtSprache L 57, S. 74.
[349] Giordano Bruno beschreibt seitenlang solche Kombinationen. Vgl. G. Bruno: De compendiosa architectura Artis Lullii, L 25, S. 28—32, S. 36. Vgl. Anm. 356.
[350] Bei der Lektüre einer solchen Grammatik muß man bedenken, daß die Grammatiken bis ins 18. Jahrhundert normativ waren und nur zum Teil den tatsächlichen Sprachgebrauch wiedergeben.

zusammen gesetzet / und wunderschöne Deutungen dahero verursachet werden. (L 57, S. 79)

Als Beispiele führt er an *Wasserfeuer* (d. i. Feuerwerk auf dem Wasser), *Fromböser, Traurlust* (S. 79). Die Freude an solchen Möglichkeiten der Sprache ist nur zu verstehen, wenn man bedenkt, daß Schottel an eine strenge Wort-Dingentsprechung glaubte, so daß solche Zusammensetzungen mehr als nur eine Zusammensetzung von Wörtern sind. Ja, in der Kombinatorik müßten solche Zusammensetzungen vom rein logischen Standpunkt aus als „unnützlich" ausgeschieden werden (vgl. oben S. 162). Zu diesem Typus gehören auch andere Arten von Zusammensetzungen, Zusammensetzungen von Substantiven mit Adjektiven, dann vor allem auch jene mit Ableitungssilben. Immer wieder freut er sich daran, möglichst viele Elemente zu kombinieren: *Laub / Uhrlaub / Uhrlauben / entuhrlauben / unent-uhr-laubt* (L 57, S. 90). *Un-be-leibzücht-ig-ung* (S. 400). Auch wenn solche Wörter nicht belegt sind, so sind sie doch nach den Regeln der Sprache gebaut und also, wie Schottel sagen würde, *grundrichtig* und könnten daher auch gebraucht werden [351]. Schottel versucht alle möglichen Kombinationen wie ein Mathematiker, ohne die „unnützlichen" auszuscheiden.

2. Der nächste Typus der Zusammensetzung ist derjenige, der der oben als dritten Kombination besprochenen entspricht. Sie besteht darin, daß mindestens ein Element konstant bleibt, während sich die übrigen ändern. Schottel gibt eine ganze Reihe von Zusammensetzungen und Ableitungen zum selben Grundwort an: *Ablauffen / Anlauffen / Aneinanderlauffen / Auslauffen / Belauffen / Beylauffen* (L 57, S. 163).

Harsdörffer gibt diese Aufzählung in einem Spiel (VIII, 55 f.)[352]. Im Spiel CXL werden vor allem Komposita zum selben Subsantiv gebildet: *Gegenwehr / Handwehr / Brustwehr,* oder mit gleichbleibendem ersten Element: *Jahrzahl / Jahrgedächtniß / Jahrgeschenk / etc.* Umgekehrt kann auch die Vorsilbe dieselbe bleiben und das Grundwort sich ändern:
Unbegründet und unbefugt / ... unbeladen / ... unberührt / ... unverheyrahtet / ungeschlaffen / ... (L 57, S. 610). Auch die Ableitungssilbe kann dieselbe bleiben: *uneinbar / ungangbar / unfehlbar / uhrbar / unendbar / ungastbar* (S. 326). Auch dieser Typus wird von Harsdörffers Personen zu einem Spiel vorgeschlagen (VIII, 56).

Auf diese Art kann sogar eine ganze Wortklasse gebildet werden, nämlich die Adverbien (von denen Schottel natürlich auch andere Klassen kennt): *unwahrlich / ... anmaßlich / ... heilsamlich / ... obereigentühmlich / listiglich* (L 57, S. 657).

Eine besondere Eigenschaft der deutschen Sprache besteht darin, daß dasselbe

---

[351] Vgl. dazu S. 167 dieser Arbeit.
[352] Vgl. S. 7 dieser Arbeit.

Wort einmal als *Grund* und einmal als *Beyfügiges* auftreten kann, wie Schottel die beiden Elemente des Kompositums nennt, die wir mit „Déterminé" und „Déterminant" bezeichnen.

So setzt er einmal die beiden folgenden Reihen einander gegenüber: *Wollust, Schlaflust, Weltlust, Sauflust ... Lusthauß, Lustschif, Lustseuche, Lustweg* (L 57, S. 80).

3. Diese letzten Beispiele nähern sich schon einem andern Problem der Kombinatorik: der Vertauschung. Die einfachste Form der Vertauschung liegt vor, wenn das Adjektiv seinen Platz ändert, wie in den folgenden Fällen: *Klar Silber* (perpolitum purum argentum) und *Silberklar* (color argentei splendoris) oder *Blauer Himmel* und *Himmelblau* (L 57, S. 81). Hier wird durch die Stellung des Adjektivs sowohl die Bedeutung des Ausdrucks wie auch die Wortart verändert. *Noch mehr / und billig zu verwunderen* ist aber, wenn dieselbe Wortart erhalten bleibt: *Pfandlehn-Lehnpfad* (L 57, S. 80), *Zuchthaus-Hauszucht, Rechtskrieg-Kriegsrecht, Raubvogel-Vogelraub* (S. 403), oder für die Adjektive *braunschwartz-schwartzbraun.* Bei Harsdörffer wird diese Möglichkeit im Spiel CXL mit andern Beispielen durchgespielt.

Schottel hat erkannt, daß das Stammwort seinen Sinn ändert, je nach der Stelle, an der es steht. Wie im Zahlensystem eine Zahl ihren Wert je nachdem, wo sie steht, ändert, so verändert das Wort nach seiner Stellung seine Bedeutung [353]. Schottel braucht denn auch einmal das Wort *Zieferen* (S. 58), um die Bestandteile solcher Komposita zu benennen.

c) Harsdörffers „Denckring"

Harsdörffer, in seiner Sprachauffassung nicht unbeeinflußt von Schottel, stellt die gesamte Sprache, auf konzentrischen Kreisen dar. Er nennt dies den *Fünffachen Denckring der Teutschen Sprache* [354]. Diese Scheibe ist wohl einerseits in Analogie zum Rechenschieber [355], andererseits wahrscheinlich in Analogie zu den Lullischen konzentrischen Kreisen entstanden.

Lullus hat die einzelnen Zeichen, die er seinen Begriffen zugeordnet hat, auf konzentrische Kreise angeordnet. Durch Drehen der verschiedenen Kreise erhält man die möglichen Kombinationen. Die so kombinierten Zeichen können die

---

[353] Ein besonders beliebtes und eindrückliches Beispiel ist die Zahl Null. Harsdörffer hat auf sie folgendes Rätsel gemacht:

> *Ein 0 oder Zero in den Zahlen*
> *Ich bin bald viel, bald nichts, bald wenig in den Zahlen,*
> *Nachdem der Meister mich an einem Ort will malen:*
> *Ein Ring ist zwar gering, wie dieser Welt Gestalt,*
> *Die voller Eitelkeit hat einen leeren Halt.*

(Dt. Barocklyrik, hrsg. v. M. Wehrli, L 2, S. 65)

[354] Abgebildet S. V.

[355] In den Mathematischen Erquickstunden ist (L 36, S. 49) ein solcher Rechenschieber abgebildet.

verschiedensten Relationen ausdrücken. Die Kombination Bb zum Beispiel, die aus einer Kombination des ersten mit dem zweiten Kreis entstanden ist, kann bedeuten: Deus bonus, Deus bonitatis, Bonitas Dei.[356]

Harsdörffer ordnet nun analog dazu die Buchstaben und Silben auf den konzentrischen Kreisen an[357]; auf dem ersten Kreis stehen die Vorsilben, auf dem zweiten die Anfangsbuchstaben, auf dem dritten die Mittelbuchstaben, auf dem vierten die Endbuchstaben, auf dem fünften die Ableitungssilben.

Man erhält nun die Silben und Wörter, indem man einen Ring festhält und den zweiten dagegen verschiebt. Dies ist eine Methode der Kombinatorik, die darin besteht, daß man ein Element festhält und die andern ändert[358]. Die sinnlosen Kombinationen werden zum vornherein ausgeschieden[359] wie in der logischen Kombinatorik.

Harsdörffer glaubt, daß diese Scheibe *eine unfehlbare Richtigkeit* habe, um ein *vollständiges Teutsches Wortbuch zu verfassen / und beharren wir in der Meinung / daß alle solche zusammen gesetzte Wörter / welche ihre Deutung würcken für gut Deutsch zulässig / sonderlich in den Gedichten* (L 36, S. 518).

Weil die Wörter *grundrichtig* sind, wie Schottel sagen würde, dürfen sie auch gebildet und gebraucht werden, unbekümmert darum, ob sie üblich sind. Ja, für die Dichtung eignen sich gerade die nicht üblichen Wörter besonders gut.

Daß man trotz Harsdörffers raffinierter Erfindung nicht alle Wörter der deutschen Sprache finden kann, hängt mit Harsdörffers Auswahl der Silben zusammen; wenn er nur eine Silbe ausgelassen hat, fallen gleich unzählige Kombinationen und damit unzählige Wörter aus. Seine Auswahl der Silben, die die Stammwörter ergeben, ist zu klein, um den gesamten Wortschatz zu erfassen[360].

Eine ähnliche Erfindung machte Kuhlmann, der selbst, angeregt von Kircher, eine *Ars magna* verfassen wollte[360a]. Da Kuhlmann, wie Dietze zeigt, von den Nürnbergern beeinflußt war, darf man wohl annehmen, daß er Harsdörffers *Denckring* gekannt hat, als er sein *Wechselrad* oder *Sprachrad* erfand. In der Er-

---

[356] G. Bruno führt zum Beispiel folgende Kombinationen aus: BCD: bonitas magna durans, Bonum magnum duratione, Bonitas magnitudinis durans, Bonum magnitudinis durans, Bonitas magna duratione, Bonum magnum durans. (De compendiosa architectura Artis Lullii, L 25, S. 36, wo weitere Beispiele zu finden sind.)

[357] Für Harsdörffer scheinen die Buchstaben, nicht die Stammwörter die Grundlage der Sprache zu sein. Er ist aber trotzdem mit Schottel nah verwandt, wenn er die Ableitungssilben und Vorsilben auf seinen Kreisen aufnimmt.

[358] Vgl. S. 162 dieser Arbeit, wo diese Kombination beschrieben ist.

[359] Harsdöffer nennt die „unnützlichen" Kombinationen *blinde Sylben* (L 36, S. 518).

[360] Couturat berichtet, daß Leibniz' *De Arte combinatoria* A. v. Holten auf die Idee einer zylindrischen Grammatik gebracht habe, die eine ähnliche Struktur wie Harsdörffers *Denckring* habe. (La Logique de L., L 79, S. 115)

[360a] Vgl. Dietze, W.: Kuhlmann, L 81a, S. 82 ff.

klärung, die er dazu gibt, meint man Harsdörffer oder Schottel zu hören: *wann du di virundzwantzig selbstlauter und mitstimmer zusammen sätzest / erstehen alle Sprachenwörter / und werden so offt neue Wortarten / als Wechselungen gebohren. Dise Versetzung / wi wohl si auf vil tausendtausendmahltausend geschihet / und dem Menschenverstande eine Unendlikeit vorbildet / so wird si doch in ein allgemein durchgehendes Sprachwechselrad künstlich umschränket / und mit einer Endlikeit angekleidet* [360b]. Die Faszination, die vom Wechselrad ausgeht, besteht in seiner Beschränktheit, die doch alles umfaßt. Dem Menschen ist es mit seiner Hilfe möglich, ähnlich wie Gott, nicht nur gleichzeitig alle Sprachen der Welt zu sehen — denn nach Kuhlmann umfaßt das *Wunderrad* alle Sprachen der Welt —, sondern auch alle Wörter ausgestorbener Sprachen oder die vergessenen Wörter noch lebendiger Sprachen zu finden. *Dann dises ist das Wunderrad / das kein eintzels wort von einer Weltsprachen verlihrend machet!* (a. a. O.)

In diesem Zusammenhang wäre C. R. v. Greiffenberg zu erwähnen. Sie kann wie Schottel Komposita aus mehreren Elementen bilden. Sie macht im Unterschied zu Schottel und Harsdörffer die Komposita ihrer Dichtung dienstbar, wie es Harsdörffer im Begleittext zum *Denckring* empfiehlt. Die Komposita sind für die Greiffenberg ein Mittel, das zusammenzufassen, was sie sonst in vielen Wörtern sagen müßte. So scheinen ihre Komposita denselben Zweck zu haben wie die wenigen und überblickbaren Zeichen von Leibniz' Universalsprache.

d) Zusammenfassung

Es geht Schottel und Harsdörffer wie Leibniz darum, die wenigen überblickbaren Prinzipien zu finden, mit denen sich die Fülle erreichen läßt. Für Schottel sind die Prinzipien einerseits die Stammwörter, andererseits die Möglichkeiten sie zusammenzusetzen. Auch Leibniz hatte einmal eine ähnliche Idee, um seine Universalsprache zu finden. Er stellte eine Liste von Wurzeln und eine Liste von Endungen zusammen, die den Wortschatz ergeben sollten, wenn man sie kombinierte [361].

Daß die Sprache überblickbar gemacht wird, ist in Harsdörffers *Denckring* augenfällig; so heißt denn auch der Titel zum *Denckring: Die gantze Teutsche Sprache auf einem Blätlein zu weisen*. Das ist das Ideal dieses rationalen Jahrhunderts, die Sprache manipulierbar in den Händen zu halten.

Um aus diesem kleinen Material die Fülle zu erreichen, muß man die *Relationes* ausdrücken, wie Leibniz sagt. In der Zusammensetzung und Ableitung kann Schottel diese *Relationes* ausdrücken. Schon Lullus hatte die

---

[360b] Q. Kuhlmanns Breßlauer Lehrreicher Geschicht-Herold Breslau. Jena 1672, L 40 a, Vorgespräche § 23.

[361] Couturat: La logique de L., L 79, S. 68.

Idee, daß sich durch Wortendungen Beziehungen ausdrücken lassen; so drückt -ivum das aktive Prinzip, -are das kopulative Prinzip aus, usw.

Die durch diese Kombinationen hervorgebrachten Wörter sind, weil sie mit der richtigen Methode hervorgebracht werden, *grundrichtig,* das heißt, sie haben die Richtigkeit der aus mathematischen Operationen entstandenen Ergebnisse.

Die Sprachauffassung, die sich hier zeigt, findet sich bei Humboldt wieder, der seinerseits auf die moderne Sprachbetrachtung der generativen Grammatik eingewirkt hat [362]. Für Humboldt ist die Sprache ein Organismus, der mit beschränkten Mitteln unendliche Formen hervorbringt. Mit den beschränkten Mitteln der Sprache können die unendlichen Inhalte der Welt wiedergegeben werden [363].

6. Einige Probleme der Kombinatorik

Ich möchte im folgenden einige Probleme, die in der Kombinatorik immer wieder behandelt werden und die sowohl bei Schottel als auch bei Harsdörffer und Leibniz vorkommen, behandeln.

a) Die „Malschlösser"

Eine Erfindung, die auf dem gleichen Prinzip beruht wie Harsdörffers *Denckring,* ist das Mal- oder Vorlegschloß, jene Schlösser, die *sine clave mirabili arte aperiuntur,* wie Leibniz sagt (L 44, S. 74).

Diese Schlösser sind zylinderförmig und bestehen aus mehreren Ringen, auf denen Buchstaben oder Zahlen aufgeprägt sind. Man kann sie nur dann öffnen, wenn man eine bestimmte Kombination von Buchstaben oder Ziffern findet. Da es schon bei 6 Buchstaben 720 mögliche Kombinationen gibt, ist es praktisch ausgeschlossen, daß man bloß durch Probieren die richtige findet.

Findet man die richtige Kombination, ist es allerdings leicht, das Schloß zu öffnen (*facillime sera aperiri,* wie Leibniz sagt). Diese Spannung von Komplexität und Leichtigkeit gehört zur Charakteristik der Kombinatorik. So muß ja auch Leibniz' Universalsprache, die das ganze komplexe Gedankengebäude wiedergeben soll, leicht zu lernen sein.

[362] Diesen Zusammenhang von barocker und moderner Sprachauffassung zeigt unter anderem auch der folgende „modernisierte" Titel: Zur mechanischen Sprachübersetzung. Ein Programmierversuch aus dem Jahre 1661. J. J. Becher: Allgemeine Verschlüsselung der Sprachen. Stuttgart 1962. Becher ordnet den lateinischen Wörtern, die er in alphabetischer Reihenfolge aufführt Zahlen zu, die auf eine bestimmte Weise aufgezeichnet werden, die erlaubt die Übersetzung abzulesen.

[363] Für Schottel und Harsdörffer scheint die Vielfalt der Sprache nur in der Wortbildung zu liegen, während der Akzent für Humboldt wie für die modernen Grammatiker auf den verschiedenen Aussagen liegt, die von einem Satztypus oder von wenigen Satztypen aus gemacht werden können.

Harsdörffer, der immer wieder im Zusammenhang mit solchen Spielereien zu nennen ist, hat in seinen *Gesprächspielen* an drei Stellen ein solches Schloß abgebildet.

Einmal wird ein solches Schloß als Imprese dargestellt. Degenwert erklärt: *Kein Exempel ist mir von dieser Art vorkommen /* ... *als welches ein berühmter Jesuit auf der Jungfrauen Mariae Namen erfunden / und ist folgender gestalt: Er mahlete ein kleines Schlößlein / darauf unterschiedliche Buchstaben gestochen / dergestalt / daß selber jeder auf einem gewiesen Ring verzeichnet / und das Schlößlein sich nicht eröfnete / als wann die Buchstaben EMANUEL zusammensetzten / mit der Beyschrifte: Nur ein Wort schleust es auf* (G-Sp. I, 76 ff.). Daß zu diesen Schlössern die Dunkelheit gehört, zeigt eine Bemerkung Vespasians, der sagt, man dürfe nun, wolle man die Idee wiederverwenden, nicht einfach den Namen Emanuel durch Angelica ersetzen, sondern man müsse die Buchstaben anders anordnen, zum Beispiel die Buchstaben von *Angelica* und *Reimund* übereinander, so daß der Name im Zick-Zack zu lesen wäre. Die Darstellung dieses Schlosses in der Imprese zeigt, daß es bei diesen Dingen auf die Kombinationsgabe des Lesers ankommt. „Kombinieren" wird hier so verstanden, wie man es gerne vom Detektiv braucht, das heißt, der Leser muß die einzelnen Elemente, die der Dichter oder die Gesellschaft liefert, mit andern Elementen, die meistens aus dem Bildungsschatz stammen, so lange kombinieren, bis eine sinnvolle oder, um es mit dem Fachausdruck zu sagen, eine „nützliche" Kombination entsteht.

Ja, dieses Schloß kann seinerseits wieder zum Sinnbild für das Emblem überhaupt werden. Vespasian bemerkt, daß zu den Emblemata ein *Dolmetscher* gehöre, sonst verstehe man sie nicht, worauf Angelica sagt: *Dergleichen auch das Würffelschloß ist / welches durch behutsames drehen nur der / so es verstehet / öffenen kan* (G-Sp. IV, 181).

Das Würfelschloß ist ein Sinnbild für die Form der Anspielung, wie ich sie im ersten Teil beschrieben habe, die nur jenem, der es *versteht*, der eingeweiht ist, verständlich ist.

Es kann aber auch das Sinnbild dieser Gesellschaft sein, für die der Dichter schreibt, die sich an seinen Erfindungen belustigt, seinem Spiel folgt [364]. So widmet Harsdörffer dem Leser, nachdem er den Klügelgeist, der sein Werk nicht versteht, verurteilt hat, ein solches Würfelschloß mit der Überschrift *dem der es verstehet* und der Erklärung:
Mein füglich Kunstgewerb entschliest das Würffelspiel;
Wann man es drehet nicht zu wenig / noch zu viel (G-Sp. III, 350).

---

[364] Vgl. zu diesem Problem S. 24 ff. dieser Arbeit.

b) Kabbala und Kryptogramm

Einen „Schlüssel" muß man auch finden, um die Kabbala oder ein Kryptogramm zu verstehen. Ein Problem in der Kabbala, das Harsdörffer und seine Zeitgenossen immer wieder beschäftigt, ist dem Problem des Anagramms ähnlich. Letzteres erwähnt Harsdörffer immer mit einem Hinweis auf die Kabbala. Im Fall des Anagramms behalten die Buchstaben ihre Bedeutung, während in der Kabbala gewisse Buchstaben für andere eintreten. Betrachtet man das Alphabet als Ganzes, so kann man sagen, daß ein Buchstabe an den Platz eines andern tritt und daß es sich in diesem Sinn doch um eine Art *Letterwechsel* handelt.

Harsdörffer hat sich immer wieder mit dem Erfinden von Kryptogrammen beschäftigt. Hinter dem Satz *Wer einen Turn bauen wil / der überschlägt bevor die Koste / ob ers vermöge hinauß zu führen* (G-Sp. III, 333) ist die Zahl 1630 versteckt, die man erhält, wenn man nach einem bestimmten Schlüssel die Buchstaben durch Zahlen ersetzt [364a]. Besonders raffiniert ist es, wenn es gelingt, in einem Vers eine bestimmte Jahrzahl, die irgendeinen Bezug zum Werk oder zum Autor hat, zu verstecken, wie in den folgenden Versen:
Das drey und viertzigst Jahr / das Treuverzih'nde heist / Weil uns der Krieg entziht / was sonsten Trauen leist (G-Sp. III, 335), hinter welchem sich die Jahreszahl 1643 versteckt, das Jahr, in dem dieser Teil der *Gesprächspiele* erschienen ist.

Leibniz hat sich mit der Auflösung von Kryptogrammen beschäftigt, es handelt sich hier um ein Problem der Kombinatorik [365]. Man muß alle Möglichkeiten kombinieren, um den Schlüssel zu finden. Die Dichter des 17. Jahrhunderts haben ihren Lesern das Entziffern eines Kryptogramms meistens erleichtert, indem sie die wichtigen Buchstaben hervorgehoben oder am Rand die Lösung angegeben haben.

[364a] Der Schlüssel sieht so aus: b = 1, c = 2, d = 3, usw. n = 20, p = 30 usw., B = 200, C = 300, usw. Wenn man den Schlüssel anwendet, erhält man folgende Rechnung:
Wer = 210 (w = 160, e = 0, r = 50)
einen = 40 (e = 0, i = 0, n = 20, e = 0, n = 20)
Turn = 140 (t = 70, u = 0, r = 50, n = 20) usw.
Eine leichtere Abart des Kryptogramms ist das Chronogramm. Hier werden Buchstaben, die zugleich römische Zahlen bezeichnen hervorgehoben und ergeben so eine Jahreszahl. Weckherlin hat das Chronogramm in einem Epitaph auf Elisabeth Trumball verwendet:
Chara, trIbVs LIngVas tres LVstrIs DoCta, reposCo,
CorDe bono & Casto, te sVpera ô patrIa.
(Abgedruckt in: Gedichte von 1600—1700. Hrsg. v. Chr. Wagenknecht. München 1969. [Epochen der deutschen Lyrik. Bd. 4]) Die hervorgehobenen Zahlen ergeben zusammengezählt das Todesjahr des Mädchens: 1624.
[365] Vgl. Couturat, La logique de L., L 79, S. 254 f.

c) *Vertauschen von Buchstaben*

Eine Frage, die, nach den Belegen in Leibniz' *Ars combinatoria* zu schließen, die Denker immer wieder beschäftigt zu haben scheint, lautet, wie oft man die Buchstaben des Alphabets umstellen könne. Harsdörffer gibt in den *Mathematischen Erquickstunden* drei verschiedene Zahlen als Lösung an. Leibniz, der die Formel kennt, mit der man diese Zahl berechnen kann, gibt die richtige Zahl an und erklärt auch gleich die Fehler, wodurch die falschen Zahlen zustande gekommen sind. Es handelt sich um einen 24stellige Zahl [366]. Eine so große Zahl ist fast gleichbedeutend mit der Unendlichkeit, mit dem Unterschied, daß diese Zahl berechenbar bleibt.

Kircher spricht das geradezu aus, wenn er sagt, daß die Menge der Zahlen vom menschlichen Geist nicht erfaßt werden könne, und als Beispiel die möglichen Kombinationen der 24 Buchstaben des Alphabets angibt. *Quis crederet, ex 24 literarum, quas Latinum Alphabetum continet, combinatione, tantum exurgere combinatarum literarum multitudinem, ut librorum iis conscribendorum incapax sit, vel ipsa solaris Sphaerae concavitas* (L 40, S. 154). Die Kombinatorik ist eine Methode, diesen den Verstand übersteigenden Mengen beizukommen. Kircher bleibt sich auch bewußt, daß solche Zahlen nur die Unendlichkeit vorspiegeln: *dam infinitudinis umbra ludat, ad infinitum tamen et aeternum nunquam pertinget* (L 40, S. 154). Harsdörffer läßt uns insofern noch den Glauben an das Unberechenbare und damit an das Unendliche, als er drei verschiedene Zahlen angibt, ohne zu sagen, welches die richtige sei, so scheint sich die Berechnung der richtigen Zahl unserm Verstand zu entziehen.

Nicht so Leibniz, für ihn ist auch das, was unendlich scheint, berechenbar, spielt er doch mit dem Gedanken, daß der Mensch, wenn er die Prinzipien nur einmal kennt, auch die beste aller Welten auswählen könnte. In einem Gedicht von Martial de Brives ist diese Fähigkeit, Unendliches zu zählen, eine Fähigkeit Gottes:

Paillettes d'or, claires Estoiles
Dont la Nuit fait ses ornemens
......
De vous soit à jamais bény
L'Esprit souverain qui se joue
A compter sans erreur vostre nombre infiny [367].

Harsdörffers Mensch, der wie Gott mit den Elementen der Sprache und des Wissens umgeht, kann nur beinahe das Unendliche berechnen. Es ist die tief zweideutige Haltung des Menschen des 17. Jahrhunderts, der mit Hilfe

---

[366] Der Kuriosität halber sei hier die Zahl genannt:
620'448'401'733'239'439'360'000 (Ars comb. L 44, S. 88)

[367] Zit. bei Rousset, L'âge baroque, L 110, S. 192. Nebenbei sei auf den Ausdruck „se jouer" aufmerksam gemacht, der die Leichtigkeit ausdrückt.

der Multiplikation das Unendliche zu erfassen versucht und doch immer wieder feststellen muß, daß sein Verstand dazu nicht ausreicht [368]. Leibniz gehört in dieser Beziehung schon dem kommenden Aufklärungszeitalter an, für das es nichts Dunkles mehr gibt.

d) Das Anagramm

Statt zu berechnen, wie oft man die Buchstaben des Alphabets umstellen kann, kann man auch eine kleine Anzahl Buchstaben auswählen und sehen, wie oft man diese umstellen kann. Kircher stellt in einem ersten Beispiel die Buchstaben von ORA um, was sechs verschiedene Kombinationen ergibt; stellt man das aus vier Buchstaben bestehende Wort AMEN um, kann man gar 24 Kombinationen erreichen.

Harsdörffer läßt seine Personen die Buchstaben des Namens Julia umstellen (G-Sp. III, 322 f.) und bemerkt, daß man 120 Kombinationen erhalten kann, er gibt aber nur 24 an.

Wählt man von diesen Kombinationen nur die nützlichen aus, so erhält man ein Anagramm [369]. Kircher gibt eine Methode an, wie man Anagramme finden könne. Man soll den Buchstaben Zahlen zuordnen und dann diese Zahlen untereinander vertauschen, so sei leichter zu sehen, welche Kombinationen noch auszuführen sind (L 40, S. 154). Diese Methode wird auch von Harsdörffer in dem schon zitierten Anagramm auf die Fruchtbringende Gesellschaft angewendet [370].

Harsdörffer und Schottel beschäftigen sich überhaupt an mehreren Stellen mit dem Anagramm [371]. Auch das ist ein Beispiel für die mathematische Sprachauffassung der beiden Schriftsteller. Eine besondere Art des Anagramms ist das Rückwärtslesen. Es bedeutet einfach, daß von allen möglichen Kombinationen die ausgewählt wird, wo die Buchstaben genau in umgekehrter Reihenfolge gelesen werden. Harsdörffer gibt an der oben (S. 14) schon erwähnten Stelle eine ganze Reihe von Umkehrungen an, Schottel führt nicht weniger als 43 solcher Umkehrungen an (L 57, S. 223). Ein besonderes Kunststück der Sprache liegt in den Wörtern, die vor- und rückwärts gelesen denselben Sinn ergeben. Das würde für die Kombination bedeuten, daß eine ganze Reihe von Möglichkeiten wegfallen, weil eine Reihe der Buchstaben dieselben sind. Zu diesen Kunststücken gehören auch die Palindrome, die Leibniz erwähnt. Diese Sätze ergeben vorwärts und rückwärts gelesen dieselbe Bedeutung. Scaliger führt folgendes Beispiel an.

---

[368] Vgl. zu diesem Problem G. Poulet, Métamorphoses du cercle, L 108, S. 22 f.

[369] *Quanquam autem et Anagrammata huc pertinet quae nihil sunt aliud, quam variationes utiles litterarum datae orationis;* (Leibniz, Ars. comb., L 44, S. 88)

[370] Siehe S. 13 f. dieser Arbeit.

[371] Harsdörffer in: G-Sp. III, 322—331; IV, 182—189; Trichter II, 17 f.; Mathematische Erquickstunden, L 36, S. 513—516. Schottel, HaubtSprache, L 57, S. 784, S. 971—975.

Signa te signa temere me tangis et angis.
Roma tibi subito motibus ibit amor. (Poet. II, cap. 30, L 54, S. 185) [371a]

e) Der Proteusvers

Mit diesem letzten Beispiel sind wir von der Ebene der Buchstaben und Wörter auf die Ebene des Verses gelangt. Auf dieser Ebene ist es vor allem der wohl nach Scaliger benannte Proteusvers, der die Aufmerksamkeit von Leibniz, Alsted und Kircher auf sich gelenkt hat. Scaliger definiert den Proteusvers als den Vers *cuius verba toties sedes comutare queunt ut innumeras pene facies ostendant.* *Perfide sperasti divos te fallere Proteu.* (Poet. II, cap. 30, L 54, S. 185)

Voraussetzung dieses Verses ist, daß der Sinn der Wörter und das Metrum die Umstellung ermöglichen, was wohl im Lateinischen der freien Wortstellung wegen leichter zu erreichen ist als im Deutschen.

Alsted gibt in seiner Enzyklopädie einige Beispiele für die möglichen Kombinationen von Scaligers Proteusvers an:

Proteu, sperasti te, perfide, fallere divos.
Perfide, sperasti te, Proteu, fallere divos.
Fallere te divos sperasti, perfide Proteu.
Sperasti, Proteu, te fallere, perfide, divos etc. (L 13, S. 565)

Leibniz rechnet aus, daß Scaligers Proteusvers 64 „nützliche" Kombinationen enthält (Ars comb. L 44, S. 97). Die Anzahl der Kombinationen ist noch größer, wenn der Vers aus einsilbigen Substantiven besteht. Leibniz führt mehrere solche Verse an, z. B.:

Rex, Dux, Sol, Lex, Lux, Fons, Spes, Pax, Mons, Petra,
Christus. (Ars comb. L 44, S. 86)

Dieser Vers läßt sich 3 265 920mal umstellen.

Harsdörffer hat trotz den Schwierigkeiten, die im Deutschen einem Proteusvers entgegenstehen, solche Verse gemacht:

Ehr / Kunst / Geld / Guth / Lob / Weib und Kind
Man hat / sucht / fehlt / hofft / und verschwind [372].

Er hat die Wörter so gewählt, daß jedes Verb mit jedem Substantiv kombiniert werden kann. Je nachdem, welches Verb mit welchem Substantiv kombiniert wird, erhält der Vers einen andern Sinn. Ein weiteres Beispiel findet sich im *Trichter:*

Auf Angst / Noht / Leid / Haß / Schmach / Spott / Krieg / Sturm / Furcht /
Streit / Müh' / und Fleiß

[371a] Solche Kunststücke sind, wie Conrady (Lateinische Dichtungstradition L 78, S. 112 f.) zeigt, schon aus der nachklassisch römischen Dichtung überliefert.
[372] Zit. bei Leibniz, Ars comb. L 44, S. 88. Das Beispiel steht im dritten Teil der Mathematischen Erquickstunden (1. Teil, Aufg. 14)

folgt Lust / Raht / Trost / Gunst / Ruhm / Lob / Sieg / Ruh / Mut / Nutz /
Lohn und Preiß.
Diese Reimart könte man einen Wechselsatz nennen: dann wann man die ersten
Wort / (auf folgt) und die letzten zwei (Fleiß und Preiß) unverändert auf sol-
cher Stelle behält / können die andern Wörter 39 916 800 / . . . mal versetzet
werden. (L 35, I, S. 51 f.)

Das sind die unzähligen Gesichter, von denen Scaliger im Zusammenhang mit
dem Proteusvers spricht. Daß sie unzählig sind, zeigt die Überlegung, die immer auf solche Berechnungen folgt, nämlich, daß es mehr als ein Menschenleben
brauchte, um die Möglichkeiten alle aufzuschreiben [373]. Einen riesigen Proteusvers, ja ein Proteusgedicht hat Q. Kuhlmann verfaßt:

Gregor. Nazianzenus in Oration. de Pauperibus amandis.
Nihil est in rebus humanis Natura stabile, nihil aequabile, nihil sufficiens,
nihil in eodem statu permanens: sed omnia quadam veluti rota circumvolvun-
tur, diversas saepe diebus singulis, atque etiam horis vicissitudines afferente.
Auf Nacht / Dunst / Schlacht / Frost / Wind / See / Hitz / Süd / Ost / West /
Nord / Sonn / Feur und Plagen /
Folgt Tag / Glantz / Blutt / Schnee / Still / Land / Blitz / Wärmd / Hitz /
Lust / Kält / Licht / Brand / und Noth:
Auf Leid / Pein / Schmach / Angst / Krig / Ach / Kreutz / Streit / Hohn /
Schmertz / Qual / Tükk / Schimpff / als Spott /
Wil Freud / Zir / Ehr / Trost / Sig / Rath / Nutz / Frid / Lohn / Schertz /
Ruh / Glükk / Glimpf / stets tragen.

Der Mond / Glunst / Rauch / Gems / Fisch / Gold / Perl / Baum / Flamm /
Storch / Frosch / Lamm / Ochs / und Magen
Libt Schein / Stroh / Dampf / Berg / Flutt / Glutt / Schaum / Frucht / Asch /
Dach / Teich / Feld / Wiß / und Brod:
Der Schütz / Mensch / Fleiß / Müh / Kunst / Spil / Schiff / Mund / Printz /
Rach / Sorg / Geitz / Treu / und GOtt /
Suchts Zil / Schlaff / Preiß / Lob / Gunst / Zank / Port / Kuß / Thron /
Mord / Sarg / Geld / Hold / Danksagen.

Was Gutt / stark / schwer / recht / lang / groß / weiß / eins / ja / Lufft /
Feur / hoch / weit genennt /
Pflegt Böß / schwach / leicht / krum / breit / klein / schwartz / drei / Nein /
Erd / Flutt / tiff / nah / zumeiden
Auch Mutt / lib / klug / Witz / Geist / Seel / Freund / Lust / Zir / Ruhm /
Frid / Schertz / Lob muß scheiden.

[373] *zu welcher Veränderung der allerfertigste Schreiber / der täglich 1200 Zeilen ab-*
schriebe / gantze 91. Jahre / und 49 Tage würde haben müssen (Trichter L 35,
I, S. 52).

Wo Furcht / Haß / Trug / Wein / Fleisch / Leib / Feind / Weh / Schmach /
Angst / Streit / Schmertz / Hohn schon rennt
Alles wechselt; alles libet; alles scheinet was zu hassen:
Wer nur disem nach wird denken / muß di Menschen Weißheit fassen.[373a]

Die Wörter jedes Verses, schreibt er in der Anmerkung zum Gedicht, können
6 227 020 800mal vertauscht werden, nicht auszudenken, wie oft die Wörter
des ersten Quartetts miteinander vertauscht werden können. Kuhlmann gibt
eine 67stellige Zahl an. Um die Kombinationen tatsächlich ausführen zu können, hat er, wie er an anderer Stelle beschreibt (Geschicht-Herold, L 40 a, Vorgespräche § 19) ein Wechselrad erfunden, das man sich wohl ähnlich dem oben
(S. 167 f.) beschriebenen vorzustellen hat, *durch das mein Reim / der in einem*
Jahrhunderte ni ausgewechselt / inner etlichen Tagen völlig außgewechselt / und
sahe mit höchster Bestürtzung / wie di Wandelung dreizehenfächtig auf einmal
geschahe. Das Gedicht ist ein Symbol für die Wechselhaftigkeit der Welt, wie
das Motto sagt. Dieser *volständige Wechselsatz* enthält *das gröste Theil der*
Menschen Weissheit, weil er in der kleinen Form beinahe unendliche Veränd-
rungen zuläßt. Das Gedicht ist eine Art *Denckring,* auf dem nicht die Sprache,
sondern das Wissen, wie es sich Lullus, Kircher und Leibniz vorstellen, enthalten wäre.

Kircher bezeichnet etwas anderes als Proteus, nämlich die vielen Möglichkeiten von Vergleichen. *Si enim homo quispiam laudandus sit, scite ex re nata*
eum vel animalibus, vel herbae, flori, fructibus vel denique pretiosis lapidibus
eximiis variisque virtutibus praeditis comparare poteris. Atque hi dicendi modus,
quem Rhetores artificalem dicunt, nos Proteum appellamus, Rhetoricum in
omnes formas convertibilem verbo. (L 40, S. 432)

Auf diese Weise vollzieht sich die Verwandlung des Menschen in der Sprache.
M. Wehrli und J. Rousset insbesondere haben auf die Wichtigkeit des Proteus-
motivs im 17. Jahrhundert hingewiesen[374]. Der Mensch des 17. Jahrhunderts ist
ganz besonders sensibel für die Probleme der Vergänglichkeit. *Car le temps nous*
abuse en forme d'un Prothée, wie der französische Dichter La Roque sagt[375].

Dieser Mensch liebt es auch, die Verwandlung alles Irdischen noch zu unterstreichen, indem er eine Maske trägt und damit immer wieder ein anderes Ge-
sicht hat oder indem er die Sprache selbst zum Proteus macht, indem er alles
mit allem vergleicht und in der Metapher alles in alles verwandelt; ja, die Be-

[373a] Quirinus Kuhlmann, Der 41. Libes-kuß. Der Wechsel Menschlicher Sachen. In:
      Kuhlmann, Himmlische Libes-Küsse. 1671. Hrsg. v. B. Biehl-Werner, Tübingen
      1971. Ot. Neudrucke. Reihe: Barock, 23.)
[374] Wehrli und Rousset haben einer Abteilung ihrer respektiven Anthologie den Titel
      „Proteus" gegeben. Vgl. auch oben S. 73.
[375] Zit. bei Rousset: Introduction zur Anthologie de la poèsie baroque française,
      L 111, S. 6.

deutungen der Wörter selbst verwandeln sich im Proteusvers, je nachdem, wo die Wörter stehen [376].

Wie jedes Ding im 17. Jahrhundert je nach der Perspektive mindestens zwei Seiten hat, so muß auch die Proteusfigur nicht nur die ‚Inconstance noire‘ symbolisieren, sie kann auch die Freude des Menschen an der Vielfältigkeit der Dinge dieser Welt versinnbildlichen. *Pulchrum est autem hanc poeticam foecunditatem considerare, ut ita intelligamus et simul admiremur, quomodo in rerum naturâ ex unâ et eâdem materiâ tot res producantur,* sagt Alsted zum Proteusvers. (Encycl., L 13, S. 565)

f) Die Variation

In allen diesen Beispielen erreicht man mit Hilfe der ars combinatoria mannigfache Variationen. Ich habe bereits bei der Besprechung von Harsdörffers Spielbegriff auf die Bedeutung der Variation im Spiel hingewiesen. Besonders das Glücksspiel ist mit dem Begriff der Variation verknüpft.

Die Varietas gehört aber auch zu den wichtigen Aufgaben der Dichter und Redner, wie aus den Poetiken hervorgeht. Buchner etwa verlangt vom Dichter, *weil sein Zweck zubelustigen ist / und aber solches zu foderst erhalten wird / wenn man immer etwas neues hervorbringet / so hat er dahin fleißig zu sehen / daß er eine Rede auf viel und mancherley Weise abwechseln und verändern könne* [377]. Daniel Richters *Thesaurus Oratorius Novus* (Nürnberg 1660) trägt im Untertitel die Erläuterung *wie man eine Rede auf unzehlige Arten verändern könne.*

Die Varietas gehört zu den immer wieder im Zusammenhang mit Lullus genannten Begriffen, denn die Lullischen Begriffe entwickeln ihren ganzen Reichtum, den man ja erreichen will, nur dann, wenn man sie auch negativ nehmen kann, wenn die einzelnen Zeichen sowohl Substantiv wie Adjektiv bezeichnen können. Die Begriffe sind auch so allgemein, daß sie das Spezielle unter sich begreifen. Als Letztes können die Wörter auch metaphorisch verstanden werden. Diese Lullischen Begriffe werden so zu einem Mittel, die Copia verborum zu erreichen.

Der Dichter führt in diesem Fall den von Leibniz beschriebenen zweiten Gedankengang aus, die abstrahierten Begriffe erhalten wieder ihre ursprüngliche Fülle zurück. So gehört zum Beispiel nach Richter folgendes zum Begriff der „Bonitas": *die Vocabula; welche bedeuten gut / nutzlich und lieblich seyn oder machen; è contrario aber böse / schädlich und unlieblich seyn / oder machen.* (S. 17) [378]

---

[376] Für weitere Überlegungen vgl. den nächsten Abschnitt über die Variation.
[377] Buchner, A.: Anleitung zur Deutschen Poeterey. 1665, L 26, S. 48 f. Vgl. Harsdörffer, Trichter III, 69—71, L 35.
[378] Zu vergleichen wäre etwa auch Alsted, Clavis Artis Lullianae, L 11, S. 88—92, wo

Alsted spricht über ein Alphabet, das Bruno erfunden hat in Analogie zum Lullischen Alphabet und das zur Variation dient. *Constituatur igitur Alphabetum modorum seu rationum, quibus praedictae singulae ac omnes orationes variantur tanquam coloribus* [379]. Ich zitiere diesen Satz vor allem deswegen, weil er den Vergleich mit den Variationen der Farben enthält, ein Vergleich, der für Harsdörffers Spielbegriff — man denke an die welschen Bohnen — sehr wichtig ist. Leibniz beschäftigt sich in der *Ars combinatoria* ebenfalls mit den Farbvariationen. Das Erstaunliche an diesen Farbvariationen ist, daß man eine beschränkte Anzahl von Farben braucht, um eine unendliche Zahl von Farben zu erhalten. Wenn man nur zwei Farben mischt, erzählt Leibniz, kann man neun Farben erhalten. (L 44, S. 75)

Alle Poetiken und rhetorischen Lehrbücher können immer nur Andeutungen machen über den Reichtum der möglichen Variationen, niemals kann man alle möglichen Variationen auf dem Papier darstellen oder *oculariter experiri,* wie Leibniz einmal sagt, so wenig wie man alle möglichen Variationen beim Glücksspiel darstellen kann. Der Reiz des Glücksspiels besteht gerade darin, daß immer wieder neue Variationen zustande kommen, wie es ja auch in Harsdörffers *Gesprächspielen* sein soll. Wenn man diesen Reichtum nicht darstellen kann, so kann man ihn doch mit Hilfe der Kombinatorik berechnen. Hier besteht aber ein Unterschied zwischen den Dichtern und Rednern und den Mathematikern. Den Dichtern und Rednern kommt es zwar darauf an, zu wissen, daß die Sprache unendliche Möglichkeiten in sich birgt, im konkreten Fall brauchen sie aber nur wenige dieser Möglichkeiten. Leibniz interessiert an den Variationen allein die Summe, die große Zahl, die man nicht denken, sehr wohl aber berechnen kann.

7. Die Ars combinatoria als Ars inventiva

Die Hauptaufgabe der *Ars combinatoria* ist aber eigentlich, wie Leibniz selbst sagt, wenn er sie die *mater aller inventionen* nennt (L 43, Bd. 4, S. 4), neue Wahrheiten zu finden.

Schon Lullus versuchte alle Prädikate zu einem gegebenen Subjekt zu finden. Dies erinnert an Spiele bei Harsdörffer wie das oben beschriebene, wo zum Prädikat „rund" alle möglichen Subjekte gefunden werden müssen [380], oder an jenes andere (CCLXXVII), wo zu „Gebet" verschiedene Prädikate zu suchen sind. Während aber bei Harsdörffer die Subjekte und Prädikate aus dem Gedächtnis

---

er *De inventione propositionum* spricht und dabei betont, daß man die Fragen, die dazu führen, multiplizieren könne, *id est variari per omnes casus* (S. 92).

[379] Alsted, De Copia rerum et verborum 1610, L 12, S. 161.

[380] Siehe S. 20 dieser Arbeit.

der Spieler kommen, gehen Lullus und Leibniz systematisch vor [381]. Lullus benützt dazu die konzentrischen Kreise. Wenn man einen Kreis festhält und einen andern dreht, erhält man alle möglichen Prädikate zu einem gegebenen Subjekt. Leibniz entwickelt eine andere Methode, die ebenfalls auf der Kombinatorik beruht, die aber zu kompliziert ist, um hier dargestellt zu werden [382]. Vor allem dienen auch die einen Lullischen Kreis bildenden Fragen *Utrum, quid, de quo, quare, quandum, quale, quando, ubi, quocumque, quo* dazu, die Prämissen zu finden, wobei das mechanische Mittel des Kreises die Sicherheit gibt, daß ınan nichts ausläßt. Wohl auf dieser Idee beruht auch eine Erfindung des Herrn von Breissac, von der Harsdörffer berichtet [383]. Es handelt sich um eine dem *Denckring* ähnliche Erfindung, die aus neun konzentrischen Kreisen besteht und die *auf die Kriegsfragen* gerichtet ist. Auf dem ersten Kreis befinden sich die Fragewörter, auf dem zweiten Kreis die verschiedenen Möglichkeiten von Krieg- und Friedensschlüssen, auf dem dritten die Personen, mit denen man Krieg führen kann, usf. Man kann nun mit dieser Scheibe Fragen von der folgenden Art stellen: *Ob man Frieden machen soll? Ob man soll ein Bündnis machen?* Harsdörffer rechnet aus, daß man 216 Fragen stellen könne. Leibniz verbessert dieses Ergebnis und sagt, daß 10 027 696 Fragen möglich seien. Es sind jedenfalls so viele Fragen, daß man hofft, in jeder Situation die *nothwendigen Betrachtungen* anstellen zu können, wie Harsdörffer sagt. Man ist dann auch fähig, richtig zu handeln, weil man ja alle Möglichkeiten in Betracht gezogen hat und mit mathematischer Sicherheit die richtige auswählen kann. Es ist dies ein Mittel, dem Zufall beizukommen, zwar nicht dem Zufall im Glücksspiel, aber doch einem Zufall in der Wirklichkeit, der jenem im Glücksspiel nicht unähnlich ist. Auf diese Weise versucht man den Charakter des Glücksspiels, den die Wirklichkeit hat, zu eliminieren.

Zum Finden von neuen Wahrheiten kann auch die Universalsprache dienen, wie sie Leibniz konzipierte:
literarium hujus Alphabeti combinatione et vocabulorum ex ipsis factorum analysi omnia et inveniri et dijudicari possent. (L 43, Bd. 7, 185)

In einem Fragment beschreibt er seine *Ars combinatoria* auf folgende Weise: *Je trouva donc qu'il y a des certains Termes primitifs [si]non absolument au moins à nostre egard, les quels estant constitués, tous les raisonnements se pourroient determiner à la façon des nombres* [384].

---

[381] Hier läßt sich nochmals der Unterschied zwischen Harsdörffer und Leibniz feststellen. Harsdörffer könnte, wie ich oben an mehreren Stellen zeigte, unendlich fortfahren. Leibniz kann die Anzahl der möglichen Prädikate berechnen, weil sie von der Definition des Subjekts abhängen.

[382] Leibniz beschreibt seine Methode in Ars comb. L 44, S. 64 ff. Couturat, La logique de L., L 79, S. 39—48.

[383] Mathematische Erqui.'kstunden S. 412 f. Bei Leibniz, Ars Comb., L 44, S. 73 f.

[384] Leibniz, Opuscules et fragments inédits, L 45, S. 176.

Wichtig an dieser Idee ist, daß die Kombinatorik Ergebnisse hervorbringt, die die Richtigkeit mathematischer Ergebnisse haben.

Einen ähnlichen Gedanken trifft man bei Schottel und Harsdörffer. Schottel sagt, daß ein Wort der deutschen Sprache nicht aus dem Nichts erfunden werden könne, daß es nur durch Ableitungen und Zusammensetzungen aus den Stammwörtern zu bilden sei.

Hierauf ist aber zuantworten / daß zwar weder Kaiser noch Fürst vermöge ein gantz neues Wort zumachen / nemlich einen an sich nicht deutenden Tohn aufzubringen / und zubefehlen / daß selbiger ein Teutsches Wort / und eines gewissen Dinges rechtmässige Andeutung werden solte. (HaubtSprache, L 57, S. 97)

Aber / wenn aus natürlicher Kraft und wirkender Eigenschaft der Radicum oder Stammwörter / fernere Ableitungen und Doppelungsarten entstehen / und nach deroselben rechtmässiger Leitung ein Sprachkündiger fortfehret / durch Hülffe seines Wolvermögens und wegen Ereugung eines gantz klaren / und bey jedermänniglich nicht unbekanten Wortverstandes neue Wörter bildet / ... solches heisset mit nichten nicht neue / unteutsche und unbekante Wörter hervorbringen / sondern darin wird guten Theils die rechte Kündigkeit und Kunst mit bestehen / die Teutsche Sprache aus der Teutschen Sprache ferner zuerheben. (HaubtSprache, L 57, S. 98)

Wie die weiteren Wahrheiten für Leibniz aus den bereits bestehenden Wahrheiten und nur aus diesen mit Hilfe von kombinatorischen Operationen hervorgebracht werden können, so kann die deutsche Sprache nach Schottel nur auf kombinatorische Weise aus sich selbst entstehen. Sowohl für Leibniz als auch für Harsdörffer und Schottel sind die aus den kombinatorischen Operationen entstandenen Ergebnisse auf jeden Fall richtig. Harsdörffer erklärt zu seinem *Denckring, daß alle solche zusammen gesetzte Wörter / welche ihre Deutung würcken für gut Teutsch zulässig* [385].

Mit dem *Denckring* kann man auf mechanische Art Reime finden, indem man den dritten und vierten Kreis so festhält, daß die gewünschte Reimsilbe entsteht, und dann den zweiten Ring dazu dreht. Schottel empfiehlt ein ähnliches Verfahren [386]. Wichtig an beiden Verfahren ist, daß dieses mechanische Mittel, einen Reim zu finden, ein unfehlbares Mittel ist, den richtigen Reim zu finden. *Darum so oft der Reimlaut / wie schon erwehnt / kan geendert werden durch Vorsatz anderer Buchstabe / so oft muß auch die Reimung guht und untadelhaft seyn.* (HaubtSprache, L 57, S. 861) Bezeichnend für die Operationen der Kom-

---

[385] Mathematische Erquickstunden, L 36, S. 518.

[386] Er nimmt eine Reimsilbe und fügt dann, das Alphabet durchgehend einen Konsonanten nach dem andern vorn an: *als zum Exempel: Man lasse / Acht / den Reimlaut seyn / und besinne sich besagter massen / dann wird man ohne Mühe finden Acht / Bracht / Dacht / Facht / Fracht / Jacht* (HaubtSprache L 57, S. 861).

binatorik ist auch immer wieder, daß sie *ohne Mühe,* wie Schottel sagt, vor sich gehen.

Das Problem der Inventio ist den Dichtern und Philosophen gemeinsam, die Philosophen wollen der Wahrheit immer näher kommen, neue Wahrheiten finden, die Dichter brauchen Stoff für ihre Werke und sind deshalb auf die Inventio angewiesen, aber auch in formaler Hinsicht, wie das Beispiel des Reims zeigt, hat die Inventio für die Dichter Bedeutung.

Die Ars memorativa

Mit der Ars inventiva eng verbunden ist die Ars memorativa, denn um die Bestandteile kombinieren zu können, muß man sie im Kopf haben[387].

Die Vorliebe dieses Jahrhunderts für die Enzyklopädie hängt wohl mit seiner Vorliebe für die Kombinationen zusammen. Die Enzyklopädie ist, wie Leibniz sagt, ein großes *Repertoire,* das die bereits bestehenden Wahrheiten aufbewahrt, so daß man aus ihnen ganz neue Wahrheiten gewinnen kann[388].

In der Analyse der *Gesprächspiele* hat sich gezeigt, daß diese Spiele vor allem auf der Kombination verschiedenster Elemente beruhen. So darf man nicht erstaunt sein, wenn die *Gesprächspiele* zum großen Teil diese *Gedächtniskunst* voraussetzen, die die Voraussetzung für alle Kombinationen ist. Harsdörffer widmet auch der *Gedächtnißkunst* ein Spiel (X). Reimund sagt, er möchte sich den Namen *IULIA* mit den Ziffern *I 5 50 I a* (U=V=5, L=50) merken. Man kann sich fragen, ob das einfacher ist, als sich den Namen als solchen zu merken. Dasselbe gilt für den Vorschlag von Vespasian, sich die Anzahl der Kapitel der einzelnen Evangelien durch Buchstaben zu merken, z. B. *nk* (n = 20, k = 8) für die 28 Kapitel des Matthäus-Evangeliums. Die Sternbilder sollen in dem oben (S. 87 f.) erwähnten Spiel durch christliche Namen behalten werden (G-Sp. III, 16). Um eine Gedächtnisstütze handelt es sich auch, wenn das Alphabet auf folgende Weise behalten wird.

Alle Beständige Christen Die Einen Friedlichen Geist Haben In Kümmerniß Leben Müheselig / Niemals Ohne Peinliche Qual. Richten Selten / Tragen Vom Wort Χριστοῦ *Yberal Zeugniß.* (Erquickstunden, L 36, S. 516)

Dies erinnert an mnemotechnische Ausdrücke, die in der Logik gebraucht werden, um gewisse Schlußsätze zu bezeichnen (z. B. Barbara, Celarent) oder an das bekannte Kliometertal Eururpokal, mit dem man sich die Musen merkt.

---

[387] Nach Couturat hat Leibniz die Ars memorativa als Voraussetzung für das Denken überhaupt gesehen: „parce que pour bien penser il faut avoir ‚l'esprit présent‘ et savoir se rappeler à propos les connaissances acquises pour en déduire d'autres par de nouvelles combinaisons." (La logique de L., L 79, S. 176) Der erste Teil des Kompositums *Denckring* spielt ja auch auf das Gedächtnis an. Kuhlmann, der in diesem Zusammenhang immer wieder zu nennen ist, mißt dem Gedächtnis eine besondere Rolle zu. (Vgl. Dietze, Kuhlmann L 81a, S. 87.)

[388] Zum Problem der Enzyklopädie bei Leibniz vgl. die Texte L 43, Bd. 7, 174 ff.

Auch die Gleichnisse können mnemotechnische Funktion haben: *sie sind die Merk- und Denkzettul / welche alles leichter unsern Sinnen fürtragen und einbilden.* (G-Sp. III, 357)

Man hat wohl nicht erkannt, daß Ringhieris Spiele mehr als die andern italienischen Spiele diese Gedächtniskunst üben. Als Beispiel stehe das Spiel LXXVII, wo beschrieben wird, was der Weise tut. Es folgt einfach, wie in den meisten Spielen von Ringhieri, eine Liste von Beispielen, die jederzeit wieder zu verwenden sind.

Il savio   Teme, et ama il Signore,
Il savio   Domina alle stelle,
Il savio   I precetti ascolta,
Il savio   Trà dall'humiltà sapienza (S. 124 b)

Die Lullischen Begriffe erfüllen in ganz ausgezeichneter Weise diese Funktion der Gedächtnisstützen. Alsted, Daniel Richter und Kircher weisen immer wieder auf die Nützlichkeit des Lullischen Alphabets für den Redner hin. Kircher stellt gar mit Hilfe dieser Begriffe ganze Tabellen zusammen, die als Gedächtnisstütze dienen (L 40, S. 434). Letztlich ist die Dichtung, wie sie im 17. Jahrhundert aufgefaßt wird, die Kunst, gewisse Merkmale im Gedächtnis zu haben und aus ihnen neue Kombinationen zu machen.

Die Funktion der Gedächtnisstütze erfüllt die Topik, die, wie Dyck in seinem Buch Ticht-Kunst (L 82) zeigt, eine wichtige Rolle in den Poetiken des 17. Jahrhunderts spielt. Cicero beschreibt die Topik auf folgende Weise: *Es müßte hinreichend sein, jemandem, der Gold sucht, das an verschiedenen Stellen vergraben ist, nur die Kennzeichen und Merkmale dieser Stellen anzugeben; damit der Suchende dann, sobald er sie kennengelernt hat, selbst für sich graben und das, was er wünscht, mit geringer Mühe, ohne zu irren, finden kann* [389].

Die Merkmale entsprechen den Lullischen Buchstaben; sie sind das, was man im Gedächtnis behält. Man findet das weitere *ohne Mühe,* was immer zum Kennzeichen dieses Denkens gehört, ebenso wie, daß man alles *ohne zu irren* findet.

Es besteht aber ein grundlegender Unterschied zwischen der Topik und der Ars inventiva, wie sie Leibniz sieht:

Mais on voit surtout, que l'art d'inventer est peu connu hors des Mathematiques, car les Topiques ne servent ordinairement que de lieux memoriaux pour ranger passablement nos pensées, ne contenant qu'un catalogue des Termes vagues et des Maximes apparentes comunement receues. J'avoue que leur usage est tres grand dans la rhetorique et dans les questions qu'on traite populaire-

---

[389] Cicero, de or. 2,41,174. Diese Übersetzung stammt von Dyck, Ticht-Kunst L 82, S. 43 der lat. Text ebda. *Utenim si aurum cui, quod esset multifariam defossum, commonstrare vellem, satis esse deberet, si signa et notas ostenderem locorum, quibus cognitis ipse sibi foderet et id, quod vellet, parvulo labore, nullo errore, inveniret.*

ment, mais lorsqu'il s'agit de venir à la certitude, et de trouver des vérités cachées dans la theorie et par consequent des avantages nouveaux pour la pratique, il faut bien d'autres artifices. (L 43, Bd. 7, S. 183)

Für Leibniz, der sich die Gedanken so zu ordnen bemüht, daß sie die Stringenz mathematischer Beweise haben, müssen die allgemeinen Argumente der Rhetorik und Poetik zu ungenau sein. Trotzdem ist eine Verwandtschaft seiner Methoden mit denen der Rhetorik nicht zu leugnen.

Kehren wir zum Schluß zu Harsdörffer zurück. Die Verbindung von Ars memorativa und Ars inventiva zeigt eine Stelle bei Harsdörffer sehr schön. Er sagt, er habe die *Spielreimen* nicht nur verfaßt, damit man mit ihnen das Spielpfand lösen könne, sondern auch *zu Behuf deß Gedächniß merkwürdiger Sprüche / und zu Verfassung erfreulicher Gedanken* (III, 434). Das bedeutet doch, daß man von diesen Sprüchen aus zu neuen und erfreulichen Gedanken kommen kann. Die zugleich offene und geschlossene Form der *Gesprächspiele* erweist sich als eine Verbindung der Ars memorativa mit der Ars inventiva. Man soll sich in der Gesellschaft an diese Spiele erinnern und von diesen Spielen aus neue Antworten und neue Spiele erfinden. Diese „littérature à partir de la littérature", wie Rousset sie kennzeichnet, ist immer eine Verbindung dieser zwei artes. Die Ars memorativa liefert die einzelnen Elemente, die aus dem Bildungsschatz stammen, die Ars inventiva kombiniert diese Elemente und findet so neue Zusammenhänge.

8. Schluß: Die Kombinatorik in der Literatur des 17. Jahrhunderts und in der modernen Dichtung

Wie ich immer wieder angedeutet habe, ist unsere Literatur- und Sprachbetrachtung nicht unabhängig von Strömungen in der zeitgenössischen Dichtung. Ich möchte zum Schluß einige Aspekte dieser fruchtbaren Wechselbeziehung darstellen, um damit zugleich zu zeigen, warum wir für gewisse Probleme in der Literatur des 17. Jahrhunderts wieder empfindlich geworden sind.

Eine von De Saussure und dem Prager Linguistenkreis ausgehende Sprachbetrachtung, die in Roman Jakobson ihren einflußreichsten Vertreter hat, mißt der Kombinatorik in der Sprache eine ganz besondere Bedeutung bei. Für Roman Jakobson besteht jedes Zeichensystem aus zwei Aspekten, aus einem selektiven (das heißt, man wählt aus einem Reservoir von ähnlichen Zeichen ein Zeichen aus) und einem kombinatorischen (das heißt, man verbindet die ausgewählten Zeichen nach bestimmten Regeln)[390].

[390] Der selektive Aspekt entspricht der Metapher, der kombinatorische Aspekt der Metonymie, nach R. Jakobson. Vgl. oben Anm. 14.

Die generative Grammatik besteht aus einem Wörterbuch, das wohl Jakobsons Reservoir entspricht, und einem Regelsystem, das angibt, auf welche Weise man die Wörter des Lexikons miteinander kombinieren kann. Das Reservoir ist ein Analogon zu jenem Schatz an fertigen Formeln, die der Dichter des 17. Jahrhunderts kombiniert. Ebenso wählen die Personen der *Gesprächspiele,* wie ich gezeigt habe, gewisse Elemente nach bestimmten Regeln aus diesem Schatz aus. Werfen wir nun einen Blick auf die Spiele moderner Dichter. Ein Gedicht von Klaus Bremer sieht so aus:

> *erde*
> *eder*
> *eerd*
> *eedf*
> *efed*
> *edfe*
> *fede*
> *deef*
> *eefd*
> *eeuf*
> *feeu*
> *uefe*
> *efeu*
> *ueef*
> *fuee*
> *ufel*
> *fleu*
> *luef*
> *lfue*
> *ulfe*
> *fule*
> *uflt*
> *flut*
> *luft* [391]

Die Vertauschung der Buchstaben erinnert an Harsdörffers Spiel, in dem die Buchstaben von *Julia* vertauscht werden. In diesem Gedicht kommt als besondere Raffinesse dazu, daß nach einer gewissen Anzahl von Vertauschungen ein neuer Buchstabe hinzukommt und ein alter wegfällt, so daß nach einer Reihe weiterer Vertauschungen ein neues Wort entsteht. Nützliche und unnützliche Kombinationen stehen durcheinander. Es werden zwei Methoden angewendet,

---

[391] Zit. bei P. Scheider: Konkrete Dichtung. L 115, S. 1205 f.

nämlich die einfache Vertauschung von Buchstaben wie im Anagramm und die Kombination von alten und neuen Buchstaben. Ein noch ausgeklügelteres Spiel führt Heissenbüttel in seinem Gedicht *Spielregeln auf höchster Ebene. Didaktisches Gedicht* vor.

was tut man mit Überlegungen: man stellt sie an
was tut man mit Feststellungen: man trifft sie
was tut man mit Entschlüssen: man faßt sie
was tut man mit Abmachungen: man trifft sie
. . . . . .

also: Überlegungen anstellen
also: Feststellungen treffen
also: Entschlüsse fassen
also: Abmachungen treffen
. . . . . .

also: Überlegungen in den Wind schlagen
also: Feststellungen in den Wind schlagen
also: Entschlüsse vermeiden
also: sich nicht an Abmachungen halten
. . . . . .

was tut man mit Überlegungen: man schlägt sie in den Wind
was tut man mit Feststellungen: man treibt Schindluder mit ihnen
was tut man mit Entschlüssen: man verschiebt sie auf morgen
was tut man mit Abmachungen: man kümmert sich nicht um sie [392].

Heissenbüttel verbindet in diesem Gedicht die Kombinatorik mit der Variation. Im ersten Abschnitt werden Verben zu bestimmten Substantiven gesucht. Um das Verb zu finden, wird dreizehnmal die Frage gestellt *was tut man mit . . .* Diese Frage wird üblicherweise nur auf Personen und Dinge angewendet, es findet hier eine Übertragung statt, indem die Frage auf Abstrakte angewendet wird. Die Frage selbst wird variiert, indem in jeder Frage ein anderes Substantiv das Objekt ist.

Im zweiten Abschnitt werden die im ersten Abschnitt erhaltenen Ergebnisse in den Infinitiv „übersetzt", wie man das etwa in Sprachübungen verlangt. Im dritten Abschnitt werden Wendungen gesucht, die genau das Gegenteil ausdrücken. Dies ist eine Operation, die in der Logik häufig angewendet wird. Jede Aussage kann nämlich sowohl affirmativ als auch negativ gemacht werden.

Im vierten Abschnitt werden die Fragen aus dem ersten Abschnitt mit den Ergebnissen aus dem dritten Abschnitt kombiniert, wobei Variationen eintreten können. *Feststellungen in den Wind schlagen* wird zum Beispiel zu *man treibt*

392 Kursbuch 5 (1966) Hrsg. v. H. M. Enzensberger, S. 36.

Schindluder mit ihnen. Ich habe das Gedicht nicht in extenso zitiert und habe deswegen vielleicht einige Spielregeln übersehen. An einem solchen Gedicht interessiert allein die Form. Der Leser wird schon durch den Titel aufgefordert, zu sehen, wie das Gedicht gemacht ist, die Spielregeln zu suchen. Das gilt auch für das Gedicht von Klaus Bremer.

Ich habe im ersten Teil dieser Arbeit darauf hingewiesen, wie man im 17. Jahrhundert wahrscheinlich gelesen hat [393], und habe gezeigt, daß das „Mitspielen" des Lesers ein wichtiger Bestandteil dieser Literatur ist. Die Gesprächspiele selbst sind so angelegt, daß sie den Leser auffordern, weiterzuspielen, es sind Spielanleitungen. Dasselbe kann man von diesen Gedichten sagen. Ein Text ist wohl nie fertig ohne den Leser, diese Gedichte thematisieren aber diesen Umstand und werden so zu eigentlichem Spielmaterial. Sie fordern den Leser auf, mitzuspielen, das Gedicht auf die verschiedensten Arten von oben nach unten, in der Diagonale und wie ihm immer einfällt, zu lesen.

Da die syntaktischen Beziehungen oft nicht klar sind, ist der Text offen für alle möglichen Bedeutungen, vergleichbar wohl dem Schlüsselroman, wo die Tatsache, daß Wörter und Situationen in übertragener Bedeutung genommen werden können, diese Offenheit verursacht. Selbst der Kreis der wenigen Auserwählten, die mit diesen Gedichten spielen, gleicht jenem Kreis der Eingeweihten, die sich im 17. Jahrhundert mit den besprochenen Spielen vergnügten.

Dieser Kreis der Eingeweihten wird in einer Erzählung wie *Der Tisch ist ein Tisch* von Peter Bichsel thematisiert [394]. Der Held der Erzählung legt sich eine eigene Terminologie zu:
Dem Bett sagte er Bild.
Dem Tisch sagte er Teppich (S. 26).
Diese Terminologie versteht nur er, und auf diese Weise isoliert er sich von der Umwelt. *Der alte Mann im grauen Mantel konnte die Leute nicht mehr vestehen, das war nicht so schlimm.*
Viel schlimmer war, sie konnten ihn nicht mehr verstehen (S. 30 f.).

Der Leser versteht den Mann noch, denn er kennt die Spielregeln. *Am Morgen blieb der alte Mann lange im Bild liegen, um neun läutete das Fotoalbum, der Mann stand auf und stellte sich auf den Schrank* (S. 26 f.). Nachdem der Autor noch einige Sätze in dieser „Sprache" geschrieben hat, sagt er: *Jetzt könnt ihr die Geschichte selbst weiterschreiben. Und dann könnt ihr, so wie es der Mann machte, auch die andern Wörter austauschen: läuten heißt stellen*
frieren heißt schauen (S. 27).
Der Autor fordert hier den Leser ausdrücklich auf, nach den angegebenen Spielregeln weiterzuspielen. Bichsel spricht in diesem Text aus, was bei den andern Autoren nur implizit gesagt wird.

[393] Vgl. S. 26 ff. dieser Arbeit.
[394] Peter Bichsel: Ein Tisch ist ein Tisch. In: P. B.: Kindergeschichten. Neuwied u. Berlin 1969.

Die modernen Gedichte und Prosatexte, wie sie oben zitiert wurden, haben, wie einige Dichter meinen, einen Nutzen in der Gesellschaft. Diese Texte aktivieren den Spieltrieb des Menschen [395]. Aus der Perspektive der modernen Dichter ist demnach der Mensch ein Homo ludens, dem man Material zum Spielen liefern muß. Literatur mag immer ein Produkt des Homo ludens gewesen sein, aber das 17. Jahrhundert hat den Homo ludens nicht gekannt, für dieses Jahrhundert können die Spiele nur als Abwechslung zur Arbeit, als Ablenkung von Schmerz und Leid ihre Berechtigung haben. Ein Gedanke Pascals faßt diese Auffassung des Spiels nochmals zusammen:

Cet homme, si affligé de la mort de sa femme et de son fils unique, qui a cette grande querelle qui le tourmente, d'où vient qu'à ce moment, il n'est pas triste, et qu'on le voit si exempt de toutes ses pensées penibles et inquiétantes? Il ne faut pas s'en étonner: on vient de lui servir une balle, et il faut qu'il la rejette à son compagnon; il est occupé à la prendre à la chute du toit, pour gagner une chasse; comment voulez-vous qu'il pense à ses affaires, ayant cet autre affaire à manier? Voilà un soin digne d'occuper cette grande âme, et de lui ôter toute autre pensée de l'esprit. Cet homme, né pour connaître l'univers, pour juger de toutes choses, pour régir un État, le voilà occupé et tout rempli du soin de prendre un lièvre. Et s'il ne s'abaisse à cela et veuille toujours être tendu, il n'en sera que plus sot, parce qu'il voudra s'élever au-dessus de l'humanité, et il n'est qu'un homme, au bout du compte, c'est à dire capable de peu et de beaucoup, de tout et de rien: il n'est ni ange ni bête, mais homme [396].

Das Spiel im 17. Jahrhundert ist ein *Sich-Hinunterlassen zu geringeren Sachen*, es ist ein Eintreten in eine Welt des Scheins mit ihren eigenen Gesetzen, in eine Oase des Glücks. Der Mensch ist kein Homo ludens, er ist ein Elender, wenn das Schicksal mit ihm spielt, er ist groß, wenn er seine geistigen Fähigkeiten spielen läßt. Das Spiel im 17. Jahrhundert ist eine notwendige Folge der „Condition humaine".

---

[395] Vgl. P. Schneider: Konkrete Dichtung, L 115, S. 1209 f.
[396] Pensée 176. Dieses Beispiel scheint Pascal sehr beschäftigt zu haben, kommt er doch zweimal darauf zurück, in Pensée 205 b und 205 c.

BIBLIOGRAPHIE

In der vorliegenden Arbeit werden die deutschen Zitate buchstaben- und zeichengetreu wiedergegeben, die Abkürzungen werden jedoch aufgelöst. In den französischen und italienischen Texten ist u durch v ersetzt an den Stellen, wo heute v steht.

QUELLEN

1. Anthologien

1 Das Zeitalter des Barock. Texte und Zeugnisse. Hrsg. v. Albrecht Schöne. 2. verb. und erw. Aufl. München 1968. (Deutsche Literatur. Texte und Zeugnisse. Bd. III.)
1a Deutsche Barock-Lyrik. Hrsg. und eingeleitet von Herbert Cysarz. Stuttgart ²1968.
2 Deutsche Barocklyrik. Auswahl und Nachwort von Max Wehrli. 4. erw. Aufl. Basel/Stuttgart 1967.
3 Die Pegnitz-Schäfer. Nürnberger Barockdichtung. Hrsg. v. E. Mannack. Stuttgart 1968.
4 Emblemata. Handbuch zur Sinnbildkunst des XVI. und XVII. Jahrhunderts. Hrsg. v. A. Henkel und A. Schöne. Stuttgart 1967.

2. Einzelwerke

5 Anonymus: Fragespiel. In: Altdeutsche Blätter v. M. Haupt u. H. Hoffmann (Fallersleben). Leipzig, 1836, 1. Band., S. 66—74.
6 Anonymus (d. i. Rémond de Saint-Mard Toussaint): Nouveaux Dialogues des Dieux, ou Reflexions sur les passions. Avec un discours sur la nature du Dialogue. Amsterdam 1711.
7 Anonymus (d. i. Heinrich Diebolt): Vernünfftige- und Gesätz-mäßige Gedancken von dem Spielen / oder sogenannten Kurtzweilen / darinnen was eigentlich von dem Spielen / von dem Gebrauch und Mißbrauch desselben zu halten / gezeiget; und die Principia Barbeyraci untersucht werden. Schaffhausen 1727.
8 Die angenehme Gesellschaft. Eine Sammlung neuer Unterhaltungs- und Pfänderspiele in französischem Geschmack. Strasburg 1790.
9 Encyclopédie ou Dictionnaire raisonnés des Sciences, des Arts, et des Metiers par une société de gens de lettres. Mis en ordre et publié par M***. vol. 8 [article: jeu] Paris 1765.
10 Dictionnaire des Jeux familiers, ou des amusemens de société. [Bestandteil von:] Encyclopédie méthodique. [Abteilung:] Mathématiques. Paris an V [1796/97].
10a Dictionnaire des Jeux mathématiques ... [Bestandteil von:] Encyclopédie méthodique. [Abteilung:] Mathématiques. Paris an VII (1798/99).
11 Alsted, Johann Heinrich: Clavis Artis Lullianae, Et Verae Logices Duos in Libellos Tributa. Id est solida Dilucidatio Artis magnae, generalis et ultimae, quam Raymundus Lullius invenit, ... Argentorati 1609.

12 ders.: De Copia rerum et verborum. In: J. H. Alsted: Consiliarius academicus et scholasticus ... Argentorati 1610, S. 151—165.
13 ders.: Encyclopaedia. Septem tomis distincta. Herbornae Nassoviorum 1630.
14 ders.: Triumphus Bibliorum Sacrorum Seu Encyclopaedia Biblica. Francofurti 1625.
15 Andreas Capellanus: De Amore Libri tres. Rec. E. Trojel. München 1964.
16 ders.: The art of courtly love. With introd., translat. and notes by John Jay Parry. New York 1941.
17 Anton Ulrich: Die durchleuchtige Syrerinn Aramena. Fünf Teile. Nürnberg [Die einzelnen Bände des benutzten Exemplars tragen die Jahreszahlen: 1. Teil: 1678, 2. Teil: 1670, 3. Teil: 1679, 4. Teil: 1678, 5. Teil: 1680.]
18 Barbeyrac, Jean: Traité du jeu, où l'on examine les principales questions de droit naturel et de morale qui ont du rapport à cette Matière. Second éd. revue et augmentée. 3 Bde. Amsterdam 1737 (¹1709).
19 Bargagli, Girolamo: Dialogo de' Giuochi che nelle vegghie sanesi si usano di fare. Del Materiale Intronato. Venetia 1574.
20 Bargagli, Scipione: I Trattenimenti di S. B. Dove da vaghe Donne, da giovani Huomini rappresentati sono Honesti, et dilettevoli Giuochi; narrate Novelle; e cantate alcune amorose Canzonette. Con due copiose Tavole: una de' principali Titoli, et l'altra delle cose notabili. Venetia 1591.
21 Bellegarde, Abt von: Des Herrn Abts von B. Muster derer Gespräche Vor die artigen und höflichen Personen. Aus dem Frantzösischen übersetzet durch den Verfasser der Europäischen Fama. Leipzig 1710.
22 Birken, Sigmund von: Pegnesische Gesprächspiel-Gesellschaft von Nymfen und Hirten bey dem Windischgrätz/Oettingischen HochGräflichen Beylager aufgeführet durch den Erwachsenen. Nürnberg 1665.
23 Brunus, Jordanus Nolanus: De compositione imaginum. In: Brunus: Opera latine conscripta, ... rec. F. Fiorentino, F. Tocca, H. Vitelli, V. Imbriani et C. M. Tallargio. Neapoli 1879—1891. 3 Bde. in 8 Teilen. Nachdruck: Stuttgart/Bad Cannstatt 1962, Bd. II, 3.
24 ders.: De lampade combinatoria Lulliana ... ebda. II,2.
25 ders.: De compendiosa architectura Artis Lullii. ebda. II,2.
26 Buchner, August: Anleitung zur Deutschen Poeterey. Wittenberg 1665. Neudruck Hrsg. v. Marian Szyrocki Tübingen 1966. (Deutsche Neudrucke. Reihe: Barock, 5.)
27 Castiglione, Baldesar: Il libro del Cortegiano del Conte Baldesar Castiglione. Annotato e illustrato da Vittorio Cian. Firenze 1929.
28 Comenius, Johan Amos: Schola Ludus, seu Encyclopaedia viva hoc est Praxis Scenica Januae Linguarum et Rerum, Artificium exhibens amoenum, Res omnes Nomenclatura vestitas et vestiendas, Sensibus ad vivum rapraesentandi. Francofurti 1659. [zweisprachige Ausgabe mit deutscher Übersetzung von J. Redinger.]
29 Greiffenberg, Catharina Regina von: Geistliche Sonette, Lieder und Gedichte. Mit einem Nachwort zum Neudruck von H.-O. Burger. Darmstadt 1967. [Die Sonette werden mit der Abkürzung S und der entsprechenden Nummer zitiert.]
30 dies.: Tugend-übung / Sieben Lustwehlender Schäferinnen. [Anhang zu:] Der Glaubens-Triumf oder die Siegprachtende Zuversicht: Aus Herrn von Bartas Französischem in das Teutsche versetzet. Im 1660. Christ-Jahr. Nürnberg 1675.
31 dies.: Des Allerheiligst- und Allerheilsamsten Leidens und Sterbens Jesu Christi/ Zwölf andächtige Betrachtungen: Durch dessen innigste Liebhaberin und eifrigste Verehrerin Catharina Regina / Frau von Greiffenberg / Freyherrin

auf Seisenegg / Zu Vermehrung der Ehre GOttes und Erweckung wahrer Andacht / mit XII Sinnbild-Kupfern verfasset und ausgefertigt. Nürnberg 1683.

32 Guazzo, Stefano: La civil Conversatione del Signor S. G. Gentilhuomo di Casale
Monferrato, Divisa in quattro Libri. Vinegia 1580.

33 Harsdörffer, Georg Philipp: Frawen-Zimmer Gespräch-Spiel. So bey Ehrliebenden Gesellschafften zu nützlicher Ergetzlichkeit beliebet werden mögen. Erster
Theil. Auß Spanischen / Frantzösichen und Italiänischen Scribenten angewiesen Durch G. P. H. Nürnberg 1641.
(Im selben Band auch: Anderer Theil. Nürnberg 1642)

34 ders.: Frauenzimmer Gesprächspiele. Hrsg. v. Irmgard Böttcher. 8 Teile. Tübingen 1968—1969. (Deutsche Neudrucke. Reihe: Barock, 13—20). [Die Seitenzahlen der Zitate beziehen sich auf die Originalpaginierung, bei unpaginier-
ten Seiten werden die Seitenzahlen des Neudrucks in Klammern angegeben.]

35 ders.: Poetischer Trichter. [Reprogr. Nachdruck der Orig.-ausg. Nürnberg Teil 1:
1650, Teil 2: 1648, Teil 3: 1653.]' Darmstadt 1969.

36 ders.: Delitiae Mathematicae et Physicae. Der Mathematischen und Philosophischen Erquickstunden Zweyter Theil: Bestehend in Fünffhundert nutzlichen
und lustigen Kunstfragen nachsinnigen Aufgaben und deroselben grundrich-
tigen Erklärungen / Auß … zusammengetragen durch G. P. H. / eines Ehr-
löblichen Stadtgerichts zu Nürnberg Beysitzern. Nürnberg 1651.

37 ders. (?): Dianea oder Rähtselgedicht / in welchem / unter vielen anmuhtigen
Fügnussen / hochwichtige Staatsachen / Denklöbliche Geschichte / und klug-
sinnige Rahtschläge / vermittelst der Majestätischen Deutschen Sprache / Kunst
zierlich verborgen. Nürnberg 1644.

38 Herder, Johann Gottfried: Kalligone: Von Kunst und Kunstrichterei. In: Her-
ders Sämmtliche Werke hrsg. v. Suphan. Berlin 1890, Bd. XXII, S. 151—159.

39 Klaj, Johann: Redeoratorien und „Lobrede der Teutschen Poeterey". Hrsg. v.
C. Wiedemann. Tübingen 1965. (Deutsche Neudrucke. Reihe: Barock, 4)

40 Kircher, Athanasius: Ars magna Sciendi sive combinatoria … Amsterdam 1669.

40a Kuhlmann, Quirinus: Quirin Kuhlmanns Breßlauers Lehrreicher Geschicht-
Herold oder Freudige und traurige Begebenheiten Hoher und Nidriger Personen: … Jena 1673.

41 La Bruyère: Les caractères ou les moeurs de ce siècle. In: La Bruyère, Oeuvres
complètes. Texte établi et annoté par Julien Benda. Paris 1951. (Bibliothèque
de la Pléiade.)

42 La Fayette, Mme de: La princesse de Clèves. In: Mme de La Fayette: Romans et
et Nouvelles. Ed. de E. Magne. Paris 1961.

43 Leibniz, Gottfried Wilhelm: Die Philosophischen Schriften von G. W. L. Hrsg.
v. C. J. Gerhard. 7 Bde. Berlin 1875—1890.

44 ders.: Dissertatio de Arte Combinatoria. In: Leibniz, Phil. Schriften. (L 43)
Berlin 1880. Bd. 4, S. 15—104.

45 ders.: Opuscules et fragments inédits de Leibniz. Extraits des manuscrits de
la Bibliothèque Royale de Hannovre. Par L. Couturat. Paris 1903.

46 ders.: Gothofredi Guillelmi Leibnitii Opera omnia. Nunc primum collecta, in
classes distributa praef. et indicibus ornata, studio Ludovici Dutens. 6 Bde.
Genevae 1768.

47 Lullus, Raymundus: Opera ea quae ad adinventam ab ipso artem universalem,
scientiarum artiumque omnium brevi compendio … Argentorati 1617.

48 Neumark, Georg: Der Neu-Sprossende Teutsche Palmbaum. Die Fruchtbringende
Gesellschaft. Quellen und Dokumente in 4 Bänden. Hrsg. v. M. Bircher. Mün-

chen 1970, Bd. 3. (Deutsche Barock-Literatur.) [Reprod. der Ausg. Nürnberg 1668.]

49 Pascal, Blaise: Pensées. In: Pascal, Oeuvres complètes. Textes établi et annoté par Jacques Chevalier. Paris 1964. (Bibliothèque de la Pléiade).

50 Platon: Kratylos. In: Platon, Meisterdialoge. Phaidon. Symposion. Kratylos. Eingel. v. Olof Gigon. Übertr. v. R. Rufener. Zürich / Stuttgart 1965. (Bibliothek der Alten Welt.)

51 Pure, Michel Abbé de: La Pretieuse ou le mystère des ruelles 1656. Ed. E. Magne. Paris, vol. 1, 1938. (Société de Textes français modernes.)

51a Rémond de Saint-Mard, Toussaint: Nouveaux Dialogues des Dieux, ou Reflexions sur les Passion. 1711. siehe L 6.

52 Ringhieri, Innocentio: Cento Giuochi Liberali, et d'Ingegno Novellamente da M. I. R. Gentilhuomo Bolognese ritrovati, et in dieci Libri descritti. Bologna 1551.

53 Salis, Hortensia von: Geist- und Lehrreiche Conversations Gespräche / Welche in ansehnlicher Gesellschaft / bey unterschiedlichem Anlaß / von Göttlichen / Sittlichen und Natürlichen Sachen geführet; Jetzund aber Durch eine Hoch-Adenliche Dame / alß Fürnemstes Glid derselbigen / Zu gemeiner und eigener Belustigung; absönderlich Dem Frauenzimmer zu Ehren / in Form eines Romans, zu Papeir gebracht worden. Zürich 1696.

54 Scaliger, Julius Caesar: Poetices libri septem. Editio Tertia. Heidelberg 1586. [Die Ausgabe Lyon 1561 liegt in einem Faksimile-Neudruck vor: Mit einer Einleitung von A. Buck. Stuttgart 1964.]

55 Schiller, Friedrich: Was kann eine gute stehende Schaubühne eigentlich wirken? In: Schillers Werke, Nationalausgabe, Bd. 20, S. 87—100. Weimar 1962.

56 ders.: Ueber die ästhetische Erziehung des Menschen in einer Reihe von Briefen. Ebda. S. 309—412.

57 Schottel, Justus Georg: Ausführliche Arbeit von der Teutschen HaubtSprache 1663. Hrsg. v. W. Hecht. Tübingen 1967. (Deutsche Neudrucke Reihe: Barock, 11,12.)

58 Scudéry, Mlle de: Clelia. Eine Römische Geschichte / Durch Herrn von Scuderi ... in Französischer Sprache beschrieben; anitzt aber ins Hochdeutsche übersetzet Durch ein Mitglied der hochlöbl. Fruchtbringenden Gesellschaft den Unglückseligen. Nürnberg 1664.

59 dies.: Les conversations sur divers sujets par Mlle de S. 5e éd. 2 Bde. Amsterdam 1686. ([1]Paris 1680)

60 dies.: Conversations nouvelles sur divers sujets dédiées au Roy. 2 Bde. La Haye 1685. ([1]Paris 1684)

61 dies.: Entretiens de Morale par Mlle de S. 2 Bde. Utrecht 1730. ([1]Paris 1692)

62 Senftlebius, Andreas: De Alea veterum. Opusculum posthumum. Lipsiae 1667.

63 Sorel, Charles: La Maison des Ieux où se trouvent les divertissemens d'une compagnie par des Narrations agreables et par des Ieux d'esprit, et autres entretiens d'une honneste conversation. Paris 1642.

64 Souterius, Daniel: Flandro-Britanni Palamedes sive de Tabula lusoria, Alea, et variis Ludis. Libri tres. Lugduni Batavorum 1622.

65 Thiers, Jean-Baptiste, Abbé de: Traité des Jeux et des divertissemens qui peuvent être permis ou qui doivent être defendus aux chrétiens selon les Regles de L'Eglise et le sentiment des Peres. Paris 1686.

66 Zedler, Johann Heinrich: Großes vollständiges Universal-Lexikon Aller Wissenschaften und Künste, Welche bißhero durch menschlichen Verstand und Witz erfunden und verbessert worden ... 64 Bde. Halle u. Leipzig 1732—54.

67 Zesen, Philipp: Rosen-månd: das ist in ein und dreissig gesprächen Eröfnete Wunderschacht zum unerschätzlichen Steine der Weisen: darinnen unter andern gewiesen wird / wie … Hamburg 1651.

FORSCHUNGSLITERATUR

68 Allemann, Cécile: Über das Spiel. Die Spieltheorien, Menschenspiel und Tierspiel. Diss. Zürich 1951.

69 Adam, Antoine: Baroque et préciosité. In: Revue des sciences humaines 55/56 (1949), S. 208—224.

70 Barthes, Roland: La Bruyère. In: Barthes: Essais critiques. Paris 1964, S. 221—237.

71 Behaghel, Otto: Humor und Spieltrieb in der deutschen Sprache. In: Neophilologus 7 (1923), S. 180 ff.

72 Beißner, Friedrich: Deutsche Barocklyrik. In: Formkräfte der deutschen Dichtung vom Barock bis zur Gegenwart. Göttingen 1963, S. 35—55. (Kleine Vandenhoeck-Reihe, Sonderband 1.)

73 Benjamin, Walter: Vom Ursprung des deutschen Trauerspiels. Berlin 1928. 2. rev. Ausg. Frankf./M. 1963. Jetzt auch in W. B.: Schriften II, S. 141—365. Frankfurt a. M. 1955.

73a Benveniste, Emile: Le jeu comme structure. In: Deucalion 2 (1947), S. 159—167.

74 Bochenski, I(nnocent) M(arie): Formale Logik. Freiburg/München 1956. (Orbis academicus. Problemgeschichte der Wissenschaft in Dokumenten und Darstellungen.)

75 Bray, René: La préciosité et les précieux. Paris 1948.

76 Burger, Heinz-Otto: Deutsche Aufklärung im Widerspiel zu Barock und „Neubarock". In: Burger: ‚Dasein heißt eine Rolle spielen'. Studien zur deutschen Literaturgeschichte. München 1963, S. 94—119. (Literatur als Kunst.)

77 Buytendijk, F. J. J.: Wesen und Sinn des Spiels. Das Spielen der Menschen und der Tiere als Erscheinungsform der Lebenstriebe. Berlin 1933.

78 Conrady, Karl Otto: Lateinische Dichtungstradition und deutsche Lyrik des 17. Jahrhunderts. Bonn 1962. (Bonner Arbeiten zur deutschen Literatur, Bd. 4.)

79 Couturat, Louis: La logique de Leibniz d'après des documents inédits. Paris 1901.

80 Crane, Thomas Frederick: Italian social Customs of the Sixteenth Century and their Influence on the Literatures of Europe. London 1920.

81 Curtius, Ernst Robert: Europäische Literatur und Lateinisches Mittelalter. Bern ³1961. (¹¹1948)

81a Dietze, Walter: Quirinus Kuhlmann. Ketzer und Poet. Versuch einer monographischen Darstellung von Leben und Werk. Berlin (Ost) 1963. (Neue Beiträge zur Literaturwissenschaft, Bd. 17)

82 Dyck, Joachim: Ticht-Kunst. Deutsche Barockpoetik und rhetorische Tradition. Bad Homburg v. d. H., Berlin, Zürich 1966 (Ars Poetica. Texte und Beiträge zur Dichtungslehre und Dichtkunst, Bd. 1.)

83 Festgabe zur 200-jährigen Stiftungsfeier des Pegnesischen Blumenordens. Nürnberg 1844.

84 Festschrift zur 250-jährigen Jubelfeier des Pegnesischen Blumenordens gegründet in Nürnberg am 16. Oktober 1644. Hrsg. im Auftrage des Ordens von Th. Bischoff und Aug. Schmidt. Nürnberg 1894.

85 Frank, Horst-Joachim: Catharina Regina von Greiffenberg. Leben und Welt der
    barocken Dichterin. Göttingen 1967. (Schriften zur Literatur, 8.)
86 Giesz, Ludwig: Ueber Spiel und Ernst. In: Festschrift Walther Bulst. Medium
    Aevum vivum. Heidelberg 1960.
    Auch in: Giesz, Phänomenologie des Kitsches. Heidelberg 1960.
87 Groos, Karl: Die Spiele der Menschen. Jena 1899.
88 Hasselbrink, Rolf: Gestalt und Entwicklung des Gesprächspiels in der deutschen
    Literatur des 17. Jahrhunderts. Diss. masch. Kiel 1957.
89 Hauser, Arnold: Sozialgeschichte der Kunst und Literatur. Sonderausgabe. Mün-
    chen 1967.
90 Heidemann, Ingeborg: Der Begriff des Spiels und das ästhetische Weltbild in
    der Philosophie der Gegenwart. Berlin 1968.
91 Hitzig, Ursula: Gotthard Heidegger 1666—1711. Diss. Zürich 1954.
92 Hocke, Gustav René: Manierismus in der Literatur. Sprach-Alchimie und esote-
    rische Kombinationskunst. Beiträge zur vergleichenden europäischen Literatur-
    geschichte. Hamburg 1959. (rohwohlts deutsche enzyklopädie, 82/83.)
93 Huizinga, Johan: Homo Ludens. Vom Ursprung der Kultur im Spiel. Hamburg
    1956. (rowohlts deutsche enzyklopädie, 21).
94 Jaberg, Karl: Spiel und Scherz in der Sprache. In: Festgabe für Samuel Singer.
    Tübingen 1930, S. 67 ff.
95 Jünger, Georg Friedrich: Die Spiele. Ein Schlüssel zu ihrer Bedeutung. Frank-
    furt a. M. 1953.
96 Jürg, Hedwig: Das Pegnesische Schäfergedicht von Strefon und Clajus. Diss.
    masch. Wien 1947.
97 Kayser, Wolfgang: Die Klangmalerei bei Harsdörffer. Ein Beitrag zur Geschichte
    der Literatur, Poetik und Sprachgeschichte der Barockzeit. 2. A. Göttingen
    1962. (Palaestra, 179.)
98 Knight, K. G.: G. P. Harsdörffer's Frauenzimmergesprächspiele. In: German Life
    and Letters 13 (1959/60), S. 116—125.
99 Krapp, Albert: Die ästhetischen Tendenzen Harsdörffers. Berlin 1903.
100 Kühne, Erich: Emblematik und Allegorie in G. Ph. Harsdörfers „Gesprächspie-
    len" 1644—1649. Diss. masch. Wien 1932.
101 Langen, August: Dialogisches Spiel. Formen und Wandlungen des Wechselge-
    sangs in der deutschen Dichtung (1600—1900). Heidelberg 1966 (Annales Uni-
    versitatis Saraviensis. Reihe: Philosophische Fakultät, Bd. 5.)
102 Langfors, Arthur: Un jeu de société du Moyen Age. Ragemon le Bon inspira-
    teur d'un sermon en vers. In: Annales Academiae Scientiarum Fennicae Serie
    B, 15 (1921/22).
103 Liede, Alfred: Dichtung als Spiel. Studien zur Unsinnspoesie an den Grenzen
    der Sprache. 2 Bde. Berlin 1963.
104 Marx, W. (Hrsg.): Das Spiel. Wirklichkeit und Methode. Freiburg i. Br. 1967
    (Freiburger Dies Universitatis, Bd. 13, 1966.)
105 Narciss, Georg Adolf: Studien zu den Frauenzimmergesprächspielen G. P. Hars-
    dörfers. Ein Beitrag zur Literaturgeschichte des 17. Jahrhunderts. Leipzig 1928.
    (Form und Geist. Arbeiten zur germanischen Philologie, Heft 5.)
106 Newald, Richard: Die deutsche Literatur. Vom Späthumanismus zur Empfind-
    samkeit 1570—1750. München 1951. (Geschichte der deutschen Literatur von
    den Anfängen bis zur Gegenwart, Bd. 5.)
107 Plessner, Helmut: Weinen und Lachen. Bern 21950.
108 Poulet, Georges: Les métamorphoses du cercle. Paris 1961.
109 Rahner, Hugo: Der spielende Mensch. Einsiedeln 1952.

110 Rousset, Jean: La littérature de l'âge baroque en France. Circé et paôn. Paris 1954.

111 ders.: Introduction. In: Anthologie de la poésie baroque française. Paris 1961. (Bibliothèque de Cluny) Jetzt auch in: Rousset: L'intérieur et l'extérieur. Essais sur la poésie et sur le théâtre du XVIIe siècle. Paris 1968.

113 ders.: La Princesse de Clèves. In: Rousset: Forme et signification. Essais sur les structures littéraires de Corneille à Claudel. Paris 1962, S. 17—44.

114 Rusterholz, Peter: Theatrum vitae humanae. Funktion und Bedeutungswandel eines poetischen Bildes. Studien zu den Dichtungen von Andreas Gryphius, Christian Hofmann von Hofmannswaldau und Daniel Casper von Lohenstein. Berlin 1970. (Philologische Studien und Quellen, 51.)

115 Schneider, Peter: Konkrete Dichtung. In: Sprache im technischen Zeitalter 15 (1965), S. 1197—1214.

116 Schöne, Albrecht: Emblematik und Drama im Zeitalter des Barock. Zweite überarbeitete und ergänzte Auflage. München 1964.

117 Spahr, Blake Lee: The Archives of the Pegnesischer Blumenorden. A Survey and Reference Guide. Berkley 1960. (University of California Publications in Modern Philology, Vol. 57.)

118 ders.: Anton Ulrich and Aramena. The Genesis and Development of a Baroque Novel. Berkeley and Los Angeles 1966. (University of California Publications in Modern Philology, vol. 76)

119 Tittman, Julius: Die Nürnberger Dichterschule. Harsdörfer, Birken, Klaj. Beitrag zur deutschen Literatur- und Kulturgeschichte des 17. Jahrhunderts. Göttingen 1847. Neudruck: Wiesbaden 1965.

120 Trier, Jost: Spiel. In: PBB 69 (1947), S. 419 ff.

121 Villiger, Leo: Catharina Regina von Greiffenberg (1633—1694). Zu Sprache und Welt der barocken Dichterin. Zürich 1952. (Zürcher Beiträge zur deutschen Sprach- und Stilgeschichte, 5.)

122 Wehrli, Max: Literatur als Geschichte. Festrede gehalten an der 137. Stiftungsfeier der Universität Zürich. Neue Zürcher Zeitung 3. Mai 1970 (Nr. 201).

123 ders.: Catharina Regina von Greiffenberg In: Schweizerische Monatshefte 45 (1965/66), S. 577—582.

124 Weydt, Günther: Gesprächsspiele. In: Reallexikon der deutschen Literaturgeschichte. Begr. v. Merker/Stammler. Hrsg. v. W. Kohlschmidt und W. Mohr. Berlin ²1958, 1. Bd., S. 577—579.

125 Wiedemann, Conrad: Johann Klaj und seine Redeoratorien. Untersuchungen zur Dichtung eines deutschen Barockmanieristen. Nürnberg 1966. (Erlanger Beiträge zur Sprach- und Literaturwissenschaft, 26.)

126 Windfuhr, Manfred: Die barocke Bildlichkeit und ihre Kritiker. Stilhaltungen in der deutschen Literatur des 17. und 18. Jahrhunderts. Stuttgart 1966. (Germanistische Abhandlungen, 15.)

127 Ziemendorf, Ingeborg: Die Metapher bei den weltlichen Lyrikern des deutschen Barock. Berlin 1933. (Germanische Studien, 135.)

Register

1. Begriffe

2. Namen und Werke